JN274823

田渕 進著

ドイツ中小企業と経営財務

大阪経済大学研究叢書　第50冊

東京 森山書店 発行

はしがき

　経営学は大企業の出現とともに発展し，現在においても大企業に関する戦略やガバナンスなどの研究が中心となっている。しかし，ほとんどの国において中小企業の数はすべての企業の中で約99%という圧倒的な部分を占めていることからしても，一国の経済において大企業に劣らず重要な意味をもつものである。企業の大多数が中小企業であって，それらが規模，業種，地域とともにきわめて多元的であるため，中小企業に関する研究もその方法ないしは視点とともにきわめて多様にならざるを得ない。本書はドイツにおける中小企業の概念，現代の連邦中小企業政策，創業支援の財務的側面を考察するとともに，経営経済学との関係において財務論の歴史的展開を跡づけようとする広範な視野の下に構成されている。以下において簡単に内容の概観を示しておこう。

　第1部ドイツの中小企業においては，まず中小企業の概念を考察した後，現在のドイツ中小企業政策がどのような理念のもとに，どのような支援策を実施しているかを調べる。経済活性化と雇用拡大のため創業支援と投資振興が今までにも増して重要な支援策とされている。わが国と同じく間接金融が中心のドイツにおいても資本のグローバル化とともに資本市場の重要性は一層強く認識され，中小企業に資本調達の道を大きく開く必要性が強調されている。リスクとリターンのある投資を求めるリスク資本を中小企業に誘導することが政策的にも薦められている。この意味においてベンチャー・キャピタルはわが国とほぼ時を同じくして発展し，1990年代末においてノイアー・マルクトの開設とともに株式上場の件数も一時増加したがITバブル崩壊とともに低迷に陥った状況を考察する。経営財務の問題としては企業者としての意思決定の観点が必要であり，意思決定の基本概念を述べるとともにドイツ企業の法形態選択に関連させて効用価値分析の方法を述べる。企業の大小にかかわらず，株式の上場や合併・買収，そして，企業への資本参加に際しても企業全体の価値を評価する

ことは意思決定のための重要な条件である。ドイツで長い伝統をもち今日でも議論されることの多い企業評価問題とともに中小企業の特殊性を考究する。

第2部経営財務と経営経済学においては，著名な研究者であるディーター・シュナイダーの著述を基礎として考察をすすめている。シュナイダーは「企業者職能論」という名称を自分の経営経済学に付け独特の見解をもつユニークな学者であるが，これについての説明は最後の章にまわし，投資決定論をはじめとして財務論の歴史的な展開から述べた。シュナイダーは財務論だけでなく経営経済学全体の歴史に詳しい研究者であり，学史とともに方法論においても多くの論著を著している。「ウィーン経営経済学派」をめぐる議論は学史と方法論の観点から参考になる内容が多い。「法人税法改正」では経営経済学の視点による所得の説明がなされ，新しい「二分の一所得方式」が部分的に二重課税となる欠点をもつため多くの経営経済学者が反対した事実が示される。「リスク資本」としてシュナイダーは独自の概念をもち，一般的な意味でのリスク資本とは異なった見解を述べている。リスク資本とは一般的にはリスクのある投資に使われる資本と理解されるが，シュナイダーはある請求権をリスクから守るためのバッファーの役を果たす資本と理解している。法律上の言語である自己資本と異なって経営経済学としての理論を考え，自己資本装備と内部金融によるリスク資本によって企業における所得の不確実性を減少させる概念を用いている。所得の獲得と使用に関する不確実性を減少させることが企業者職能論の基本概念であるが，シュナイダーは所得の側面から企業活動を分析することを基本としている。

以上のように第1部ではかなり現代的な財務論の研究であるのに対して，第2部はこれと対称的に時代を大きく遡る学問の前史を導入した内容となっている。これには筆者の今日に至る履歴も少なからず関係している。すなわち，前著『西ドイツ経営税務論』（森山書店　1986年）を著した後大阪経済大学への奉職が決まり，中小企業・経営研究所を通じて中小企業の実態を研究する機会に恵まれた。これまでの研究との関わりをドイツの中小企業に求めて行ってきた研究の成果が第1部となっている。その間シュナイダーは猛烈なスピードで

次々と著書論文を著しているが，これらを十分にフォローする余裕のないまま今日に至っている。第2部の研究はこれらの中のごく一部を紹介するものに過ぎない。シュナイダーの研究領域は財務論，税務論，会計学，企業論，経営学史，経済学史，方法論など実に広範におよんでいるが中小企業は必ずしも真っ向から取り上げてはいない。しかし，企業の考え方は基本的に同じであり，企業者職能の概念もそのまま中小企業に適用されるものと考える。

　ここに至るまで多くの方々のお世話になった。神戸大学大学院の市原季一ゼミにおいて初めて日本におけるドイツ経営学の伝統を学び，また研究の方法も教わった。恩師の早逝はまことに残念であったがゼミのよき同僚に恵まれたことは非常に幸いであった。前任校広島修道大学では学長であった故神戸大学名誉教授古林喜楽先生から身に余る暖かいご厚誼を頂いた。森昭夫教授，後藤幸男教授，および生駒道弘教授をはじめとする関西財務管理研究会の同志との交流は絶えざる励ましとなっている。大阪経済大学名誉教授濱本泰先生には中小企業・経営研究所の共同研究をはじめとして多大のご指導を頂いた。ボーフム大学のシュナイダー教授には大学院以来，著作を通してのご支援を頂いているがその厖大な量およびアイデアの広さと深さに未だ驚嘆している。テュービンゲン大学のシュヴァイツァー教授およびベア教授とはその共編著『一般経営経済学』（森山書店　1998年）の共訳出版プロジェクトに参加することにより交流の輪を広げることが出来た。ドイツ連邦財務省の旧友ハインツ・コック氏からは貴重な資料の提供を受けた。本学に滞在中の日本学術振興会兼フンボルト財団特別研究員ラルフ・ビーブンロット氏には共同研究の傍ら本書原稿作成のため協力頂いた。また，本書出版のため大阪経大学会の支援を受けることが出来た。ここに改めて感謝する。

　末筆ながら，出版事情のきびしい折に刊行を引き受けて頂いた森山書店の菅田直文氏に深く謝意を表す次第である。

2004年12月

田　渕　進

目　　次

第1部　ドイツの中小企業

第1章　ドイツ中小企業の規模と経営 …………………………3
　Ⅰ　序 ……………………………………………………………3
　Ⅱ　中小企業の規模と経営 ……………………………………4
　Ⅲ　中小企業規模統計の考察 …………………………………9
　Ⅳ　企業規模と法形態 …………………………………………14
　Ⅴ　独立営業者と中小企業 ……………………………………15
　Ⅵ　結 ……………………………………………………………19

第2章　連邦政府の中小企業支援策 …………………………23
　Ⅰ　序 ……………………………………………………………23
　Ⅱ　経済における中小企業の役割 ……………………………24
　Ⅲ　連邦政府の中小企業政策 …………………………………29
　Ⅳ　中小企業支援攻勢 …………………………………………36
　Ⅴ　結 ……………………………………………………………39

第3章　ベンチャー・キャピタルの発展 ……………………41
　Ⅰ　序 ……………………………………………………………41
　Ⅱ　中小企業と自己資本 ………………………………………42
　Ⅲ　ベンチャー・キャピタル会社の発展 ……………………44
　Ⅳ　ベンチャー・キャピタル会社の特徴 ……………………48
　Ⅴ　企業投資会社 ………………………………………………51
　Ⅵ　結 ……………………………………………………………55

第4章 リスク資本と新規成長企業の育成 …… 59
 Ⅰ 序 …… 59
 Ⅱ 自己資本としてのリスク資本 …… 60
 Ⅲ 企業の法形態と資本調達 …… 62
 Ⅳ 企業成長の局面とリスク資本 …… 66
 Ⅴ 株式公開 …… 75
 Ⅵ 結 …… 79

第5章 効用価値分析による意思決定 …… 83
 Ⅰ 序 …… 83
 Ⅱ 意思決定の基本概念 …… 84
 Ⅲ 経営基盤の決定と法形態の選択 …… 90
 Ⅳ 効用価値分析による法形態の選択 …… 94
 Ⅴ 結 …… 97

第6章 中小企業と企業価値評価 …… 99
 Ⅰ 序 …… 99
 Ⅱ 企業評価論の展開 …… 100
 Ⅲ 企業価値の目的依存性 …… 103
 Ⅳ 企業評価法の分類 …… 108
 Ⅴ 企業評価法の使用状況 …… 113
 Ⅵ 中小企業評価の特殊性 …… 115
 Ⅶ 結 …… 120

第2部 経営財務論と経営経済学

第7章 投資決定論の淵源 …… 127
 Ⅰ 序 …… 127

Ⅱ　複利計算の正当化 …………………………………………… *128*
　　Ⅲ　19世紀以降の実務志向的計算 ……………………………… *132*
　　Ⅳ　不確実性と確率の計算 ……………………………………… *135*
　　Ⅴ　期待値とリスク効用 ………………………………………… *138*
　　Ⅵ　企業者職能論における企業の生成 ………………………… *141*
　　Ⅶ　結 ……………………………………………………………… *143*

第 8 章　財務論の歴史的展開 ……………………………………… *149*
　　Ⅰ　序 ……………………………………………………………… *149*
　　Ⅱ　資金調達理論発展の遅滞 …………………………………… *150*
　　Ⅲ　資本市場理論としての外部資金調達理論 ………………… *156*
　　Ⅳ　内部資金調達理論 …………………………………………… *160*
　　Ⅴ　経営理論の構築と指導理念 ………………………………… *165*
　　Ⅵ　結 ……………………………………………………………… *169*

第 9 章　「経営経済学のウィーン学派」をめぐって ……………… *173*
　　Ⅰ　序 ……………………………………………………………… *173*
　　Ⅱ　ムグラーによる経営経済学ウィーン学派 ………………… *174*
　　Ⅲ　シュナイダーの批判 ………………………………………… *178*
　　Ⅳ　論 点 の 吟 味 ………………………………………………… *186*
　　Ⅴ　結 ……………………………………………………………… *188*

第10章　法人税制改革の財務論的考察 …………………………… *195*
　　Ⅰ　序 ……………………………………………………………… *195*
　　Ⅱ　法人税の経営経済学的考察 ………………………………… *196*
　　Ⅲ　帰属計算方式の仕組 ………………………………………… *202*
　　Ⅳ　二分の一所得方式の仕組 …………………………………… *205*
　　Ⅴ　法人税制改革の企業概念 …………………………………… *208*

Ⅵ　結 ………………………………………………………… 213

第11章　不確実性の削減と「リスク資本」 ………………… 217
　　　Ⅰ　序 ………………………………………………………… 217
　　　Ⅱ　法律概念としての自己資本と経営経済事象としての自己資本装備
　　　　　 …………………………………………………………… 218
　　　Ⅲ　自己資本装備と負債を区別するメルクマール ……… 222
　　　Ⅳ　リスク資本と自己資本装備との区別 ………………… 226
　　　Ⅴ　リスク資本の現象形態 ………………………………… 229
　　　Ⅵ　内部資本調達によるリスク資本の測定 ……………… 231
　　　Ⅶ　結 ………………………………………………………… 234

第12章　シュナイダーの企業者職能論 ……………………… 239
　　　Ⅰ　序 ………………………………………………………… 239
　　　Ⅱ　所得の不確実性 ………………………………………… 240
　　　Ⅲ　制度問題と企業者職能論 ……………………………… 243
　　　Ⅳ　企業者職能論における市場と企業 …………………… 247
　　　Ⅴ　結 ………………………………………………………… 250

欧文文献目録 ……………………………………………………… 253
和文文献目録 ……………………………………………………… 257
人名および事項索引 ……………………………………………… 259

第1部　ドイツの中小企業

第1章　ドイツ中小企業の規模と経営

I　序

　いわゆる現代の先進国において経済を担う大きな役割を果たすのは大企業であるが，数の上からは大企業でなく中小企業が殆どであることが知られている。そして，大企業の発展は中小企業なくしてはあり得ず，近年の経済政策においても中小企業を育成する方針が強く現れるようになっている。企業の経営活動を主な研究対象とする経営学においては，その生成の背景においても大企業の発展が大きな影響力を持ち，ともすれば大企業の問題のみを過大視しがちである。どの国においても有名大企業の経済活動は目立ち，その国の経済のトレードマークにもされる程である。一方，中小企業になると国際的には有名企業も少なく，研究の対象とされることはより少ないといえよう。しかし，すべての企業の形態をみると，大から小まで実に種類が多く千差万別である。それでは大企業と中小企業はどのように区別されるのか。わが国と同じくドイツにおいての企業の大多数が中小企業であるが，それらの形態はどのように異なっているであろうか。中小企業は単に規模が小さいということだけでなく，経済ないしは経営の問題として大企業とは違った原理なり規則性があるのであろうか，あるとすればどういうものかを問わねばならない。本章ではドイツの文献による中小企業の特徴をとりあげるとともに，最近の統計資料により企業規模の実態を調べ，ドイツの企業の規模と経営に関する考察を行う。

II　中小企業の規模と経営

　わが国における経営学は少なからずドイツの影響を受けているが，ドイツでは「中小企業（klein- und mittel Unternehmung）」という表現の他に「中小経営（klein- und mittel Detrieb）」という表現も用いられている。「企業」も「経営」も同じ意味で用いられる場合もあるが，どちらかというと「企業」は独立の事業を営み，リスクを負う営利事業としての意味をもち，「経営」の方は一定の生産ないしサービスを提供する技術的単位を意味すると理解されよう。しかし，わが国で「経営」という場合，アメリカのマネジメントの意味に使われる場合が多く，生産活動を行う技術的な社会の構成体としても「企業」という言葉が用いられているので，ここでも「中小企業」という表現に統一しておこう。

　英語圏では中小企業として単にsmall businessと呼ばれる場合が多いが，ドイツでは中小企業という表現の他にミッテルシュタント（Mittelstand）という言葉が使われている。これは中流階級ないしは中間層という意味に訳される。すなわち，近代化が進む以前にあった身分制による上流階級と貧困層との中間層という概念に由来している[1]。いわゆる工業化が始まる以前の身分制社会において，それぞれの職業ないしは身分によって共同社会において必要なものを作ることが決められていたが，都市経済の発展とともに市民の自由な活動が広まり，出生や財産ではなく自らの経済活動によって報われる社会へと変化している。そして，それ以降もミッテルシュタントの概念は時代により変化を受けているのであって，歴史的にも社会学的にもドイツにおいては独特の意味合いを持つ言葉となっている。ドイツの公的な企業規模統計はボンの中小企業研究所（Institut für Mittelstandsforschung Bonn）に委託されて作成され，その中でもミッテルシュタントという表現を使用している[2]。しかし，経済環境が大きく変化した現代においてこのようなミッテルシュタントを社会学的階層の意味から位置づけることは有意義とは思われない。歴史的な経緯からドイツに

おいてミッテルシュタントという言葉が独特の意味をもって使われることもあるが，ここにおいてもミッテルシュタントは中小企業と訳した方が理解しやすく，以下においても特記しない限り中小企業として表現する。

「大企業」とか，「中小企業」という表現は企業の規模に関して用いられる表現であって，この規模として「企業の経済活動の実質的ないしは潜在的な範囲」と定義することができよう[3]。

しかし，具体的にある企業の大きさ，時間的経過においての変化，そして，他の企業との比較となると極めて困難となる。中小企業の総体は実に多面的，かつ多様であり，絶えず変化を続けているのであるから，それぞれの特殊性を考慮しながら統一的な尺度をきめることは殆ど不可能である。それでも企業規模としての判断をするためには，少数の最も代表的と思われるメルクマールを選ばざるを得ないであろう。企業規模として表現されるのは結局このメルクマールのみにすぎない。そして，企業をその規模に応じてグループ分けする場合，一定のメルクマールの下に限界を決めねばならないが，どの値を境目とするかは全体の数値との比較によって決めねばならない。経済活動が絶えず発展する際に，時間的地域的隔たりと無関係に一定のメルクマールにより限定できるかどうかも極めて疑問である。

企業の規模を表すメルクマールとして量的なものと質的なものを区別することができる。企業における生産活動の給付過程に従って次のような区別をすることができよう[4]。

　　　基本的生産要素投入量のメルクマール：(例) 機械時間，原材料数量，労働時間
　　　基本的生産要素投入価値のメルクマール：(例) 機械原価，材料原価，労務費
　　　資本投入額のメルクマール：(例) 総資本，自己資本
　　　生産給付量のメルクマール：(例) 生産量，販売量
　　　生産給付価値のメルクマール：(例) 売上高，付加価値

次に，質的に定義されるメルクマールの多くは量的にも把握できるものであって，例えば，生産の労働集約性は労務費と資本コストの比率で求められ，販売または調達市場での地位は市場における相対的な関係によって求められるよう。しかし，量的には全く把握出来ない質的なメルクマールもある。例えば，所有者企業家，指導形態（権威的，家父長的，協働的，民主的），組織形態（単一ラインシステム，複数ラインシステム，スタッフラインシステム，マトリックス組織），そして，所有形態（家族所有，信任所有）などを挙げることができる。

以上，例として挙げただけでも実に多様なメルクマールがあるわけであるが，ある企業についてこれら全部のメルクマールを考察することは不可能でもあり，かつ，有意義とはいえない。どのメルクマールを選ぶべきかは，結局企業のどの特徴が規模に関連すると考えるかということになる。そして，メルクマールの選択規準はさらに，何を目的として企業を規模によって区別し，グループ分けするかという目的適合性に依存することになろう。これをさらに詳しく述べると，一つには，企業のどの問題を説明しようとするのかという観点と，もう一つは，果たしてそのメルクマールの測定が可能かどうか，という方法上の問題が関わってくるであろう。ドイツの企業統計においてどのようなメルクマールが用いられているかは後述するとして，次に大企業と中小企業の違いに注目しよう。

ここにおいて大企業と中小企業の相違点をそれぞれのメルクマールを選んで比較する作業は不可能であるが，幸いドイツにおいてもこの問題に関する研究が蓄積され整理されたものがあるのでこれを参考にする[5]。これらの結果は経験的に実証されたものもあり，プロージブルな推測として述べられたものもある。ここでの目的は業種や立地に関係なく，中小企業と大企業の相違を一般的に示すことである。典型的な相違を示すことにより，ある程度の傾向が理解されうるが，すべての企業がこの叙述にあてはまるとは勿論いえない。むしろ，1つのメルクマールによって，企業の大小関係を区別することがいかに不適切かを知る必要があろう。

経営管理

中小企業	大企業
・所有-企業家	・マネジャー
・専門的管理知識の欠如	・経営管理知識の充実
・技術を志向した教育養成	・専門の部課において充実した技術知識
・弾力性利点を活用するには不充分な情報システム	・形式化された情報システムの整備
・親権的管理	・マネジメント・バイ（by）原理による管理
・グループによる意思決定は少ない	・グループによる意思決定は多い
・直感と即断が重要	・直感と即断は重要でない
・計画性は少ない	・周到な計画性
・人的な分業に関し職能が多く負担大	・高度な物的分業
・現場経営事象に直接参加	・現場経営事象から離れる
・不成功時の補償可能性は少	・不成功時の補償可能性大
・管理職の交替不可	・管理職の交替可
・従業員数少	・従業員数大

人事労務

中小企業	大企業
・熟練工と非熟練工の参加少	・熟練工と非熟練工の参加多
・大学卒業者少	・大学卒業者多
・広範な専門知識	・典型的専門家への傾向
・仕事満足感は比較的大きい	・仕事満足感は少ない

経営組織

中小企業	大企業
・企業家に直属する単一ラインシステム，少数管理者により詳細把握可	・人と関係なく物的事象を志向する複雑な組織構成
・職能重複	・分業
・部門化は僅か	・十分な部門化
・情報経路は短く直接的	・準備された情報経路
・個人的関係は強い	・個人的関係は少ない
・直接的個人交渉による指図とコントロール	・公式的，非個人的指図とコントロール
・制約された範囲での分権化	・多くの分野で分権化
・調整問題は少	・調整問題は大
・形式化の程度は少ない	・形式化の程度は大
・弾力性は高い	・弾力性は少ない

販　売

・地域的および物的小規模市場セグメントでの少量個人需要の補填	・地域的および物的大規模市場セグメントでの大量需要の補填
・競争状況は不揃い	・競争状況は良好

資材調達

・調達市場での地位は弱い	・調達市場での地位は強い
・注文に依存する材料調達が多い（商業は別）	・注文と独立の材料調達が主で，供給業者との長期契約によって安定化されている

生　産

・労働集約的	・資本集約的
・分業化少	・分業化大
・汎用機械が主	・専門機械が主
・生産量増加によるコスト低減は少	・生産量増加によるコスト低減は大
・一定の基本イノベーションに長期的に拘束されることが多い	・基本イノベーションに長期的拘束なし

研究および開発

・長期的に制度化された研究開発部門なし	・長期的に制度化された研究開発部門あり
・短期的直感的志向による研究開発	・長期的に体系立った研究開発
・殆ど需要志向の製品および工程開発であり基礎研究なし	・基礎研究と緊密な関係をもつ製品および工程開発
・発明から商品化までが短期間	・発明から商品化まで比較的長期間

財　務

・家族所有	・一般に分散化した所有
・証券市場への参入はできず資本調達可能性は制約される	・証券市場への参入ができ多様な資本調達可能性をもつ
・危急状況において一般的公的助成も個別企業支援もなし	・危急状況において個別企業の国家的支援が考えられる

　ここに述べられた中小企業と大企業の比較は著者のポールがその編著書全体の内容を基礎にして分析したものであり，詳細な説明はその著書に譲らねばならない。中小企業ないしは大企業がこれらの特徴をすべてもっているというのではなく，いくつかのものしか該当しないことも考えられよう。中小企業と大

企業の典型的な差異を比較する概念として十分参考になり，単に数量的なメルクマールによるのでなく経営学の観点による質的な比較がいかに重要であるかが十分理解されよう。経済全体のなかでの企業の構成を量的に把握するには勿論量的メルクマールを使わざるを得ない。

Ⅲ　ドイツ企業規模統計の考察

経済全体の中で中小企業はどのような意味をもつかを知るには，経済全体のなかでの企業統計が必要である。このためドイツの連邦経済労働省はボン中小企業研究所 (Institut für Mittelstandsforschung Bonn) に委託して「企業規模統計[6]」を編纂している。これまでに1976，82，85，90，93，97，2002年において同様の統計が公表されている。

ちなみに，ドイツでは日本の中小企業庁に相当する官庁はなく，連邦経済労働省が主となり，他の省庁や公的機関の協力を得ながら経済政策の一環として中小企業の政策を担当している。すなわち，この連邦経済労働省の資料による概念は一般的に公的な中小企業の考え方を示すと思われるので，以下においてこの「企業規模統計」による中小企業の概念を検討してみる。

1　中小企業の概念

まず，この概念は経済社会の中で企業が独立性をもって経済活動をするために必要な条件や特殊性があるわけであるが，上述のようにこれらを量的な側面と質的な側面に分けて考察がなされる。

量的な視点からすると，中小企業とはすべての業種においてある一定の限度を越えない企業や自営業の総体である。この一定の規模の指標として利益，固定資産，資産総額，付加価値，市場占拠率，雇用数，売上高などが考えられるが，どれ1つをとっても企業独自の特殊性はすべて異なっているので，すべての点から満足される指標はないわけである。実際的な解決策として売上高と従業員数が選ばれているが，これも産業の領域，たとえば，工業，商業，ハント

ヴェルク，サービス業，自由業によってその性格が大きく違うことに注意せねばならない。

つぎに，中小企業の質的な側面としては，その企業と所有者との間の緊密な結合関係が挙げられる。この緊密な結合関係とは，

——所有者が企業の経済的維持を保証して責任をもつこと。そして，

企業の経営管理とこれに関するあらゆる意思決定の責任をとること，

とされている。これら二つのことからさらに必要となる特徴は企業の自立性ないしは独立性であって，コンツェルンなどの支配を受けないことが重要となる。企業経営と企業所有者が一体となっていることにより，戦略的に重要な企業の経営管理が直接的に行われるのである。中小企業においては人的な関係が強く，これは組織ないしは人事構成においての従業員との関係に大きな特徴となる。こうした質的なメルクマールの経済的な影響が，たとえば，企業の法形態の選択や，資本調達の仕方，イノベーション行動，製品政策などに表れてくるのである。

2　経済政策においての中小企業の概念

上に述べた量的および質的な規準は両方とも時間的経過とともに変化するものである。たとえば，売上高は時点を隔てて比較するには価格の調整が必要であるし，労働力の比較をするには生産技術の変化を考慮せねばならない。質的な規準として重要な意思決定の独立性は，たとえば，フランチャイジングのように流通経路においての新しい制度ができると修正をうけることになる。経済が発展するためには中小企業の変革が非常に重要な機動力となる，ということを十分に考慮したうえでドイツ連邦政府も厳密かつ形式的な定義をさしひかえていると考えられる。1970年にはじめて公表した中小企業に対する構造政策の基本原則においては次のような説明がなされている[7]。「連邦政府は中小企業の一般的かつ形式的な定義付けをすることは有意義と考えていない。これら中小企業は，ハントヴェルク，工業，商業，ホテル旅館業，交通業，その他の営利業であって，一般的に資本市場において資本調達をせず，経営リスクを自ら

担う，独立の事業者によって経営される企業である。このことは，一定の助成目的のために，優遇されるべき企業の限定をしない，ということではない。」

そして，連邦政府は同じ報告において，工業においては従業員49人までを小企業，50人から499人までを中企業，500人以上を大企業と区別したが，1976年には，その量的な規定はみられず，質的な特徴のみが説明されている[8]。

連邦政府の基本原則はドイツで行われている企業規模に関連する構造政策の基礎となり，これが中小企業政策とよばれているものである。この政策は産業分野別および地域別の構造政策であると同時に，一般経済政策の統合的構成要素ともなっている。1986年政府はつぎのような見解を示している[9]「中小企業政策は市場経済の力を確実なものにし，企業の投資とイノベーションを進め，さらには雇用と養成の機会を増やすよう努めねばならない。」そして，連邦経済技術省の中小企業行動計画においては中小企業政策の現代的計画要項と基本綱領が折り込まれている。

中小企業政策を管轄する連邦経済技術省も州政府もそれぞれ中小企業概念の量的および質的次元の区別を軽視するのでもなく，厳密な定義付けによって中小企業政策の動的な活動余地を狭めるものでもない。経済連盟の諸団体も中小企業概念の硬直的な固定化に反対であり，中小企業の多様性を考慮し「中小企業は心構え，意思決定構造，そして，企業リスクへの対応の問題である」[10] としている。この意味をさらに突き詰めればドイツの経済連盟もボン中小企業研究所の用いるミッテルシュタントの基本概念に繋がるものであり，「他の国では中小企業は統計的に把握される経済の中の一部であるのに対して，ドイツのミッテルシュタントはその意味での中小企業を含むがそれ以上の内容をもつものであって，経済的な側面も人間社会的側面も含まれる」[10] という解釈になる。

言語上の表現ではしたがってミッテルシュタントが使われているが，中小企業はすでに20年以上にわたって国際的にも経済政策の重要課題であって，欧州連合（EU）結成の枠組みにおいても重要な意味をもっていた。これに関す

る活動は活性化され，一般的枠組み条件の改善の他にＥＵでは参加国における中小企業と創業支援に関する包括的法案として多年次計画（2001-2006）が考案されている。

3 ボン中小企業研究所統計における定義

　実際の中小企業政策は法的な枠組みをつくり，一定の振興措置を進める上で，企業規模を特定しないでは実施できない。連邦と州からなる国家レベルにおいても，またヨーロッパのレベルにおいても，その実施対象となる企業の規模を規定する振興措置があり，それぞれ中小企業の量的な定義を用いている。

　国のレベルにおいては公的入札制度，研究開発助成，復興金融公庫（Kreditanstalt fur Wiederaufbau=KfW），連邦助言振興策，競争制限禁止法などにおいても一定の売上高を限度とする中小企業に対して助成が行われている。

　国際レベルにおいての中小企業としては特に，ヨーロッパ連合おける会計報告の作成義務との関連が注目される。すなわち，資産総額，売上高，年間平均従業員数のそれぞれの一定限度のうち2つを充たせば，中小企業として財務諸表の簡略化が認められる，というものである。この他ヨーロッパ統計局Eurostatでは独自の定義を用いて定期的に統計を行っている。また，それぞれの国の中小企業の定義も異なったものである。

　このようにドイツの国においても，また，国際的にも異なった量的な定義が用いられている中でボン中小企業研究所では，これまで基本的につぎのような分類規準を用いている：

企業規模	従業員数	年間売上高（DM）
小企業	9人まで	1 Mill. 以下まで
中企業	10〜499	1〜100 Mill.
大企業	500以上	100 Mill. 以上

　経済全体の中の企業をこの基準でおおまかに区別できるが，産業の種類によって大きな偏りが生ずる場合がある。この弊害を除くため業種によって売上高の上限を二段階にしていた。すなわち，

産業分野	年間売上高上限
エネルギー，水道，鉱業	100Mill. DM
加工業	100Mill. DM
建設業	100Mill. DM
卸売業	100Mill. DM
小売業，仲介業	25Mill. DM
交通および通信	25Mill. DM
サービス業および自由業	25Mill. DM

産業の種類によって中小企業の売上高の上限を区別していたが，共通通貨（ユーロ，EUR）と公的統計の導入によりボン中小企業研究所はその中小企業の量的定義を改変している。このため上に挙げた業種による売上高上限の区別も排除された。

2000年から新たに用いられている中小企業の基準はつぎの通りである[11]：

企業規模	従業員数	売上高（EUR/年）
小企業	9まで	1 Mill.
中企業	10から499まで	1 Mill.から50Mill.まで
大企業	500以上	50Mill.以上

2DMが約1EURとして計算される（詳しくは1EUR=1.956DM）ので小企業の上限は大きく引き上げられている。大企業はこれに対して少し引き下げられたことになる。全体として中小企業の数は1999年に99.5％であったが2000年には99.7％になり，その売上高は1999年に41.1％であったものが2000年には43.2％になっている。この変化には上に述べた業種における売上高上限の変更も影響している。

ヨーロッパ共通通貨採用後の新規定によるドイツの中小企業は2000年330万であり，約2,010万人の従業員を擁している。すなわち，

　　　　　全ての売上税納税義務のある企業の99.7％
　　　　　全ての納税義務のある売上高の43.2％
　　　　　全ての従業員の69.7％

全ての見習生の83.0%
が中小企業のものである。
そして，中小企業は

　　　全企業の総付加価値生産のうち　　　　　48.8%
　　　国を含めた全体の　総付加価値生産の　　43.5%

に貢献している。これまでの統計では全企業の総付加価値生産は約53%であったのでこれに比べると減少しているが，これは民営化により鉄道や通信が国有から大企業になったためと推定される。

Ⅳ　企業規模と法形態

　ドイツの連邦経済技術省による企業規模統計は売上税による統計を基本にするものであり，地域，業種の他，多くの面から企業規模を分析するための包括的な資料を提供してくれる。2年毎に行われる統計の全数を基本としているので，経済の集中度の分析にも用いることができる。短所としては，売上高を名目的にのみとらえるので，時点が異なると価格調整が必要となることである。この操作は実際上不可能なので，名目的な成長率によって企業規模のより大きな階級に移動するため，過大評価が行われ易いことに留意せねばならない。2002年から統計の貨幣単位がユーロに変更されたためそれ以前の統計との比較が困難となったが，売上税義務のある企業統計としての考え方はこれまでと同様である。
　連邦経済技術省の企業規模統計において最初に示されているのは業種別規模別企業数と売上高であるが，以下においては，日本の企業構造と比較してドイツの特徴をみるためより重要と思われる企業の法形態の実態を考察する。
　図表1の合計は2000年のドイツにおいて売上税を支払った企業数と売上税の対象となった売上高の総計である。統計には売上高の規模による階級に分けて，業種別と法形態別の数値がそれぞれ1994から2000年まで示されているが，図表1は法形態別の合計を2000年のみについてまとめたものである。ユーロの

図表1　法形態別企業数および売上高（2000年）

法形態	租税義務企業数	（％）	売上高（Mill. EUR）	（％）
個人企業	2,040,713	(70.2)	510,372	(12.3)
合名会社	262,030	(9.0)	251,462	(6.0)
合資会社	102,937	(3.5)	933,411	(22.5)
株式会社＊	5,526	(0.2)	842,527	(20.3)
有限責任会社	446,797	(15.4)	1,394,697	(33.6)
協同組合	6,372	(0.2)	52,027	(1.3)
公的営利法人	5,802	(0.2)	29,820	(0.7)
その他	38,973	(1.3)	138,610	(3.3)
合　計	2,909,151	(100)	4,152,926	(100)

a) 売上高16,617EUR以上の企業
＊株式会社に類似する株式合資会社と鉱業組合を含む
(Institut für Mittelstandsforschung Bonn: Unternehmensgrössenstatistik 2001/2002. S. 38より作成)

導入により企業規模統計の表記方法も若干変更が行われている。以前の統計では売上高25,000DM以上の企業が対象になっていたが，2000年からは32,500DM（=16,617EUR）以上が対象となっている。図表1と比較できるわが国の資料はないが，株式会社の数が日本では約百万社あること，合名会社・合資会社の比率が大きいことが大きく違っている。

ドイツでは有限責任会社が圧倒的に多く，売上高の総計も株式会社の売上高総計よりも大きい。合名会社と合資会社の割合は日本よりもはるかに大きい。それぞれの法形態の売上高の規模をみれば，人的企業（個人企業，合名会社，合資会社）の規模は小なるものが多く，資本会社（有限会社，株式会社等）はより大きい規模の方に集中する傾向をもっている。この傾向は企業の規模別に分けた統計によって歴然と示されている。

V　独立営業者と中小企業

以上においては企業規模統計の最初に載せられている売上高統計による企業構成の中，法形態別の企業規模を考察した。同じ企業規模統計のなかで二番目

に載せられているのが独立営業者（Selbständige）の統計である。この統計資料の基礎としては連邦統計局が毎年公表する就業者に対する小人口調査（Mikrozensus, 2000）が用いられている。ここで使用される独立営業者の定義には，所有者，共同所有者，賃借人，または，独立ハントヴェルカーとして企業や事業所を経営するもの，そして，独立の商売人，自由業者，家族営業者，中間加工業者が含まれている[12]。したがって，日本における自営業者よりも広い概念である。就労者（Erwebstätige）全体の合計は経営者である独立営業者，その家族ないし補助的被雇用者，そして，一般の従属的被雇用者に分けられることをみると，家族や被雇用者が経営に関して従属的であるのに対して，独立して自己の営業活動をする独立営業者が統計的に把握されていることが分かる。一般の被雇用者のなかには公務員，会社サラリーマン，労働者，見習生が含まれている。2001年の就業者についてのみをみると図表2のようになっている。独立営業者数は70年代から減少し，80年台にようやく上昇の傾向を取り戻し，1998年以降360万人までになっている。2000年においてはドイツの就労者の10人に一人が独立営業者という計算になる。1991年から独立営業者の数が増えたことには，一つには旧東ドイツの新連邦州が加わったことと，さらには女性の独立営業者が増えたことが考えられる。

　独立営業者の比率は産業構造の変化や大量生産方式の普及と深く関わっているので，この比率は経済政策ないしは産業政策において繰り返し議論される点である。独立営業者の比率が高いということは経済発展の度合が低く，工業化が進んでいないと理解される。そして，製品多様化の度合，平均的企業規模，

図表2　独立営業者と被雇用者

	旧連邦州	新連邦州
独立営業者	3,070千人	582千人
家族および補助的被雇用者	408	33
従属的被雇用者	26,830	5,913
合計	30,307千人	6,508千人

(Unternehmensgrössenstatistik 2001/2002 S. 51, 52.)

特殊な労働ないしは製造方式，自立性に関わる文化的条件などもこの比率の大小に影響していると考えられる。ヨーロッパ連合の15カ国のうちドイツは独立営業者の比率は10%であり，これは下から3番目に低いものである。ちなみに，1番高いのがギリシャの32.4%である。

個別の産業分野によってこの独立営業者の比率は異なった推移が示される訳であるが，農業を除いたサービス産業は大きく伸びている2002年にはすべての独立営業者（農林業を除く）の46.4%がサービス業に属している。これと反対の展開を示すのが製造業，商業，交通，通信であって第三次産業への発展の方向を示すものとなっている。

ドイツでは工業，商業などの分野と並べてハントヴェルクという名称が挙げられることが多い。手工業とも訳されるがやや意味合いが異なるので原語を使うことにする。

ハントヴェルクは自己所有の経営用具を用いて手仕事をする分野であり，人的関係が強く，あらゆる業種での製造，組立，配置，修理，サービスなどにわたる多様性をもち，工業との区別も明確にすることは不可能となっている。この分野において伝統的職人制度（マイスター制度）が残り，技術の修得や開業に関しても公的機関が携わっている[13]。ハントヴェルク秩序法という法律があり，一定の試験を受けて合格したものは所轄の会議所に登録することにより開業の資格も与えられる。

2002年には約66万6千の事業所があり，ドイツ経済の重要な一部となっている。事業所の40.4%は電子および金属24.7%が建設関係で最も多く，これに健康，衛生，化学，清掃，そして，食料，木材関係の業種が続いている。経済構造の変化とともにハントヴェルクの発展は経済全体の平均よりは下まわるもなっている。現代的な職種は重要となるが，伝統的な職種は下降する傾向にある。また，ハントヴェルクは殆どが9人以下の小企業であるが，小さいことは必ずしも競争力の弱小性を意味するとは云えない。いわゆる市場のニッチ（隙間）に入り人的資源の必要な，標準化されない特殊の受注に特化して工業の大量生産に対抗することが出来る。小規模であることはしかし，資本調達や研究

開発においてのデメリットを意味することになる。

　自由業者は職業上の特別の資格により個人的に責任を持って，専門の仕事を独立に行う者であって，国の法律による特別な職務規則の拘束を受けている。2002年において76万1千人の自由業者がいて，これはすべての独立営業者（農林業を除く）の中の23％であるとされる。自由業者の数は常に増加を続け，特に文化関係と法律と経済のコンサルタントが多くなっている。経済法律上の組織の複雑化とともに経営コンサルタント，経済監査士，税理士，そして，弁護士への需要が増えている。

　独立営業者の統計は小人口統計として毎年行われ，企業ではなく家計のなかの就業者が対象になっているため，売上税統計による企業数とは当然一致するものではない。独立営業者の定義からも分かるように中小企業の多くものが独立営業者であり，ここに中小企業の質的なメルクマールとしては独立の営利事業を行う所有者の意味が前面に出てくる。すなわち，中小企業としての特徴は所有者が自ら事業を担当し，その結果に対して責任をもつ，ないしは，リスクを負うということである。したがって，事業に出資して共同で働く人の人的な性格や信頼性が非常に重要になる。そして，その事業からの成果は大企業とは違って，直接に所有者の生活に関わってくる場合が多いといえよう。

　このような意味において考えると，中小企業の意味は社会的にも経済的にもきわめて注目される。民主的かつ自由な社会においては個人が自分の責任において独立した行動をとることによってより発展するとみるなら，営業の自由を保証されて独自の創造的活動をすることが社会のためになると考えられる。市場経済においては中小企業こそ市場の革新に適応し，絶えずより良く安い価格のものをつくる競争をすべく努力することにより，経済の活性化に貢献するものである。市場経済においては多数の企業により多様な供給がなされ，需要者の側もそれだけ多くの選択をすることにより，競争関係が保たれることに意味があるとすれば，独立性をもって事業を営む中小企業者こそ市場経済の担い手であるといえよう。これに対して大企業の巨大化は市場の供給を一方的に独占し，競争を排除することになる。多くの基礎産業において確かに大規模生産に

よる経済的効率をもたらし，コストを低減させる効果はあるものの，その一方にある巨大な資本力は市場競争を歪曲せしめる原因となりやすい。

　市場経済の活性というものは，市場リスクの責任をとる積極的な企業家によってもたらされる。失敗により市場から撤退せざるを得ないという市場の制裁は中小企業にとって生死の問題である。これに対して大企業は失敗をしても政府の支援が得られることが暗黙裏の保証としてあるかのようである[12]。大企業が肥大化すると経済構造の変化に対する適応力も少なくなり，不成功の場合の経済的コストは非常に大きい。中小企業はこのような場合にもより大きな適応力をもち，必要な構造変化により早く対処できる。ドイツの経済は社会的市場経済と呼ばれ，その最も基本的な概念となるのがこのような企業の集中化に対抗する競争政策を行い，かつ，中小企業の振興を行うことにある。したがって，1990年ドイツの統一以降，新しく加わった連邦州において社会基盤の充実とともに，中小企業の育成のために多様な政策が包括的に打ち出されている。また，これと呼応するかのようにヨーロッパの市場統合とともに域内の中小企業を育成するEUの活動方針が次々と出されている。

Ⅵ　結

　大企業と中小企業の区別をするためには数多くのメルクマールが考えられるが，どれを選ぶかは結局どのような観点から両者を区別するのかという考察の目的によらざるを得ないであろう。以上の考察で取り上げたドイツの企業規模統計は主に売上高をメルクマールとしているが，これと匹敵するわが国の企業統計がないので日本とドイツの企業の構成を正確に比較することは不可能である。しかし，上述した統計にみられるよう，ドイツ企業の法形態のなかで株式会社はやはり売上高規模の大きい層の企業が多く，売上高の合計も他の法形態のそれを上回っている。これに対して人的会社の性格をもつ企業の数が割合多く，売上高の規模の小さい層にその傾向が強いことが分かる。また，ここでは検討していないが，同じ統計において企業規模の売上高が業種別にも地域別に

も表示されていることは国全体の経済構造をみるために重要な参考資料となろう。売上高というメルクマールは市場における企業の経済活動を直接的に反映するものであり，競争状況を判断する上でも不可欠である。資本金あるいは従業員を規準にする場合と比べると市場を通しての企業活動の成果を示す性格をより多く持つといえよう。しかし，売上高を時系列的に比較するには貨幣価値の変動を修正する必要が生ずること，そして，時間的経過によって各企業の規模の変化も大きいことに注意せねばならない。

　企業の規模を一定の量的なメルクマールによって示す必要が出てくるのは，政策が実施される場合である。ドイツでは中小企業に関する厳密な定義は政府も経済団体も行っていないが，国の助成ないしは振興政策がなされるには売上高，従業員数，資産総額といったメルクマールが用いられる。統計をとるためには必然的になんらかの量的なメルクマールが選ばれる。そして，それによって数えられるものはすべて同質性が仮定されている。厳密にはこのような同質性はまれにしかないのであって，たとえば，従業員数を比べてもその技術的能力は全て違っている。企業の経営問題を考えるとすれば，単に量的な比較のみでなく質的な面の考察を欠かすことができない。ドイツの中小企業という概念とともに注目される質的なメルクマールの一つが独立性ないしは自立性の概念であり，自分の出資した企業の組織や指導に自ら携わる意味をもつと考えられるが，ここにも企業ないしは経営の基本的問題があるといえよう。

1) Wossidlo, Peter Rüdiger, Mittelständische Unternehmungen. in: Handwörterbuch der Betriebswirtschaft, Wittmann, Waldemar et. al. (Hrsg.v.) Stuttgart 1993.
2) Institut für Mittelstandsforschung Bonn : Unternehmensgrössenstatistik 2001/2002, IfMBonn 2002. この統計書の書き出しにおいてもMittelstandはklein und mittel Unternehmenと違って，単なる統計的意味だけでなく経済的，社会的そして心理的意味を持つことが説明されている。Bebenroth, R. /田渕進「中小企業の金融環境—ドイツと日本の比較」『大阪経大論集』第55巻第1号（2004年5月），211頁。
3) Busse von Colbe, w., Betriebsgröße und Unternehmensgröße, in : Handwörterbuch der Betriebswirtschaftslehre. 4. Auflage. Stuttgart 1976, Sp. 567.
4) Busse von Colbe, W., Die Planung der Betriebsgröße, Wiesbaden 1964, S. 35ff.
5) Pfohl, H. -Ch./Kellerwessel, P., Abgrenzung der Klein- und Mittelbetriebe von

第1章　ドイツ中小企業の規模と経営　*21*

Grossbetrieben, in : Betriebswirtschaftslehre der Mittel- und Kleinbetriebe, Größen spezifische Probleme und Möglichkeiten zu ihrer Lösung, (hrsg.v.) Pohl, Hans Christian, Berlin 1990, S. 18-20.
6) Bundesministerium für Wirtschaft, Unternehmensgrössenstatistik 1992/1993 -Daten und Fakten-, Studienreihe Nr. 80, Bonn 1993.
7) BMWi, Unternehmensgrössenstatistik, S. 3. Deutscher Bundestag : Grundsätze einer Strukturpolitik für kleine und mittlere Unternehmen, Drucksache VI/1666, 29, Dezember 1970.
8) BMWi, a. a. O., S.3. Deutscher Bundestag : Bericht über Lage und Entwicklung der kleinen und mittleren Unternehmen, Mittelstandsbericht, Drucksache 7/5248, 21, Mai 1976.
9) BMWi, a. a. O., S.4. Deutscher Bundestag (Hrsg.) : Lage und Perspektiven des selbständigen Mittelstands in der Bundesrepublik Deutschland, Drucksache 10/6090, 30. September 1986, S.2.
10) Institut für Mittelstandsforschung Bonn, a. a. O., S. 4.
11) Institut für Mittelstandsforschung Bonn, a. a. O., S. 14.
12) Institut für Mittelstandsforschung Bonn, a. a. O., S. 41.
13) 近藤義晴「ハントヴェルク規制に関する一考察」『神戸外大論叢』第43巻（1992年11月），19-45ページ。マイスター制度については吉田修『ドイツ企業体制論』森山書店1994，67，168頁，および森本隆男『レスレ手工業経営経済学』森山書店1997，96頁。
14) Zeitel, G., Volkswirtschaftliche Bedeutung von Klein- und Mittelbetrieben, in : Betriebswirtschaftslehre der Mittel- und Kleinbetriebe, (hrsg.) Pfohl, H. -C., Berlin 1990, S. 31.

第2章　連邦政府の中小企業支援策

I　序

　日本でもドイツでも企業の数をみれば圧倒的に中小企業が多く，大企業の割合は数の上ではごく僅かである。にもかかわらず国の経済政策においても大企業を中心とした政策が前面に出，中小企業は後回しにされ勝ちである。ドイツと日本は経済体制においても市場経済を基本とし，旺盛な企業活動によって経済の復興が成功した国である。日本の法律制度もドイツを範として制定されたものが多く，企業の法形態においても相似した点が多い。しかし，まさに中小企業の特徴となる法形態とその企業数において両国の間に著しい違いがあり，企業経営の態様も異なったものがある。それでは，ドイツでは中小企業はどのように考えられ，経済の中においての役割はどこにあると考えられているのだろう。ドイツではこれらの中小企業を支援する政策はどのような理念のもとに行われているのであろう。中小企業政策のなかでも重要な金融財政的政策としてはどのような特色がみられるのか。前章では，ドイツにおいて用いられる中小企業の概念と実態を調べたが，本章ではまず，IIにおいて経済全体のなかで中小企業が果たす役割はどのように考えられ，中小企業政策はどのような目的をもっているのかを検討し，IIIにおいては最近のドイツ連邦政府中小企業政策のうちの財務と金融に関する支援策を取り上げ，IVでは特に最近強調される政策の力点を調べる。Vは若干の考察を加えてまとめとする。

Ⅱ　経済における中小企業の役割

　中小企業の質的な意味での特徴の一つはすでにみたように，所有者が自ら企業経営の業務に参加し，証券市場を利用できないので自己資本を自ら準備することにあり，中小企業においての経営組織の管理や経常的業務は出資者の意思と密接に関わるものであって，大企業のように経営者の交替は簡単ではない。経営に必要とされる資本は出資者から調達され，さらに企業活動からの収益により補填されねばならない。大企業の場合にはこれらの収益は企業の目的のみに利用されうるが，ドイツの中小企業においてはその法形態に人的企業も多く，所有者の家族が企業の収益から生計を得ねばならない。第1章の統計においては量的な観点からの概観が示されたが，ここに質的な面から経済全体の中で中小企業はどのような意味をもち，どのような役割を果たしているかについて検討する。ツァイテルは中小企業のもつ機能を9項目に区別し大略以下のように説明している[1]：

　1）**社会的秩序機能**　ドイツは民主的な国であるということは，自由で多元的な社会秩序を確立する目的のもとに，国民すべてが自立した人間でなければならないことを意味している。そのためにはまず，各人は自分の人生計画を立てる可能性をもつことが必要である。失敗するリスクもあるが，社会保障の制度によってこれを減少させる努力がなされる。社会の構成員各人は国や第三者から強制されることなく，各自が責任ある行動をとるべきである。自立の可能性が多いほど個人の発展成長の機会も大きく，仕事や生活においての責任感もより鮮明になる。給付意欲，創造性，そしてリスク対応性もこれと深く関連しているので，中小企業のもつ社会的機能はこの意味で特に大きい。すべての自由な社会の基本的構成要件である居住移転と営業の権利は，まさに中小企業の存在によって，単なる形式的権利ではなく，われわれの社会秩序の実質的な構成要件になっている。独立営業者は自由な活動領域の確保に貢献し，社会秩序を安定化せしめ，個人生活の質を向上させることにつながる。

2）**経済的秩序機能**　ドイツでは社会的市場経済の概念が規範になっている。家計と企業の経済活動にとっての主要な秩序原則は，したがって，市場における自由な価格形成と競争のもとに，私有財産と自由な家計の消費および自由な企業の生産を確保することである。市場経済とは競争経済であって，独占経済であってはならない。供給者も需要者も可能な限り選択の自由を与えられねばならない。そうしてこそ個人のもつ経済計画は摩擦なく調整され，効率的な生産が達成される。このような生産競争が経済発展の原動力になるものである。中小企業は市場の対抗者を自由に選択できるが，競争の出来ない弱者は制裁を受ける。市場経済で肝心なことは意思決定の分権化であって，可能な限り有利な価格条件での多様な財，そして，雇用，資本投資の多様な機会が提供されることである。これは多数の独立した企業があってこそ可能であり，中小企業は単に市場の変化に適応するのみでなく，競争に生き残るためには自立的に新規のものを作り出さねばならない。これに対して，企業が巨大化し，集中が進むと，選択の自由が制限され，構造変化への適応能力も少なくなる。資源配分に無駄が生じ，そのコストは消費者の負担になる。中小企業は必要な構造変化に対してより迅速な適応能力を持つものである。

3）**供給機能**　中小企業の経済的供給としては消費の領域が目につきやすいが，工業製品の半製品ないしは完成品の供給者としても相当の役割を果たしている。特に，機械，自動車，電子，化学などにおいての中小企業の下請けとしての役割は重要である。中小企業は技術的に特殊な問題を低コストにおいて解決し，細部において特殊な製品を完成できる。特殊製品を多数の需要者に供給することにより連続生産に移ることも可能である。さらに下請け企業は大企業の生産プログラムを補い，大きな費用を掛けずに製品差別化を可能にする。また，供給機能を持つ中小企業は需要者に対して，季節的ないしは景況による販売の浮沈を調整するための緩衝器の役割も持っている反面，社会的な緊張と危険に曝されることにもなる。大企業は大量生産により，大きな需要を充たすのに適しているが，中小企業は技術的特殊性ないしは個人的需要による差別化された市場に向いている。さらに，地域的に広く広がる需要に目を向ければ，サ

ービス業や交通業においての中小企業の市場は大きい。過疎地や遠隔地における消費需要は中小企業によって空間的にも時間的にも橋渡しされることになる。技術と嗜好の変化による需要の変化に機敏に対応出来るのも中小企業であり，市場の隙間を素早く見つけて顧客の満足に対応できる。

4）産業構造政策機能 需要の変化にしろ，技術進歩や外国との競争による変化にしろ，変化の傾向が強いほど中小企業の存在意義は大きくなる。ドイツの基本法（憲法）72条2項に出てくる生活条件の均一性の観点からも，中小企業は社会基盤を利用して広くサービスや交通の便を供し，財を供給することによって，雇用機会および国民当たり所得の地域間格差を減少せしめるべき役割を負っている。中小企業の数が多いことは地域的に均衡のとれた経済構造をもたらす。業種によるリスクがあるとしても，大企業が集中する場合の危険性よりもまだ少ないとされる。中小企業は構造的に弱小で遠隔な地方での雇用の機会をつくり，地域を志向した雇用措置に一層適応しやすい。

5）雇用および景気政策的機能 中小企業は一般的に大企業より景気政策に敏感であるといわれてきた。この傾向は主に工業製品を作る中小企業や大企業の下請けにおいては云えるが，生活必需品や補完的サービスの企業ではあてはまらない。就業者の70％が中小企業であることは雇用の安定に大きなきな意味をもつといえよう。中小企業においては大企業よりも雇用の変動に対する抵抗が強いということは，専門的技能をもって経営に密接に携わっていること，個別生産に特有の生産構造やそれに関わる熟練したチームワークの維持なども理由とされよう。補助的作業をする家族構成員を適宜に援用することによって，小企業では依存的被用者の数を変えることなく需要の変動に適応できる。

6）輸出活動 輸出に関しても大企業の領域として議論されることが多いが，中小企業の割合も，業種による格差があるにせよ相当なものである。ドイツの最も大きな輸出の業種は工作機械であるが殆どが中小企業である。日本の輸出が成功したのは，まさにハイテク分野において中小企業の下請け比率が非常に大きかったためである。これは直接の輸出取引からは分からない，中小企業の間接的な輸出への貢献を意味している。

7）**成長政策機能**　経済成長の要因として技術発展と就業者の技能習熟度があげられるが，中小企業は両方の意味においても重要な機能を持ち，産業構造の変革にとって大切である。企業規模が大きくなる程，研究開発を行う企業の割合は大きいという報告もあるが，中小企業の研究開発の費用は大企業のそれよりもそれほど劣らず，また，特許申請の数も相当数であるという報告もある。研究開発費，技術発展の振興，そして研究開発実施との間に明確な相関関係があるとは云えない。中小企業のイノベーションが過小評価されることが少なくない。

中小企業の研究開発はより一層アイデアの実用化を志向するものであって，優良製品の発案と市場参入が重点となる。多くの場合，中小企業は創造的研究の孵化器であり，それほど費用を掛けずに画期的なものを生み出すことがある。

大企業に比べると中小企業はより大きな競争の圧力を受けるものであって，特殊な製品や付加価値の高い製品をもって市場の隙間に貢献することが多い。こうした状況からみると技術発展を推進することは必須のことであり，これは生存条件を確保することにつながる。

経済成長を確保するためには最先端の技術だけでなく，すべての主要分野においての広く分布した高い給付の水準が必要とされる。中小企業は創造的な実務家の個人的な発案ないしは発明力に大きなチャンスを与える特典をもっている。技術発展はしたがって中小企業の動的な給付競争の基盤となるものである。給付能力のある中小企業は経済にとっても適応能力の特別の要因であり，大きな技術的発展傾向をもてばもつほどより重要になる。

8）**教育政策的機能**　中小企業は職業教育の分野で際立った役割を果たすものである。ドイツでは職業教育は理論と実務の両面からなされるが，ここに教育される専門職の質と量は，優れて中小企業の受け入れないしは準備態勢に依存している。大企業においても専門技術者を中小企業から求めねばならない場合が多く，ここにもハントヴェルクの伝統が強く残っている。見習生として始められた教育はさらにマイスターの資格試験制度があってドイツにおける生産

の高い質的基準の維持に貢献している。中小企業は基礎教育に始まり，専門家への予備生を育て，自主独立への道をも開いているわけである。

　9）労働の人間化　大企業においての専門職の賃金水準は高いが，中小企業の労働条件は大企業のそれよりも良好であると評価されている。中小企業は大企業のように十分に厚生施設を持たないが，このことから労働環境が悪いとはいえない。ここでは労働者が疎外されることは少なく，マイスター・職人・見習い工の協働が人間的労働環境をつくっている。大企業にみられるような使用者と被用者との間の緊張はより少なく，家族的な関係がより大きな雇用の継続性に繋がっている。

　ツァイテルはこのように中小企業のもつ経済的な機能を9つに分けて説明しているが，大企業の意義を否定する意図を持つものではない。多くの製品の大量生産において大企業は優れた有利性と効率性を持つことは否定し得ない。しかし，大企業と多数の中小企業の協調によって初めて調和のとれた経済社会が成立する。多数の中小企業の存在こそ社会的市場経済の大黒柱となるものであって，中小企業の多様性こそこのシステムの機能を発揮せしめ，その経済政策から生ずる利点を保障するものとなることが説明されている。経済における中小企業の量的および質的な意味での重要性はますます増加する傾向にあることが強調されている。

　このような考え方に立つとまず，中小企業の発展を阻むような問題を除去する政策が必要となる。ここに指摘される最初の問題が自己資本の問題である[2]。中小企業では自己資本形成の可能性が少なくなり，技術進歩に適応することが難しくなっている。その原因として税負担の増加だけでなく，社会保険などの労務付帯費の増大が挙げられる。大企業ではこの負担に耐えられるが，中小企業では厳しい競争条件のため収益力をさらに削がれることになる。これに加えて，大企業による市場権力の濫用がある。競争制限法による濫用の制限があるものの，ここにも大企業の思考が大勢を占めて十分な効果がみられない。さらに，多くの社会的義務は次第に拡張され，労働時間においても中小企業に不利

なものとなっている。中小企業が国の行政と接触する場合にも煩瑣な手続が非常に多く，中小の小規模な人事体制ではこれに対応出来る余力のないことも問題とされている。

このような観点からしても中小企業の持つ財務的に弱い地位や自己資本の弱小性を補強し経済全体を活性化することは連邦政府の経済政策ないしは産業政策の重要な課題となる。

Ⅲ　連邦政府の中小企業政策

1　概　　観

上述のようにドイツでは多様な規模構成をなす多数の中小企業が，それぞれ独立性をもって存在し，これらの企業の多様性と独立性こそが市場経済の活力の基礎を成すものと考えられる。適切な企業規模を持つこと自体が重要な立地の要因となるという考えのもとに，ドイツ政府は中小企業政策によってこれを支援しようとしている。自立的な営業者としての中小企業にとっては，独占禁止法などの経済法，労働法，資本市場，社会政策など実に多くの制度問題が関わってくるが，なかでも租税政策と金融的政策が重要なものとなる。連邦政府の中小企業政策は中小企業の持つ潜在的経済力を未来に活用することであり，そのためには，中小企業を保護するのではなく，特に，弱小の若い企業が直面する不利益，例えば市場参入の障壁や信用利用の困難性を除去する枠組みをつくることが主眼とされている。

わが国での中小企業政策の概観を得るには「中小企業施策総覧[3]」の各年版が代表的であって詳しい内容が提示されるが，ドイツにおいてはこれに相当する総括的な資料は見当たらない。それぞれの官庁，機関，地方公共団体などで独自の施策の説明が行われていて，その内容と種類はきわめて多様であるため概観を得ることは簡単とはいえない。そうした中でやや理解を助けてくれる資料が連邦財務省による「中小企業政策の資料[4]」である。この中で中小企

業政策の枠組を示す意味で参考になるのはⅤ章の連邦の中小企業政策の内容であろう。この章の小見出しを以下に示すと,
　　1. 租税政策の措置
　　2. 支援計画
　　　2.1 創業支援
　　　2.2 投資支援
　　　2.3 保証制度
　　　2.4 参加資本
　　　2.5 研究革新支援
　　　2.6 教育,助言および情報支援
　　3. 新連邦州における特別経済支援
　　　3.1 投資支援
　　　3.2 参加資本
　　　3.3 研究革新支援
　　　3.4 東ドイツ製品販売支援

となっている。ここには金融財務の面で連邦政府が持つ支援策の基本的枠組が挙げられている。その最初に出てくるのが租税政策であり,新しく改正された税法の中で特に中小企業にとって関連する点が指摘されている。2003年度において注目すべき改正税法として租税軽減法1999/2000/2002,租税改正2000,改正環境税,企業課税の継続が挙げられている。

　ドイツでは株式会社や有限責任会社などの資本会社は法人税が課されるが,合名会社や合資会社などの人的会社は法人税の対象とならず社員に所得税が課せられるので,所得税は個人企業にとってと同様経済的に大きな影響要因となっている。たとえば,所得税の最低税率が1998年に26％であったが段階的に2004年には15％になり,同時に課税最低限が6,322ユーロから7,664ユーロになること。さらに,最高税率は1998年には53％であったものが段階的に2004年には42％になるため人的会社にとって大きな軽減措置となっていることが示されている[5]。人的会社は大部分が中小企業であるが,この他,営業税改正や譲

渡益課税最低限の引き上げなどにより中小企業全体への課税は大幅に軽減されたことが報じられている。

2 支援計画の概要

　中小企業への支援は連邦政府の予算とERP（European Recovery Program）特別資産（Sondervermoegen）からのものと,復興金融公庫（KfW）とドイツ負担調整銀行（DtA）ないしはKfWミッテルシュタントバンク(Mittelstandsbank)の資金からなるとされる。KfWとDtAは2003より統合されてKfWミッテルシュタントバンクという名称でそれまでの振興策を続けている。

　ERP特別資産とは1948年にマーシャル・プランとして設立されたヨーロッパ復興基金に由来するものであり，欧州16ヶ国において当初戦後の経済復興を目的に基礎材，エネルギー，食料，建設，住宅，そして社会基盤の資金調達のために用いられた。特別資産とはこのような特別の目的を持った公的な基金であり，かつての連邦国有鉄道と連邦郵政は部分的に営利的活動を行いながら特定の公的事業を遂行した機関である。これに対して復興金融公庫と負担調整基金は公的な役割を持った信用基金である[6]。

　復興金融公庫は特別な目的をもった特殊銀行の一つであって，当初は経済復興が目的であったが，その後，産業構造改革，環境保護，中小企業支援，輸出金融，途上国投資振興などの目的をもった支援を行っている。ドイツ負担調整銀行は当初は戦後の被災者や難民の受けた損失を調整する目的で発足した負担調整基金に由来するもので，その後，創業や環境保護などのの支援をするようになった。KfWとDtAは2003年から合併したことにより，それぞれの分野で重複を無くすことにより，より効率的な活動をすることができよう。たとえば，中小企業金融と創業支援のための営利的信用付与計画としてに2003年に「企業者信用」が作成されている。

　近年においていくつかの計画が国家予算とともにERP特別資産からも資金利用がなされている。たとえば，自己資本助成計画の新規事業の資金調達は1997年から，そして，技術系企業の革新リスクへの参加は2001年からERP特別資産

を用いている。支援策の種類としては伝統的に利子の有利な貸付金が主であるが，この他，保証や損失補償，補助金や資本参加が提供されている。以下において各支援計画の概要をみることにする[7]。新連邦州についてはこれとは若干ことなるので別に示されている。

1）創業支援

連邦政府は中小企業のもつ雇用，成長，単新にとっての潜在性を生かすために，中小企業の創業を支援している。創業の比率が高い産業分野ではしかし，創設後間もない若い企業の消滅の確率も高いことがふつうである。このような高い創業と消滅の比率は，企業経営が刷新され，その分野がダイナミックであり，競争力が維持されることを意味している。創業支援策はしたがって，資金調達の困難性，収益力の低い初期助走期，革新的技術系企業の高いリスクなどにみられる問題を克服するために工夫されている。

創業支援策としてもっとも重要な計画がERP―自己資本助成計画（Eigenkapitalhilfeprogramm=EKH-Programm）である。これは創業後2年以内の自立した企業がさらに存続するために「自助努力のための援助」のための自己資本を供することである。この計画は旧連邦州では1980年からあり，新連邦州では1990年から行われている。この自己資本助成計画の利子率は最初の5年の経過中に利子率を上げていくものであって，現在では，最初の2年間は0，3年目は3％，4年目は4％，5年目は5％の利子を払うことになっている。自己資本助成貸し付けにとって保証は不必要となっている。

中小企業にとってやはり重要なのはERP創業支援策の枠組での貸付である。これは専門の商業上の資格をもった営利事業と自由業の創業者に，さらなる発展と存続の確定性を可能にするものである。信用供与の限度額は0.5百万ユーロであり，期間は10年で，取引銀行には担保をつけねばならない。

この他に，ドイツ負担調整銀行はDtA創業支援計画をもち，創業もしくは事業開設後8年以内の独立事業存続のための投資に資金を提供している。2003年9月から発足したKfWミッテルシュタントバンクの新しい計画である「企業家信用（Unternehmerkredit）」は，これまでのDtA創業支援策とKfW中小企業計

画を一つにまとめたものとなっている。

2) 投資支援

地域政策助成の枠組において「地域経済構造改善のための共同課題 (Gemeinschaftsaufgabe "Verbesserung der regionalen Wirtschaftsstruktur"=GA) のためのGA資金が観光業を含めた営利業の投資の支援が行われる。この支援策は経営事業所の受け容れや変更とともに，経済に近接する社会基盤の拡充をも包含する。この支援策はGA支援策の適用される地域，すなわち，ベルリンを含めた新連邦州と旧連邦州の構造弱小地域において補助金と保証によって行われる。支援策適用地域の管轄は投資の行われる場所において決められる。

中小企業の投資のための資金調達を軽減し，またその持続性を確保するためのもっとも包括的な信用計画がKfWミッテルシュタント計画 (Mittelstandsprogramm) である。この計画は過半数が私有で年間売上高が500百万ユーロ以下の企業の投資のため長期的資金調達を行うものである。この枠組において流動性助成 (Liquiditätshilfe) も行われている。これは基本的に競争力のある企業を一過性の流動性隘路において支援することにある。

3) 保　　証

銀行にとって十分な担保をもたない中小企業に対して貸付を可能にするため，営利事業における自助機関として保証銀行は保証を引き受ける。保証銀行はつぎに述べる資本参加への保証も与えることができる。連邦と州はともにこの保証銀行の役割を振興し，資本，利子，手数料の不足分の最高65%（新連邦は80%）まで求償保証（Rückbürgschaft）を引き受けることができる。

4) 参加資本（Beteiligungskapital）

中小企業の自己資本を拡充させるためにいろいろな方策がある。

ERP―資本参加計画（Beteiligungsprogramm）：中小企業に資本参加することを望む資本参加会社（Kapitalbeteiligungsgesellschaft）は1970年からERP―経済計画によって振興されている。これらの資本参加会社は参加資本総額の75%（新連邦は85%）まで利子率の低いERP―信用によって再融資できる。

KfW―リスク資本計画（Riskkapitalprogramm）：資本参加会社がリスク受け

容れ能力を高めるために，KfWは資本参加会社の引き受けた資本リスクの最高40%（新連邦は50%）まで参加する。

　資本参加保証連盟・保証銀行：これは営利事業の自助機関であり，資本参加会社に対してリスク損失の70%（新連邦は80%）までを保証するものである。ERP-特別資産は資本参加保証連盟（Beteiligungsgarantiegemeinschaften）／保証銀行（Bürgschaftsbanken）に対して低利の融資をすることによって支援している。

5）研究と革新の支援

　グローバル化とともに一層強まる競争に備えドイツ企業はその製品とサービスにおいて革新的飛躍をするように誘導されている。連邦政府は持続的な成長と革新を強化し未来の雇用を増やそうとしている。したがって，予算の一部は補助金とKfWおよびDtAの支援計画にも利用されている。以下において主なもののみを概略する。

　BTU計画：小技術企業のための参加資本（Beteiligungskapital für kleine Technologie-Unternehmen）という長い名称であって二つの種類に分けられる。一つは再融資形態であり，KfWから再融資貸付を資本参加のために提供される。もう一つは共同投資形態であり，DtAのtbg技術資本参加会社（Technologie-Beteiligungs-Gesellschaft mbH）が経営管理には参加せず，匿名で資本参加（stille Betiligung）することである[8]。

　ERP―革新計画（Innovationsprogramm）：KfWの計画であって規模が大きくすでに長期に市場にいる革新的企業に向けられるため，上記のBTU―支援よりも大型である。KfWは革新的計画のために低利の長期貸付を融資する。

　BTU―初期局面（Frühphase）計画：企業設立の初期の支援をするため連邦経済労働省は2001年にDtAのtbg会社とともにこの計画を始めた。tbgの企業への資本参加は亨益権資本として自己資本類似の形態で行われている。

6）教育，助言，および情報支援

　中小企業と自由業の生産能力と競争力を向上させるため被雇用者，企業者，管理者，創業者のための補習，情報，および，教育事業が支援される。企業経

営のあらゆる経済的,財務的,技術的,そして,組織上の問題に関する行事が支援の対象となる。適切な助言をすることにより,独立営業の創業前と初期助走局面の障碍や困難性は大きく取り除かれ,ひいては,企業の発展的成長を容易にし,危急状態を免れることを助けることになる。

1996年より職業上の昇進補習教育が「マイスター補習教育法(Meister-BAtoeG)」という法律のもとに支援されている。これは認定された専門教育職あるいは,国によって認定された補習教育の試験を修了し,最低400授業時間を含む職業教育修了者を前提とする補習教育を支援するものである。授業料に対して低利の貸付が行われる。2002年の法律改正によりこれらの内容は一層拡充されている。

計画された創業の準備と実施の意思決定援助が「創業者助言支援(Förderung der Beratung von Existenzgründern)」によって行われる。この助言の目的は創業準備を強化し,市場経済秩序における中小企業と自由業の給付能力と競争力を改善することとされる。

中小企業攻勢作戦として「プロ・ミッテルシュタント」という企画が作られ,政府とKfWの支援のもとに創業者と若い企業がコーチング(研修)を受けるという工夫がなされている。関心のある企業は一定の間隔で開かれる創業者の日においてアイデアを専門家チームに紹介し,優れたプロジェクトは助言者の支援を受けるというものである。

3 新連邦州の支援策

以上六つの振興計画は新連邦州においてより優遇された方式で重点的に実施されている。それに加えて投資奨励金(Investitionszulage)の制度も重要な振興策となっている。すなわち,経営の規模と業種によって一定規模の投資に対して奨励金が与えられる制度であって,この収入は非課税である。この投資の減価償却は当初の投資額を基礎になされる。2001年からはヨーロッパ委員会の支援策との調整がなされ,ポーランドとチェコのとの国境領域の振興のため追加的支援がなされている。投資奨励金は10%から25%におよぶものであって経

済支援の重要な枠組をつくっているといえよう。

Ⅳ 中小企業支援攻勢

　以上において考察した中小企業支援策は基本的に同じ枠組において毎年実施されているものであるが，中小企業の支援がさらに重要であることの認識のもとに2003年より「プロ・ミッテルシュタント（pro mittelstand）」と呼ばれる連邦政府の支援攻勢が発足している。proは「後援する」ことを意味し，このキーワードによって中小企業支援策の新しい局面を強調している。この新しい攻勢には六つの柱が立てられている。以下において要点を抜粋して概説する[9]。

1）小企業創業支援

　創業者のスタートと小企業の条件を改善するために，いくつかの施策が挙げられている。

　まず，2003年に小企業振興法が制定され，税法では納税義務者は簿記の記帳義務があるとされているが，収入支出の余剰による単式簿記の計算をすることを可としている。

　創業者は特別償却を用いることがより簡便になり，固定資産の新しい可動経済財を取り付けて稼働させた初年度に20％の償却ができる。

　小企業の上限としての売上高が2003年以降16,620ユーロから17,500ユーロに引き上げられた。

　資産担保証券（Asset Backed Securities）に関する規定の改正により，銀行は債権を特別目的会社に売却し，特別目的会社はこの資産を証券化して資本市場で売却できるようになった。この特別目的会社においてこれまでの債務利子への営業税課税が取り除かれたので条件が改善された。銀行はリスク性資産を特別目的会社に譲渡し，新しく信用を供与することができる。

　ハントヴェルク秩序法（Handwerksordnung）は大改正と小改正を行って，よりEUとその未来を考慮したものとなっている[10]。

　いわゆる「大改正」によって，職業をはじめるための条件となるマイスター

資格は第三者の健康と生命に関わる最低限必要とされる分野に限られることになった。この他，重要な改正点として，
— ハントヴェルク事業所の持ち主はマイスター資格を取る必要なし
— マイスター資格試験のため職人としての期間は前提としない
— 職人が10年の経験をもち，そのうち5年は特に責任のある指導的職位であれば独立してハントヴェルクの職業を始められる
— 国家試験に合格した技術者はハントヴェルク登記所に登録することにより試験を受ける必要がなく同等の資格をもつとみなされる
— ハントヴェルクにおいてEUでのサービス業の自由度を一層考慮すること

いわゆる「小改正」においては，小企業の振興のため法律の明確化が行われている。すなわち，どのような行動がハントヴェルクの中核，ないしは，緊要な行動とならないかを明確にすることである。これには特に「単純作業」すなわち短時間に習得される作業行為がある。この目的は，単純作業はハントヴェルク事業所だけでなく誰でも行えるものであることを明確にして出来るだけ早急に一人会社の独立営業を始めやすくすることにある。

2）中小企業金融の確保

中小企業に追加的に金融面の支援をすることがつぎの中小企業攻勢の要点であって，以下のような方策がある。

KfWとDtAが統合したことにより創業者にとっての支援が一層認定されたものとなり，既存の中小企業はより整理整頓されてKfW-Mittelstandbannkの顧客とされる。たとえば，これまでDtAの扱っていた貸付とKfWの支援策が統一されたものとなり創業者と中小企業に提供されることになる。

企業と銀行の環境条件が変わり自己資本類似の資金の提供が拡大している。たとえば，劣後貸付（Nachrangdarlehen）は中小企業資金調達の障碍を取り除き，資本構成を持続的に強化することを目指している。損失が予想されるなら基本的にリスクを志向したプレミアムで補償されねばならない。

信用経済は中小企業に十分の信用を供与すべきであるという使命を実行すべ

きである。企業の主要取引銀行は部分的な保証の軽減と信用供与のためのよりよいインセンティブをもって支持されるものである。

　自己資本強化のための参加資本は多くの中小企業にとって一層重要である。KfWの指導により現在二つの企画がつくられ，EU委員会の承認を経て実施されることになっている。これは中期的に商業的資金によって補償を受けることの出来るための解法となるべきものである。

　設立後間もない革新的企業と創業者はベンチャーキャピタル市場の暴落の憂き目を見ることがある。BTU-Frühphase 計画は革新的な創業の支援ををを目的としている。市場環境が困難である場合にBTU計画の利用が尽きてしまうと，経済労働省（BMWA）がヨーロッパ投資基金（EIF）と相談し，民間の投資会社をもパートナーとしてつなぎ資金の確保がなされる。

　3）職業教育と有資格専門家の振興

　教育訓練の重点が置かれる事項として，職業教育法を改正し，サービス業領域においての新職業，特殊化した養成職の供給拡大，教育訓練へ魅力を昂揚することが考えられる。

　4）官僚機構縮小のマスタープラン

　中小企業と創業者は特に迅速で効率的な行政と理解しやすい法律規定を必要としている。2003年に連邦内閣で採択されたマスタープランは包括的な官僚機構の縮小へ向け「中小企業支援－雇用増大－市民社会強化」を標語として取り組んでいる。連邦政府の各省が目標を掲げ，たとえば，法務省は法律の改定，情報省は官庁統計の簡略化，経済労働省は経済の統計的負担の減少，健康社会省は薬品のeコマース，財務省は創業と小企業の支援，……などである。

　5）中小企業の革新主導

　革新と未来のテクノロジーという発想のもとに中小企業の革新能力と未来の可能性が一層強化される。活動計画の重点として技術志向的企業の創業支援を拡充すること；中小企業の技術支援拡充のため研究のネットワーク，品質改善，個別計画の評価などを行うこと；新連邦州の研究開発と産業革新などである。

6) 国際経済攻勢

ドイツ企業は全体としてその収益の三分の一を外国で稼いでいるので外国貿易と海外投資はドイツの成長と雇用に大きく貢献するものといえる。このため，ヨーロッパにおいても世界においても中小企業のために貿易の振興と企業連携の展開は一層重要になる。貿易政策で特に重要なのは，貿易振興策が新しい展開に呼応し中小企業をより優遇すること；外国の商工会議所のネットワークが世界的に強化されること；外国見本市はさらに中小企業に向けられること，などである。

V 結

ドイツの中小企業政策においては独立性をもって事業を営む独立営業者が対象となり，この概念には自営業のみでなく，ハントヴェルク，自由業，中小のの工業経営などが含まれている。日本の自営業者よりやや広い概念と思われる。これらの中小企業こそ市場経済の担い手であり，機敏に経済構造の変化に対応することによって経済を活性化する力を持ち，市場経済が成り立つための競争が機能する前提条件であると考えられている。しかし，大企業が広い範囲において経済力を濫用するとすれば中小企業の存在が脅かされるし，大企業よりも劣る弱点が多いので国の力で中小企業を助成する理由が生ずる。中小企業の政策を研究するためには，中小企業が経済の中で果たす役割をどのように解釈するかが重要である。この点についてツァイテルの報告は社会的市場経済の中で中小企業がどのような意味をもつかについて有意義な説明となっている。

すなわち，市場経済の市場とは一般に経済学においても，需要と供給が調整される場所と考えられ，需要者と供給者の自己利益にまかせて利益最大化の行動をさせておけば自然に全人の最大福祉が達成されるという「見えざる手」の考え方が知られている。しかし，市場での競争はそれほど自然に行われるものではなく，企業が市場を排除して，より不確実性を減少させようとする傾向が

ある。国はこのような場合に干渉してより有効な競争を導入せねばならない。このためには多数の競争者が出現して，それぞれが競争に合致した行動をとることが大切である。中小企業の自己資本を支援する意義の背景にはこうした理念が伺える。

　ドイツ連邦政府による中小企業政策は国の経済ないしは産業政策の一部であり，経済全体の構造と総合的に考えられている。たとえば，法人税率の軽減されたこと，所得税に直線的累進型の税率が導入され，中小所得者の税負担が軽減されたことなどは，国民全体を対象にした財政政策の問題であるが，これは同時に中小企業に対する租税政策の一環としても考えられている。また，金融財政的な支援策として，創業支援，投資支援，担保保証，資本参加などがあり，これらは他の政策とも相互の関連が深く多面的に国の機関が関与している。中小企業のみを特別に助成する施策も多数あるが，国の一般的政策のなかでの総合的な観点から支援が行われている。中小企業を支援することはひいては国全体の経済を向上さすことに繋がっていると考えられるので，ある政策の効果一つのみを取り上げて論じることに難しさがあるといえよう。

1) Zeitel, G., Volkswirtschaftliche Bedeutung von Klein- und Mittelbetrieben. in : Betriebswirtschaftslehre der Mittel-und Kleinbetriebe, Hans-Christian Pfohl, Berlin 1982, S. 29ff.
2) Zeitel, a. a. O., S. 40f.
3) 中小企業庁「中小企業施策総覧平成16年版」中小企業総合研究機構
4) Schedbauer, ORR Dr./Heeger, OAR'in, Materialien zur Mittelstandspolitik, Bundesministerium der Finanzen 2003.
5) Schedbauer, a. a. O., S. 32f.
6) 公的支援措置については第4章68頁に述べる。
7) Schedbauer, a. a. O., S. 34ff.
8) 匿名の資本参加については第4章69頁で述べる。
9) Schedbauer, a. a. O., S. 4ff.
10) ハンドヴェルク秩序法改正の詳細については近藤義晴「ドイツにおけるハンドヴェルク秩序法改正と職業教育」『中小企業季報』2004 No. 2, 9-17頁。

第3章 ベンチャー・キャピタルの発展

I 序

　経営に関する専門用語の中で原語の英語のままドイツでも通用する言葉は決して少なくないが「ベンチャー・キャピタル」もその一つである。「ベンチャー・キャピタル」が資金的支援をする相手の「ベンチャー・ビジネス」は和製英語だといわれるが，これは十分世界的に通用する意味を持ち，日本人の活気ある創造的起業者精神を象徴している。しかし，同じく「ベンチャー・キャピタル」という言葉が使われてもその内容は極めて広く，日本とドイツ，あるいはアメリカのそれは大きく異なる点がある[1]。

　それぞれの国はそれぞれの歴史と文化をもって発展してきているのであるから，外国の制度を取り入れ同じ名称をつけてもすぐに全く同じものができないのが当然である。わが国の会社および金融制度はドイツを範として移入されたものが少なくないが，現在の制度や態様は異なる点が多い。ドイツでは株式会社の数がわが国と比べると極端に少なく，大多数を占める中小企業は株式会社以外の法形態をとっている。このような中小企業とベンチャー・ビジネスは証券市場における資本調達の可能性を持たないため，これに代わる金融仲介機関を必要としている。銀行，保険，投資信託などの仲介機関の他にベンチャー・キャピタルの持つ役割も一層重要性を増すと思われる。

　会社の法形態や金融制度が違えば資本調達の仕方も異なるとすれば，ベンチ

ャー・キャピタルのあり方も当然異なってくる。ドイツのベンチャー・キャピタルはどのように異なるのか，ドイツ特有の会社の法形態とどのように関わっているのか，どのような発展経過を持ち，どのような特徴があるのだろうか。

以下において，Ⅱでは自己資本の種類と資本調達について考察し，Ⅲではベンチャー・キャピタル会社の発展を調べ，Ⅳではベンチャー・キャピタル会社の特徴を述べ，Ⅴでは企業投資会社について検討し，Ⅵでは若干の考察をもってまとめとする。

Ⅱ　ドイツ中小企業と自己資本

1980年代の後半，ドイツ企業の自己資本比率が悪化の傾向を示しているため，企業の投資活動も消極化し経済全体の景況も停滞するという議論が風靡し，実務界においても学界においても論壇を賑わしたことはまだ記憶に新しい[2]。

この論題自身きわめて興味は大きく，財務論においても大きな問題点として残るものであるが，これはさておき，中小企業の自己資本となるとその比率は大企業以上に悪いことは想像に難くない。中小企業は大企業に比べて資本調達力が弱いことがその本質的相違点の一つであるともいえる。ドイツ中小企業の資本調達の特徴を知るためには，その法律上の形態，すなわち，企業の法形態と密接な関係を持つ。ドイツ企業の実態に関して第1章の図表1（15頁）が参考になる。

この表では株式会社の数は5,526社となっているが，これは年間の売上高が16,617ユーロ以上の企業のみが統計の対象になっているからである。実際には約7千社位あると推測される。いずれにしろ，株式会社に比較して有限会社の数が多く，売上高の合計も株式会社のそれを上回っている。そして，合名会社と合資会社の数も相対的に大きいことが注目される。合名会社と合資会社は人的会社と呼ばれるが，日本のように法人格を持たず[3]社員同士の契約によって業務執行のあり方がかなり自由に決められる。社員の出資は自由であるが，

その譲渡性や機動性は極めて小さい。人的会社には合名会社と合資会社の他に民法上の組合と匿名組合が含まれる。ベンチャー・キャピタル会社は匿名組合の形態をとる場合が少なくない[4]。

　資本調達の方法を大きく分類すると内部金融と外部金融に分けられる。内部金融としては企業独自の生産販売活動の成果である収益から費用を差し引き，さらに税支払を除いた利益を留保することによって得られる自己金融によって代表される。外部金融は企業の外部から資本を導入するものであって，他人資本の調達と自己資本の調達に分けられる。この内ベンチャー・キャピタルの形成に大きく関係するのは自己資本の調達である。

　ドイツの中小企業の自己資本調達には社員の出資と他の出資者からの調達が区別される。

```
                          ┌── 社員の出資（Einlage）
中小企業の自己資本調達──┤
                          └── 企業外部かの参加資本（Beteiligung）
```

　社員の出資としては，新社員の追加と既存社員の出資の追加が考えられる。

　社員が匿名である場合には，社員は企業の経営には関係せず，利益と損失の配分にのみ参加する。匿名社員となることはあらゆる法形態の会社において可能である。合資会社においては有限責任社員の参加によって資本が増えるが，ここでも業務執行には影響なく，利益と損失に参加するのみである。合名会社（そして，個人企業に無限責任社員が加わり合名会社になるとき）においては無限責任社員の参加によって資本が調達される。無限責任社員はその私的な財産によっても会社の債務に対して責任を持つものである。有限責任会社の場合には，有限責任会社の持分を譲渡し，社員を増やして資本調達をすることができる。新しく社員が加わる場合には人的会社の経営の権限関係が大きな影響を受け，社員を止めるときには財産の評価にも問題が残ることなど考慮せねばならない。

　企業外部からの自己資本調達の方法として次のような種類が考えられる：
　　── 他の企業との吸収合併

― 資本参加（ベンチャー・キャピタル）会社
　　　― 個人投資家
　　　― 従業員の資本参加
　　　― 株式上場

　ベンチャー・キャピタル会社は広義においてはドイツ語の資本参加会社と同じである。資本参加会社の一形態としては，他のグループ企業に属する大きな企業の持分を統一し支配する目的を持つ持株会社（Holding）も含まれるが，ここではこの形態を除き，中小企業に関係する資本参加会社を考察する。

　株式会社以外の形態の会社に資本参加する場合，投資家にとってはその持分の代替性がなく投資家が思ったときに換金できないこと，そして，その会社の事業のリスクが分かりにくいことが問題となる。これに対して，資本を受け入れる会社にとっては持分権者の発言権や退職時の積立金の分配などが問題となる。

Ⅲ　ベンチャー・キャピタル会社の発展

　ベンチャー・キャピタルという表現はわが国でも用いられているのと同じく，高度の技術を用いる革新的な新しい企業を支援する資本の意味を持ち，リスク資本（Risikokapital）とも呼ばれている。公的な定義はないが，次のようなメルクマールが挙げられる[5]。

　　　― リスク負担者としての参加資本ないしはそれに類する資本である
　　　― 若く（設立後の期間が短く），革新的で，一般的に将来性のある中小企業が資本利用者である
　　　― 資本提供者は，企業拡大の後持分を売却して利益を実現する中長期の目的を持つ
　　　― 資本提供者は過半数の資本参加であり助言機能を持つ

　これらの特徴を持つベンチャー・キャピタルはドイツにおいてその形態の種類が非常に多く，その区別は必ずしも明確とはならない。最初に次のような大

別をしておくことが簡便である。ベンチャー・キャピタル（Venture Capital = VC）という表現は英語であるがこれと殆ど同義に用いられるようになったのが資本参加会社（Kapitalbeteiligungsgesellschaft = KBG）であってドイツ・ベンチャー・キャピタル協会（German Venture Capital Association）のドイツ名はドイツ連邦資本参加会社連盟（Bundesverband deutscher Kapitalbeteiligungsgesellschaften=BVK）となっている。企業投資会社（Unternehmensbeteiligungsgesellschaft=UBG）は1987年の特別法による資本参加会社である。これらの関係は次のように示されよう。

資本参加会社（KBG）＝ベンチャー・キャピタル会社（VCG）
　├─ 古典的資本会社
　├─ ベンチャー・キャピタル会社
　└─ 企業投資会社（Unternehmensbeteiligungsgesellschaft）

これらはいずれも名称が似かよったものである上に，その事業内容も重複していて明確に区別できるものではない。これらのすべてを含めて投資会社（Beteiligunngsgesellschaft）と呼ぶ場合もあるわけである。同じく金融仲介機関としての投資信託会社（Kapitalanlagegesellschaft）も投資家の利益のために投資する点は同じであるが，投資信託は個人や人的会社の持ち分を取得することは出来ず，証券投資が主な対象である。ドイツのベンチャー・キャピタル会社の歴史は1960年代から存続している古典的資本参加会社の展開から始まっている。

　中小企業に自己資本を補給する必要性の問題はドイツではすでに60年代前半に研究が始められ，信用機関（銀行）関係の事業として証券取引所の外においても中小企業のために自己資本を提供できるよう財務的需要がないかの検討が行われた。1965年に最初の資本参加会社が設立され，以降これに続くことになる。設立者の多くは信用機関ないしはその連合であったが，こうした新しい制度は市場で強い抵抗を受けることになる。すなわち，同族企業の伝統が強く残り，独立心の強いドイツ企業は，新しい出資社員の受け入れや新しい投資家による経営への干渉に対して嫌悪感を持ったといえよう。こうした態度は，信用

機関が多様な資金調達の種類を提供し活発な競争をしたことによっても助長された。また，自己資本は他人資本よりもコスト高であるという考えが広まっていたこともベンチャー・キャピタルの発展をおくらせた一因である。すなわち，ドイツではベンチャー・キャピタルという表現が使われる前に70年頃から資本参加会社が存在し，その名称が一般的に普及している。このような古典的な意味での資本参加会社の存在を知ることがドイツのベンチャー・キャピタル会社を理解するために重要である。

　中小企業の育成は経済成長にとっても重要な要因であることから，60年代の後半ドイツ経済が不況の中にあった時代に新たな資本参加会社の創設に関する政府の諮問が行われたことは興味を引く事象である。これは営利目的の資本参加会社が中小企業の中の小企業に対して経済的に意味のある規模において参加資本を提供することがどれだけの意味を持つかということの諮問であり，代表者としてカール・ハックスが答申を出している[6]。結論を簡単に表すと，多くの中小企業に参加資本を提供してこれらの事業を管理運営するための費用は相当な額となり，これらの中小企業がよい収益率をもつとしても資本参加会社の経営は十分な収益を上げる予測は難しい，というものである。弱小の中小企業を支援するためには営利的資本参加会社ではなく，国の助成による共通利益を目的とする資本参加会社が必要になる，とされている。結局この答申は採択されず，現在ではいろいろな公的支援策によって中小企業への参加資本を引き受けるために私的な資本参加会社を振興する方針が取られている。

　資本参加会社の事業の発展はごく緩慢なものであり，70年代の前半に始まった外国の，特にイギリスのベンチャー・キャピタル会社の攻勢も成功したとはいえない。80年代の半ばからようやくベンチャー・キャピタル会社の発展の局面が現れている[7]。

　いずれにせよ，上述したよう，連邦銀行がドイツ企業の自己資本が浸食されているという分析を発表したことにより，自己資本の不足がドイツの経済問題にまで発展し，信用機関は会計資料の財務指標を一層厳しく要請することとなる。一方，欧州の統合化とともに企業活動も国際化し，中小の企業家も自己資

図表1　ドイツにおける資本参加会社の発展

	資本参加総額（百万DM）	資本参加件数
1975	327	340
1980	620	910
1983	785	1,069
1987	1,592	1,583
1988	2,200	1,683
1989	2,577	1,752
1990	3,401	2,111
1991	4,133	2,410
1992	5,131	2,665
1993	5,375	2,758
1994	6,176	2,942
1995	6,266	3,093

本の重要性を自覚するようになる。長期的な景気の上昇局面においては投資需要も増えるため，その基礎としての自己資本が必要とされるが，こうした時代に企業家も世代交代の時期を迎えることにより後継者問題を抱え，いわゆる旧態依然とした「一家の主」的観点から実利的考え方に転換することになる。

　国の政策もこの時期において中小企業の自己資本を育成することに注目し，公的な資金による種々の振興政策を作成し始める。1970年には復興金融公庫（Kreditanstalt für Wiederaufbau）によって再融資されるヨーロッパ復興参加計画（ERP-Beteiligungsprogramm）が発足する。これに続き，ドイツ・リスクファイナンス会社（Deutsche Wagnisfinanzierungs-Gesellschaft = WFG）によるイノベーション企業支援のための信用保証，中小企業のための「自己資本助成計画（Eigenkapitalhilfe-Programm）」，そして，「技術志向的企業」促進計画などが実施されている[8]。

　実際の発展状況を統計によりみると，図表1のようである[9]。

　すなわち，75年から95年にいたるまでベンチャー・キャピタルによって投資された資本額は着実に増加し，投資の対象となった企業数もこれとともに着実に増加している。

Ⅳ　ベンチャー・キャピタル会社の特徴

　ドイツのベンチャー・キャピタル会社ないしは資本参加会社の種類をみるためその設立者と，事業の主な内容とに分けて考察しておこう。

　まず設立者となる資本提供者の種類をみると，90年末の統計ではベンチャー・キャピタル会社に供される資本の69％以上が信用機関すなわち銀行によるものであり，残りは国，保険会社，個人がそれぞれ8％以下となり，その他が9％となっている。大体においてこれらの資本提供者は，ベンチャー・キャピタル会社の社員の構成とも一致する傾向にある。いずれにしろ，ドイツでは銀行がベンチャー・キャピタルの設立者，社員，資本提供者として主要な役割を果たしている。しかし，銀行がこの資本参加の市場で急速に伸びても，信用規制法による限度があるのでやがてはこの状況も変化することが当然推測されていた。それまでは銀行と貯蓄組合こそ，証券取引所の外で中小企業のために自己資本を獲得できる市場をつくる課題を持ったベンチャー・キャピタル会社創設のため常に開拓者的役割を果たしたといえよう。

　ベンチャー・キャピタル会社の顧客は一般的に，追加的に自己資本を求めるか，あるいは，新しく出資社員を探している中小企業であって，家族企業である場合が殆どである。これらの主要な業務領域は3つに分けることができるが，これはドイツ・ベンチャー・キャピタル連盟も用いている分け方である[10]。

　── 基本的に中小企業への資本参加のすべての種類と形態を実現できるユニバーサル資本参加会社
　── 87年の「企業投資会社（Unternehmensbeteiligungsgesellschaft＝UBGG）法」による企業投資会社（これについては次節で述べる）
　── ERP資本参加計画の枠組みにおいて中小企業を支援する，70年以降成立した公的な支援を受ける資本参加会社

　かつては，これら3つのグループに加えて，さらにもう一つ「ベンチャー・キャピタル・カンパニー」というグループがあり，これはその後，呼び方を

「創設およびイノベーション・ファイナンス」に変更した。このように名称を変えられたグループは今では創設とイノベーションのみに関わる専門の領域ではなく，ドイツのすべてのベンチャー・キャピタル会社によって遂行されうるある特定の資本参加業務を示すものとなっている。こうした事実はその間，業務内容がいかに発展し，相互の区別が難しくなってきたかを物語るものと云えよう。

　ベンチャー・キャピタル会社は実際に参加資本を支払う前にいろいろな給付活動をするわけであり，これには相手の企業の分析や企業評価，法形態と税法の観点からも適切な資本参加の構成などを勘案することがある。こうした活動は相当高度な専門的知識と職業上の経験を必要とするので，経済監査士，税理士，経営コンサルタントが依頼されることもある。こうした事前調査の結果で提供される経営の長所短所の分析や企業評価は，経営者にとって資本参加の話が進まなくても，十分参考になるものである。

　ベンチャー・キャピタル会社は資本参加によって相手企業の出資社員になることにより，一般的に助言の機能も果たすものである。長期的に多くの企業と関係を持った経験から適切な助言が可能となるが，相手企業は当然これを無視することもできる。

　ベンチャー・キャピタル会社によって増資をするという典型的な資本参加の動機としては，投資，イノベーション，他の企業の買収，そして，一般的企業成長のための資本需要が考えられる。これに加えて，自分の企業が上場するために，他の企業を道連れするという観点も重要になっている。今日上場している企業の多くはベンチャー・キャピタル会社のパートナーとしてゴーイングパブリック（株式上場）の道を準備したものである。

　世代交代ないしは後継者問題においてもベンチャー・キャピタル会社は重要な役割を果たしている。すなわち，Management-Buy-Out（MBO）においてはこれまで経営してきた管理者が企業の資本を取得し，Management-Buy-In（MBI）の場合には外部からの経営者を招くことになる。いづれにせよ，会社法，税法，そして，財務技術に関連する複雑で専門的な知識が必要とされる。

ベンチャー・キャピタル会社が資本参加する相手企業の法形態は，保証責任が契約によって条件づけられた資本である場合に限られる。言い換えれば，個人の無限責任を除いたすべての法形態に参加できるのであって，特定の法形態がとくに好まれることも殆どない。既存の企業がどのような法形態を望んでいるかが重要であって，ベンチャー・キャピタル会社は有限責任社員の持分，有限責任会社の出資資本，そして，株式も取得できるわけである。ドイツにおいて依然として特有の形態が匿名組合（stille Beteiligung）であるといえよう。匿名組合は法律によって特別の制約を受けることが少なく，必要な場合には旧社員とベンチャー・キャピタル会社の持分の権利を差別化し，種々異なった契約がなされる。匿名社員は利益に参加しても，損失を分け合うことは免除される。匿名組合の主な目的は資本調達であって，その趣旨からして持分の過半数に至ることもまずないと思われる。

　資本参加の状態を終結する出口にあたる取り決めは，ベンチャー・キャピタル会社にとってもパートナーにとってもきわめて重要である。会社法上の理由の他に次のような事態が大切である。まず，資本参加の動機が企業の上場であるとすれば，この動機においてこの離脱の態様が示されているといえよう。資本参加がGoing publicのためであれば，企業は上場が達成されてベンチャー・キャピタル会社が離脱した後一般株主から資本を集めることを望むからである。

　次に資本参加の出口として考えるべきことはベンチャー・キャピタル会社の目指す収益性である。成功裏に経過した資本参加はその終結により売却益（キャピタル・ゲイン）をもたらすチャンスがある。しかし，長年の経験によると，ベンチャー・キャピタル会社にとっては経常的な資本参加からの収益のみでは，大きなリスクに相当する利益のチャンスはまず生じないようである。折り合いのつく資本参加の収益性は，売却利益が獲得されてはじめて達成される。

　資本参加終結の態様として，既存社員への持分の売却，第三者への売却（企業の承諾要），上場による売却，企業の解約通知によるベンチャー・キャピタル会社の離脱がある。

以上の発展をみると，ベンチャー・キャピタルがリスクのあるハイテク産業のスタート局面のみを支援するという考え方には限界があることが分かる。

V 企業投資会社

企業投資会社（UBG）とは1987年の法律によって特別に保護を受けることになった会社である。ベンチャー・キャピタル会社と同じく中小企業への自己資本供給を支援することが目的であるので広義のベンチャー・キャピタル会社の分類に属するものである。この法律は87年から施行され，94年と98年に改正されている。この法律の立法趣旨は非上場の中小企業に対して間接的に証券市場に通じる道を開き，広く一般投資家に対して中小企業に間接的に資本参加する可能性をつくることにある[11]。最低資本金は当初2百万マルクとされ，国内に本社をもつ企業の持ち分の売買と管理，および匿名社員としての参加資本の売買と管理を事業とする企業であってホールディング会社の性格をもっている。

すなわち，UBGは株式会社として上場する義務をもつので広く一般大衆から資本調達でき，UBGはその資本を中小企業への資本参加にのみ使用出来るというものである。

この目的は，企業投資会社が認可されて後10年以内に上場すべきであるという法律の規定によって達成されることになっている。（94年の改正により，その時点までに発足したものは12年に延期された。）企業投資会社はこうした役割を果たす代わりに営業税（Gewerbesteuer）と資産税（Vermogensteuer）を免除される投資会社は所轄の官庁に届け，法律規定に関する監督を受けねばならない。法形態としては当初，株式会社のみ可能であったが現在では有限責任会社，合資会社，株式合資会社も可能となり，株式会社は必ずしも株式上場の必要はなくなっている。

以下においてこの法律の主な特徴を考察する[12]。

まず投資の対象として，企業投資会社は株式，有限責任会社資本金，有限責

任社員出資金，そして，匿名資本を取得することができ，一定の条件の下に社員貸付を行うことができる。上場企業の株式を取得することはできず，また，外国企業への資本参加は認められない。企業投資会社が取得する持分の内容については法律の規定はなく，会社の判断に委ねられている。

　次に，中小企業は自立心が強くその独立性を損なわれることを嫌うものであるか，この点に関しては，企業投資会社は議決権の49％以上を所有してはいりないことになっている。ただし，企業が設立後5年以内である場合，10年以内に49％にすることを条件にその例外が認められる。若い企業はそのスタートの局面において資本を準備することが困難であることが考慮されている。資本参加を半分以下に制限することにより，企業投資会社が他企業を支配するのではなく，活力のある中小企業を助成する政策に沿って，独立性と安定性を振興する意図が示されている。

　企業投資会社の資本参加の対象となるような中小企業は，殆ど経営内容の開示義務を持たないものである。一方，企業投資会社は自分の一般投資家に対して，個別の資本参加の事情の最低限を提示せねばならない。法律の起草者はここに投資家の保護と開示義務の少ない中小企業の利害との間の折衷案をつくろうとしている。実際には，中小企業への情報公開の要請の程度は，企業投資会社の資本参加が受け入れられるかどうか，ということが関心の的とされている。企業投資会社の投資している個別の会社に対する開示要請は，上場許可見込書と企業投資会社の年度決算書の報告にも適用され，次のような事項を掲載することになっている：会社名，法形態，出資企業の所在地と設立年；業務の内容；自己資本装備と企業投資会社の持分などである。いづれにせよ法形態と規模の上で開示義務をもたない中小企業が企業投資会社の資本参加を受けるために開示義務をもつことは不利と考えられる。

　第2回目の改正によって企業投資会社の種類が二つに分けられている。一つは公開企業投資会社（Offene UBG）であり，もう一つは統合企業投資会社（integrierte UBG）である。公開企業投資会社においては設立後5年以降社員は40％以上の持ち分をもつことは出来ない。投資はより自由にできる。これに

対して統合企業投資会社は過半数の所有が可能であるが過半数所有の投資規程が厳しくなっている。

　企業投資会社は当初その自己資本の30％の額以下までしか借入をすることはできないことになっていた。資本参加のリスクに最も適切な資金調達源は自己資本であるというのが起草者の基本的な考え方である。しかし，実際上このような資本調達の規定は守られるとは考えられない。投資すべきよい案件は競争上早い決断を必要とするのに対し，株式会社の増資には厳しい形式の要請がなされるため長い間待たねばならないという事態は矛盾といえよう。さらに，資金調達のあり方は企業投資会社の取締役や監査役の考えるべきことであって，法律で規定してしまうことには疑問が残るといえよう。改正により借入の限度は自己資本の30％ではなく，総資産の30％とされている。

　企業投資会社は租税上の優遇措置をうける代わりに厳密な法律規制の拘束を受けることとなり，その拘束を緩和させるために長らく手間取っているという印象を受ける。対象となる企業の法形態が株式会社だけでなく有限責任会社や株式合資会社にも拡大され，株式会社は上場の義務がなくなったということは一般の個人投資家を目的とした最初の立法の趣旨も消えているということになる。

　1990年においては13の企業投資会社がドイツ・ベンチャー・キャピタル連盟に所属し，105社に投資し，その総額は270百万DMである。これはすべてのベンチャー・キャピタル会社の総数の5％,そして，投資総額の8％である[13]。1997年には総数101のベンチャー・キャピタル会社の中9が企業投資会社であり，投資総額の15％弱を占めている。企業投資会社の中で最も大きく1965年から継続しているのがドイツ投資会社（Deutsche Beteiligungsgesellschaft mbH=DBG）である。最初に設立されたそのDBGを除いて企業投資会社の設立は法律施行後もごく緩慢にしか進まず，期待された進展があったとはいえない。当初は中小企業の情報公開に対する忌避が問題とされたが，現在ではそれ程障害とはなっていない。企業投資会社にとっては法律の規制が厳しいことに対して，税法上の特典が必ずしも満足されるにはいたらないものと思われる。

いずれにせよ企業投資会社が法律によって制定されその議論がなされたことは，中小企業にとって組織化された資本市場への道を開き，株式市場を通じて資本調達する土台をつくり，気運を向上させたものと云えよう。

図表2　ベンチャー・キャピタル連盟の発展

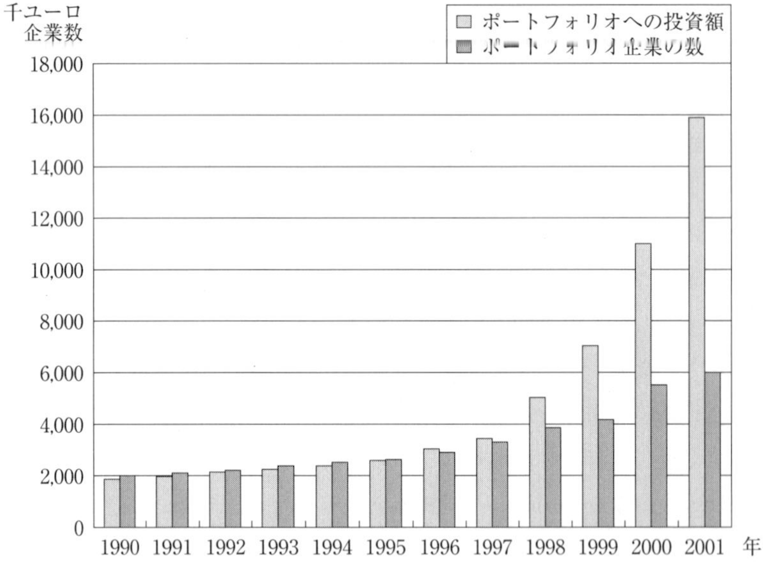

縦軸：千ユーロ／企業数
凡例：ポートフォリオへの投資額／ポートフォリオ企業の数
横軸：1990 1991 1992 1993 1994 1995 1996 1997 1998 1999 2000 2001 年

出所：Frommann, H., Venture Capital und Private Equity in Deutschland, S. 76.

最後に1990年から2001年までの発展の経過をみておこう。ドイツ資本参加会社連盟（ベンチャー・キャピタル連盟と合併，Bundesverband deutscherb Kapitalbeteiligungsgesellschaft＝BVK）の統計によれば，そのメンバーとなるベンチャー・キャピタル会社の数は85から215に増えている[14]。これ以外にも会員になっていない会社があるようであるが，これは統計には含まれない。資本参加の対象となったポートフォリオ企業の数は1990年の2111から2001年の5974に約3倍増加している。ベンチャー・キャピタル会社からポートフォリオ企業に投資された参加資本の額は1990年の1,700百万ユーロから2001年の15,800百万ユーロの約9倍に増加している[15]。図表2はこの状況を示している。

VI 結

　ドイツのベンチャー・キャピタルという概念を収益とリスクを持つ投資の機会を求める資本と理解すれば，以上に述べたようにベンチャー・キャピタル会社，資本参加会社，企業投資会社，投資基金，などの他，さらに，株式会社と証券市場，そして，従業員財産形成基金も含めた金融制度全体に及ぶ問題が関わってくることになる。ベンチャー・ビジネスを支援する金融会社の意味に解釈すると，ベンチャー・キャピタル会社と呼ぶ場合が多く，その方が正確といえよう。そして，ドイツのベンチャー・キャピタル会社を考察するには，同じく中小企業の金融支援をする伝統的な資本参加会社と新しい法律による企業投資会社を除いて理解することは不可能である。

　ベンチャー・キャピタル会社は80年代に大きく発展しているが，資本参加会社はすでに60年代に始まり中小企業の自己資本を支援する上で大きな役割を果たしているものである。そして，87年に成立した企業投資会社法（UBGG）を根拠とする企業投資会社は，それ自身上場された株式会社であって非上場の中小企業に資本を提供し育成するという目的をもった独特の会社である。これらの会社の目的ないしは存在意義として重要なことは，いずれも中小企業の自己資本を支援するということである。自己資本や債務保証がなく他人資本も調達できない場合に，中小企業の自己資本を専門に支援するこうした仲介機関の意義があるといえる。いずれにしろ，ドイツの企業の殆どが株式会社以外の法形態であって，組織化されていない市場において自己資本を必要としている中小企業である。ドイツのベンチャー・キャピタル会社は過半数ではない少数の持分をもってこれらの企業に資本参加する持株会社であるため，他の会社の事業を支配する意味での持株会社と区別せねばならない。そして，ドイツのベンチャー・キャピタル会社の議論の中で大きな比重を持つのが自己資本となっている。リスクを伴う事業をする場合の責任をとる自己資本を基本とする考え方については，ともすれば融資が偏重されがちなわが国においても一層の研究が必

要とされよう。

　ヨーロッパ統合市場が達成されたことと相俟って，東西ドイツの統一が実現し，旧東ドイツにおいての中小企業政策はこれまでの政策より以上に強力に進められている。景気低迷が続き，雇用状況が悪化した現在においてドイツの中小企業の持つ役割は一層注目されている。近年において，資本市場に関係する法律として証券取引所上場許可法の変更，企業投資会社法の規定追加，機関投資家の条件改善，そして，小規模株式会社法の制定が行われたことなどはいずれも中小企業の財政金融面での育成を目指すものといえよう。

1) アルバッハ他はアメリカと日本そしてヨーロッパを含めた各国のベンチャー・キャピタルについての包括的な調査を行い，ドイツ経済の活性化をもたらすためにリスク資本をよりよく利用することを目的とし，証券市場やベンチャー・キャピタルの制度に関する統合的な改革を行うべく数多くの提案を示している。Albach, H./Hunsdiek, D./Kokalj, L., Finanzierung mit Risikokapital, Stuttgart 1986, S. 179ff.

2) D.シュナイダー「ドイツ企業の自己資本不足問題」生駒道弘・榊原茂樹編著『経営財務と証券市場』千倉書房　1988，97〜112頁。

3) ベア，F.X.「ドイツ企業の法形態」大橋昭一・小田章・G.シャンツ『日本的経営とドイツ的経営』千倉書房　1995年，72頁。村上淳一・H.P.マルチュケ『ドイツ法入門』有斐閣1997，142頁。

4) 匿名組合については第4章70頁参照。

5) Fischer, L., Problemfelder und Perspektiven der Finanzierung durch Venture Capital in der Bundesrepublik Deutschland, in : DBW 47 (1987), s. 10f.

6) Hax, Karl, Kapitalbeteiligungsgesellschaften zur Finanzierung kleiner und mittlerer Unternehmungen, Köln und Opladen 1969, S. 25.

7) この頃のドイツのベンチャー・キャピタルは他のヨーロッパ諸国のそれと比べると，やや立ち遅れがみられるものの，いくつかの試みがなされ，多面的かつ精力的な取り組みの兆しが行われていたことが報じられている。後藤幸男「ヨーロッパ諸国のベンチャーキャピタル瞥見」『インベストメント』第37巻第5号（昭和59年）大阪証券取引所調査部，2-13頁

8) ドイツ連邦政府の中小企業支援については第2章29頁以下

9) Leopold, G., Gewinnung von externen Eigenkapital für nicht börsennotierte Unternehmen, in : Handbuch des Finanzmanagements, Gebhardt/Gerke/Steiner (Hrsg.) München 1993, S. 352. Leopold, G./Fromman, H./Kühr, T., Private Equity-

Venture Capital, München 2003, S. 74
10) Leopold, G., a. a. O., S. 354.
11) Leopold, G., a. a. O., S.357ff. Leopold, G./Frommann, H./Kühr. T., Private Equity-Venture Capital, S. 64f.
12) Leopold, G., a. a. O., S. 358ff.
13) Leopold, G., a. a. O., S. 361.
14) Leopold, G./Frommmann, H../Kühr, T., Private Equity-Venture Capital, S. 80f.
15) Frommann, H., Venture Capital und Private Equity in Deutschland : Historie-Gegenwart-Zukunft. in : E-Venture Manangement, Hrsg. v. Kollmann, T., Wiesbaden 2003, S. 76.

第4章　リスク資本と新規成長企業の育成

I　序

　ヨーロッパでは欧州連合（EU）の成立に続き統一通貨が導入され，市場のグローバル化がこれまで以上に急速に進んでいる。国境の障壁や市場参入障壁が少なくなることで，これまでいなかった競争相手が登場して競争が激しくなるが，他方，これは新規の企業を設立して新しい市場を創り出す機会が増えることをも意味している。企業が効率的な資本調達をできるかどうかは経済発展の重要な要因であって，リスク資本を充実させることはドイツ連邦の伝統的な中小企業政策の支柱の一つともなっている[1]。これに対して，新規に創業し成長を目指す企業側にとってはどのような資本調達の可能性と方法があるかを知り，それらの中から戦略的に最適のものを選ぶことが必要となる。ベンチャーに関しては何と言ってもアメリカが最先端の理論と実務の国といえるが，日本と同じくその国を追随するドイツではどのように研究されているのか。日本と同じように伝統的に銀行借入れの比率が大きく，企業の自己資本比率も低いことが問題にされたドイツでも，近年証券市場を通して直接金融による資本調達を一層重視する傾向がみられる。連邦政府のもつ多くの支援政策を含めて新規の成長企業としてはどのように必要なリスク資本を利用すればよいか，企業成長のライフサイクルとベンチャー・キャピタルはどのように関係づけれるか，そして，資本参加の出口の一つとなる株式公開に関連してノイアー・マル

クトの意味を考察する。

　以下において，Ⅱではリスク資本の概念を説明した後，企業における資本調達の分類を示し，Ⅲではドイツの企業の法形態と資本調達の関係について述べる。Ⅳは企業の設立から拡張ないし成長する局面を区別してリスク資本調達との関係を述べる。Ⅴではノイアー・マルクトの概要を考察する。Ⅵは若干の考察と総括を行うものである。

Ⅱ　自己資本としてのリスク資本

　ドイツ語では類似した意味の語彙が非常に多く，さらに外来語もそのまま使われる場合が少なくない。特にベンチャーやファイナンスの分野はアメリカの研究が著しく先行しているため，英語の表現がそのまま使われているが，必ずしも原語と同じ意味であるとは限らない。ドイツ語のリスク資本（Risikokapital）はリスクをもつ投資に使われる資本という意味であって，わが国ではリスクマネーと呼ばれる概念に近い。リスク資本の他にベンチャー・キャピタル，ないしは，危険資本（Wagniskapital）という表現があり，これらの意味は大体同じ意味で用いられている。これに対して，「リスク資本」とは他の支払い請求権を危険から守る損失緩衝器としての役割を持つ資本である解釈する見解もある[2]が，ここでは一般的通俗的意味の，リスクのある投資に用いられる資本という意味において用いることにする。最近ではベンチャー・キャピタルの意味内容が拡大し，これを含むプライベートエクィティ（private equity）という表現が用いられるようになっている。プライベートエクィティは上場された企業の持分（public equity）に対して用いられる表現であって，証券市場外で行われる企業買収，同族企業の承継，創業，メザニン資本など多くの問題を対象としている[3]。新規に創業し革新的な成長を目指す企業にとって必要とされる資本はリスクが大きく，この意味においてのリスク資本を拡充する工夫が現在でも続けられている。

　さて，リスク資本が企業に導入されると自己資本となるが，この自己資本と

同じ意味において，ドイツ語で参加資本（Beteiligungskapital）という表現が頻繁に用いられている。参加資本はもしも，返済義務がなく，資本提供者に解約告知権がなく，利子払いの請求はされず，倒産のときには失われる資本であるとすれば自己資本になる，とされている。第3章でも述べたようにドイツでベンチャー・キャピタルと表現する場合にはつぎのような意味が加えられる[4]。

　　── ベンチャー・キャピタル会社は純粋な参加資本だけでなく類似した参加資本（メザニン資本）を提供する
　　── 資本は大体において成長性のある，技術革新的中小企業に供せられる
　　── ベンチャー・キャピタルは被参加企業の経営支援と結びついている
　　── 投資家の収益性期待は長期の資本利益に向けられている

すなわち，革新的な技術をもって成長を目指すリスクの大きいベンチャー企業を長期的に支援しようとするものである。

資本調達の方法は研究者によって異なった分類の仕方がなされるが，次の分類は一般的に共通している。

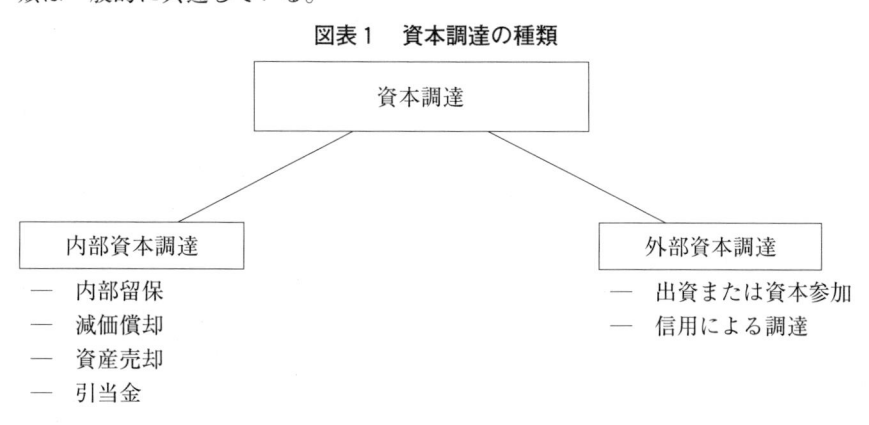

図表1　資本調達の種類

```
                    資本調達
                   ／      ＼
           内部資本調達      外部資本調達
         ── 内部留保        ── 出資または資本参加
         ── 減価償却        ── 信用による調達
         ── 資産売却
         ── 引当金
```

この分類において内部資本調達の利益を計算するためには経常的収入から経常的支出を差し引き，さらに，減価償却と引当金の費用を差し引いて計算されている。収入と収益は等しく，支出と費用も等しいと仮定されている。内部資金調達の源泉は経常的支出に対する経常的収入の余剰分，すなわち，収入余剰

であり，これは利益，減価償却，そして，引当金設定の合計に匹敵する。留保利益の資本調達は自己金融と呼ばれている。通常の経常的な企業活動から離れて資産を売却する場合も内部資本調達となる。

外部資本調達の分類は自己資本と他人資本の分類に相当するものであって，所有者ないしは社員の出資か，信用供与者の信用供与かという資本源泉が明確である。これに対して，内部資本調達の場合には留保利益，減価償却，引当金の合計額が全体として資本源泉となる。留保利益，減価償却，引当金のそれぞれが別個の資本調達源を持つのではなく，三者が一体となって共通の調達源を持ち，会計計算によって相互に結ばれている。減価償却あるいは引当金を大きく計算しても，全体としての収入余剰は一定なので資金調達に影響しない。しかし，減価償却と引当金は税法上の費用と認識されて，課税所得を減少させる要因となるので課税の影響は特別に考察する必要がある。

Ⅲ　企業の法形態と資本調達

外部資本調達はさらに，個別的資本調達と市場資本調達の概念によって区別できる。個別的資本調達は，たとえば，有限責任社員の出資金や納入業者信用，あるいは銀行からの融資のように個別の相手と個別に行うものであるのに対し，市場資本調達は株式や債券など市場性のある有価証券を不特定の相手に発行するものである。前者は間接金融，後者は直接金融の区別に相当する。わが国では外部資本調達の方法として株式と債券，そして借入金その他を説明する場合が多い。これは大企業の企業形態として株式会社を前提とした考え方に基づいている。しかし，ドイツでは株式会社の数は非常に少なく，中小企業は殆ど株式会社以外の法形態を持つものである。

第1章の図表1は売上税の統計からとられた法形態による企業の種類を表している（この統計が実際のすべての企業の実数と等しいかは疑問であり，これよりも大きく上回ると推定される）。これに匹敵する日本の統計は得られないが。個人企業が圧倒的に多いことは想像に難くない。日本では法人企業の統計による

と近年有限会社の数が最も多く，株式会社数を越えていていずれも百万以上あることはドイツと大きく異なっている。これに対して，ドイツの株式会社は5,526社にすぎない。そして，ドイツでは合名会社の数が非常に多いこと，合資会社も日本より多いことが違っている。株式会社には正規の株式会社としての大企業が多いが，上場会社は約600から700社であると推定される。すなわち，企業の大部分は中小企業であって，合名会社や合資会社という人的企業の割合が大きい。日本では合名会社と合資会社は数の上でも非常に少なく問題とされることが殆どないが，ドイツではこれらの会社形態は法人ではないので，企業の利益に対しては法人税は課されず，出資者各自が課税所得に対する所得税の納税義務を持つことにおいても異なっている。

　これらの企業を含めて資本調達の分類が行われ，外部資本調達の自己資本と他人資本が区別されるのである。自己資本としての出資（Einlage）は設立時の社員の出資金を意味し，新たに社員が参加して出資する場合が参加資本（Beteiligungskapital）の資本調達として区別されている。新規の企業が設立され法形態が選択されることは，したがって，基盤的意思決定（第5章参照）として過程的意思決定と区別して議論されている。企業が新しく設立される時に最適の法形態を選ぶことは重要な決定問題となる。そして，ここに選ばれた会社の形態によって自己資本の調達方法も違ってくる。人的会社の社員による出資，株式会社の上場（going public），そして，ベンチャー・キャピタル会社の参加などが関係してくる。

　人的会社としては合名会社（offene Handelsgesellschaft）と合資会社（Kommanditgesellschaft）が代表的である。合名会社では社員との契約が成立すると，各社員がそれぞれ営業を行う義務と権利をもつ。出資した資本に対して4％の報酬を請求でき，それ以上の利益あるいは損失は社員の頭数により分けられる。社員は連帯責任をもち，共同で全債務の責任をもつ。債務が私的財産に及ぶこともあるので無限責任社員と呼ばれている。合資会社では無限責任社員が最低限，会社の債務に対して無限の責任を負い，他の社員の責任は出資した資産の限度において責任を負う。営業は基本的に無限責任社員が指導し，

有限責任社員は会社の代表権をもたない。無限責任社員の経営者にとっては資本をより集めやすいが，有限責任社員は投資のリスクとともに換金性をも考慮せねばならない。わが国ではゲゼルシャフトが会社と訳されて法人格をもっているが，ゲゼルシャフトは社団と組合の意味があり，ドイツの合名会社と合資会社は組合の意味であることに注意せねばならない。

これに対して有限責任会社 (Gesellschaft mit beschraenkter Hattung) は一定の名目資本金をもって始められる。この基幹資本は持ち分を社員に譲渡することによって得られる。社員の会社に対する保証責任は特別な契約がない限り，出資した額までに限られる。有限の責任は有限責任会社にとって自己資本の調達を容易にしている。しかし，証券市場に上場できる株式に比べると有限責任会社の持ち分はずっとその機動性（Fungibilität）ないしは代替性に劣っている。

投資家からみると上場の可能性のない企業に投資することは代替性のないこと，そして，投資のリスクの判断が難しいことが問題になる。こうした投資家にとっては，参加資本の市場があるとすれば資本の需要と供給がより望ましく調節されることになる。参加資本は一般に信用供与のように担保の保証を伴わないものである。これに対して，参加資本は企業の所有者からみると，望ましくない経営への意見提示，利益達成の強要，秘密積立金分配などの難問をもたらすとされている。したがって参加資本会社は資本の提供者と需要者の要請を調整させる役割が大切である。

ベンチャー・キャピタル会社が投資の対象とする企業に資本参加するときの法律上の形態として

— 株式会社ないしは有限責任会社の持分取得，合資会社の有限責任社員としての参加

— 典型的あるいは非典型的匿名組合員としての参加

— 亨益権（利益参加権）

— これらの組合せ

が可能である[5]。資本参加会社は一般に資本供給の他に助言の機能をもち，

資本参加の前後にわたって関係を保っている。資本参加の収益は基本的に経常的利益の配当と参加資本の売却益よりなるが，後者の方が比重が大きくなると推測される。

投資の終結は他の企業への売却による創業者への返却，あるいは証券市場への上場（going public）によって達成される。ノイアーマルクト（Neuer Markt）はこの目的で設立されたものである。

ベンチャー・キャピタル会社が用いる方法としての参加資本の種類は純粋な自己資本のみではなく，自己資本と他人資本と両方の特徴を合わせてもつ異なった種類の資本の形態がある。メザニン資本（mezzanine money）のメザニンはイタリア語で建物の中二階を意味するメッツァニーネを語源とするといわれるが要するに自己資本と他人資本の中間に位置づけられるハイブリッドな資本である。自己資本に近いものとして
— 企業の価値増加に参加する（非典型的匿名組合）
— 企業の制限的持分権のあるなし（株式予約権あるいは転換権付き貸付，亨益権付株券）

がある[6]。これに対して他人資本類似のものとして
— 企業の価値増加に参加しない（非典型的匿名組合）
— 無担保，資本代替的性格での利払い禁止および清算における劣後順位（社員貸付）
— 場合によっては高利率の代償もあるが無担保の貸付（ハイイールド）
— 議決権のない利益参加（配当付き貸付，亨益権）および清算収益への参加（亨益権）

が挙げられる。これらの形態は契約する個人によって大きく異なり，また異なった組合せも可能である。新規成長企業の置かれた個別の条件とリスク資本提供者の要望に合わせて多様な選択肢をもった資本調達の方法が考えられている。

Ⅳ　企業成長の局面とリスク資本

　企業を設立する当初において自己資金は枯渇し，他人資本を利用するための担保もないため資金が不足する。ベンチャー・キャピタルはこうしたベンチャー企業の設立から成功裏に成長して証券市場へ上場させるまでの資本調達を支援する会社であると理解される。成長期の企業をどのように支援できるかという問題を検討するためには企業成長のライフサイクルをそれぞれの局面に区切って考察することが簡便かつ効果的である。この分野に関しての専門用語も研究の進んでいるアメリカの英語が使われるようになっている。アーリーステージ（EarlyStage）やレーターステージ（Later Stage）とともに次のような表現が資本調達の局面を区別するために使われている[7]：

　シード（Seed）：商品アイデアの実現化と育成のための資本調達によって創業の準備をする萌芽期である。企業活動は調査と製品開発に重点が置かれる。

　スタートアップ（Start-up）：製品開発を終えマーケティング始め，まだ販売をしていない製品の生産準備をする段階である。

　拡張（Expansion）：生産開始あるいは損益分岐点に達する企業の成長展開のための資本調達が行われる。生産，販売，あるいは，マーケティング展開において自己資本比率を改善することに重点が置かれる。

　ブリッジ（Bridge）：証券市場に上場（Going Public）する準備，あるいは，他企業に売却するまで成長の限界を回避するため橋渡しの資本調達をすること。

　MBO（Management Buy Out）／MBI（Management Buy In）：既存の経営者，ないしは外部からの経営者によって企業を引継ぐための資本調達。

　LBO（Leveraged Buy Out）：経営者の自己資本は僅かで，他人資本を多く用

いていわゆるレバレッジ効果を利用して企業を引継ぐこと。
取替え資本（Replacement Capital）：旧社員から企業持分を買収する資本。
ターンアラウンド（Turnaround）：企業再生においての損失局面ないしは清算後の企業のための資本調達。

　企業の設立からその後の発展の局面における資本調達を上のような概念によって区別して配列すると図表2のようになる。企業の種類は多様であって経営のあり方もそれぞれ違ったものであるからこれらの資本調達の局面は相互に明確な区別ができるものではないが，ベンチャー・キャピタルの必要とされる局面がかなり明解に説明される。すなわち，設立時の自己資金はせいぜいスタートアップまでしか利用できないと思われる。この局面で利用可能とされるリスク資本が国の助成資金であり，また，ビジネス・エンジェルである。銀行からの他人資本の利用は利益が生じ始める拡張期において初めて可能になる。株式上場による自己資本の調達はスタートアップの時点から相当離れているのであって，ここにベンチャー・キャピタル会社の多様な活動領域がある。

図表2　資本調達の局面と方法

資本調達局面	アーリーステージ		拡張ステージ	レーターステージ	
	Seed	Start-up	Expansion	Bridge	MBO/MBI
企業成果への期待	損失		利益		
資本調達の源泉	自己資金 公的支援措置 ビジネス・エンジェル ベンチャー・キャピタル		他人資本調達 プライベート・エクィティー		証券市場

　図表2に示された通り，創業のアーリーステージからレーターステージに至るまでの各局面において異なったリスク資本の調達源ないしは仲介機関が介在している。これらの中，1）公的支援措置，2）ビジネス・エンジェル，3）

ベンチャー・キャピタルの順に検討して置く。

1 公的支援措置

ドイツの経済政策においては連邦と州において中小企業を支援することが基本的政策として維持されているが，近年さらにEUが加わっている。EUではヨーロッパ投資銀行（Euroäische Investitionsbank=EIB），ドイツ連邦ではヨーロッパ復興計画特別財産（ERP-Sondervermögen），復興金融公庫（Kreditanstalt für Wiederaufbau=KfW），そして，ドイツ調整銀行（Deutsche Ausgleichsbank=DtA）がその役を担っている。各州においても独自の機関がありリスク資本との関わりは次第に大きくなっている。EU, 連邦，州の支援政策はそれぞれ補完し合うものとなっている。2003年より復興金融公庫とドイツ調整銀行が合併し，KfWミッテルシュタントバンク（KfW Mittelstandsbank）という名称になり，中小企業と企業の創業とスタートアップを特に支援するものとなっている[8]。

ドイツでは日本の中小企業庁のようなものはなく，その代わりに政策金融としてはこれらの公的機関が重要な役割を持つので，まず，それぞれの簡単な概念を示すことにする。

ヨーロッパ復興計画特別財産：戦後マーシャルプランと呼ばれたヨーロッパ復興計画に由来する財産であって，ドイツ経済，環境保護，その他の公的目的の支援に使われている。この特別財産は1998年に改めて連邦政府の中小企業支援の財源の要素であることが主張され，中小企業の自己資本強化と創業支援に力点をおいた支援がなされている。

復興金融公庫：この機関も政府の中小企業の自己資本支援策にとって重要な役割を持つものである。1948年に公法上の法人として設立され，10億マルクの資本金の80％を連邦が，20％を州が負担している。主な役割は復興計画特別財産の資金を管理し，営利経済の堅実な投資のため長期の資本調達を確保することであったが，その対象は次第に拡がり，中小企業のため連邦と州の支援に加

えて独自の信用計画も提供している。年商5百万マルク以下の中小企業に若干の自己資本を提供して投資の支援をしている。

ドイツ調整銀行：1954年に設立された引き揚げ者などの戦争被害の負担を調整するための負担調整銀行を引継いで，1986年に設立された。100％政府の出資による公法上の法人である。支援の対象とされる企業は年商百万マルク以下，従業員20人以下という小規模のものともいわれている。

これらの公的機関のもとに国による資本参加政策が行われているがその態様は実に複雑で明確な体系化は僅かなスペースでは困難である。ここでの説明はごく大まかな概観とならざるを得ない。国からの参加資本（Beteiligungs-kapital）は，広義の参加資本と狭義の参加資本に分けられる[9]。

まず，広義の参加資本とは創業期に供与される公的な貸付であるが，これは期間が長く，無担保，劣後順位の返済義務などの点で参加資本に近い性格を持つものである。政府の支援措置として知られるERP自己資本援助計画，ERP創業計画，DtA創業計画などはDtAを通して企業のメインバンクに融資されるが，むしろ参加資本に近いものである。

次に，狭義の参加資本とは，国が創業された企業の持分を取得するもので，明示されて無限保証責任を持つ場合と匿名で参加する場合とがある。狭義の参加資本はひとつには，資本参加会社と銀行に，そして，創業に参加する個人にも低利の融資可能性を提供する。また他方，州および連邦の資本参加会社を通して参加資本が供与される。この意味においては後述する公的なベンチャー・キャピタル会社の性格を持つものである。創業期においての国の資本参加計画に技術投資会社（Technologie–Beteiligungsgesellschaft = tbg）の計画がある。

2　ビジネス・エンジェル

企業の創業局面においての資本需要を満たすためには以上の公的な国の支援に継いでビジネス・エンジェルの可能性がある。この資本は仲介機関を経ることなく私的な資産家である資本提供者から直接に供されるが，一般に表に明示

されないので「非公式の（informelles）」参加資本とも呼ばれている[10]。創業者に対して資金的援助をする者には親族や友人のように個人的関係のあるグループと単なる投資家のグループとしてのビジネス・エンジェルが区別される。この市場は殆ど組織化されたものではなく、誰が市場にいるかは殆ど分からず、原則や行動規範のようなものも未だ形成されていない。

　これらのエンジェルは金銭的収益を目的とするのでなく、自分の経験から得た技術的知識やマネジメントノウハウをもって新規の事業に貢献しようとする意欲を持つ者が少なくない。かつて自分の専念した業界の知識と知己とのコンタクトを利用出来る利点が大きい。こうしたビジネス・エンジェルの供給面での情報と新規の事業創造に関する情報の需要を相互にマッチさせる工夫が情報技術の発展とともに大きく展開している。1997年には連邦経済省がそのネットワーク作成の事業に率先して取組み、1998年にはドイツ・ビジネスネットワーク財団（Business Angels-Netzwerk Deutschland e.V.＝BAND e.V.）が結成されている。BANDはKfWと証券取引所の協力を得てインターネットによるフォーラムを開き、ビジネス・エンジェルと起業家にそれぞれの資金とノウハウに関する需要と供給の情報をマッチングさせる仲介を行っている。

　ビジネス・エンジェルはしたがって特定の業種における自分の経験を踏まえて積極的に助言を与え企業の付加価値の増加に協力するものと、単に資金の提供をする消極的ビジネス・エンジェルに分けることができる。それぞれ資本参加の仕方にも違いが出てくる。ここで重要な区別が匿名出資（Stille Beteiligung）と公開出資（Offene Beteiligung）の区別である。

　匿名出資の場合には、投資家は匿名組合の社員になる意味をもつので、外部には知られない。この投資家は企業の持分を持つものではなく、商業登記の際登記簿に登記されない。匿名出資はしたがって無記名の社員資産になる。匿名出資にはさらに典型的（typisch）な場合と非典型的（atypisch）な場合が区別される。典型的な場合には投資家である社員は経営への参加権はなく、一定期限後出資を回収するときに経営成果の分配を受けない。これに対して、非典型的な匿名出資では、社員は経営に参加して帳簿閲覧権やコントロール権を持つ

ことにより経営成果に関する権利を持つ。

公開出資は直接出資とも呼ばれ，投資家は名目資本の持分の所有者になる。この直接の資本参加によって経営への参加権が得られる。企業は資本参加を受けることにより元の資本を一定にしておくことも増加させることもできるが，経営の意思決定を独立にするためには外部の資本参加は50%以下にせねばならない。直接の資本参加にとっては営業持分の価値を計算するためにふつう企業評価が行われる。資本参加者は参加の期間中成果の分配を受けないで，持分を譲渡するときに価値の増加分を受取ることが出来る。この意味で資本参加者の「出口」として誰に譲渡するかを予め契約で決めることも出来る。一般に資本参加と呼ばれるのはこの直接の資本参加の場合である。

3 ベンチャー・キャピタル

ベンチャー・キャピタルはリスクのある投資に向けられる資本という意味ではリスク資本と同じである。ベンチャー・キャピタルが資本のみを示すとすればこれを供給する仲介機関はベンチャー・キャピタル会社といった方が正確である。ベンチャー・キャピタル会社とは，「投資先を探している資本を集め，投資を行い，投資先であるパートナー企業を助けて，魅力的な収益や上場次の株式売却によるキャピタルゲインのかたちで利益を得るために，投資先企業の価値を高めようと努める[11]」という解釈が一般的である。

ドイツでは1960年代に中小企業の財務基盤をより強固にする目的で資本参加会社が設立されてきた。今日のベンチャー・キャピタルという概念は1970年代の終わりから80年代の始めにかけてアメリカから導入された用法によるものとされている。したがって，伝統的なドイツの資本参加会社はすでに成長期に達した企業を育成するものであり，ベンチャー・キャピタル会社はアーリーステージの企業のためであるという説明もあるが，この区別は国際的にも通用するものでなく，ベンチャー・キャピタル会社と資本参加会社は現在では同じものとみてよい。ドイツのベンチャー・キャピタル連盟の名称はドイツ連邦資本参加会社連盟（Bundesverband deutscher Kapitalbeteiligungsgesellschaft e.V.）とし

て成立し，毎年白書と統計を発行している。この連盟によるとベンチャー・キャピタル会社として活躍している会社を大きく二つに分けることができるとされる：

普遍的ベンチャー・キャピタル会社（Universalbeteiligungsgesellschaften）：これはドイツのベンチャー・キャピタル会社（VCG）の基本型を示すものである。このVCGは上場されていないすべての企業の成長局面において資本参加できる。この普遍的VCGは一般に公的支援とは関係せず，法形態として株式会社，有限責任会社，有限責任合資会社の形態をとるものが多いが基本的に自由である。企業投資会社（Untenehmensbeteiligungsgesellschaft = UBG）は特別な法律によってできたベンチャー・キャピタル会社である（第3章51頁）。

公的支援ベンチャー・キャピタル会社（Öffentlich geförderte Kapitalbeteiligungsgesellschaft）：これは例えばERP投資計画のような公的源泉からの資本を提供するものである。典型的な支援モデルとして低利の貸付がVCGに貸与され，VCGは匿名社員としてこれを市場利回りよりも低い投資に回している。国はさらにこのVCGの負うリスクの損失保証を部分的に引受けている。

このような概念の区別により公的な支援によるベンチャー・キャピタル会社の説明を1において述べたのでここでは普遍的ベンチャー・キャピタルの特徴を述べることにするが，まずは共通の特徴としてベンチャー・キャピタル会社の機能原理を図示しておくと図表3のようになる[12]。

図表3　ベンチャー・キャピタル会社の機能

投資家 銀行 年金基金 保険会社 事業会社 公的部門	→出資→ ←回収←	ベンチャー・キャピタル会社 例えば Deutsche Beteiligunngs AG 3i	→出資→ ←回収←	企業 ポートフォリオ企業

図表3において示されるベンチャー・キャピタル会社の資本調達には共通して5つの特徴が挙げられる[13]：

ⅰ）自己資本調達：基本的に完全保証責任を持つ自己資本による方法であり，部分的に自己資本類似の享益証券，一定期間の匿名出資，または劣後順位の他人資本によって補充される。

ⅱ）少数参加：ベンチャー・キャピタル会社は普通には過半数以下として資本参加し，対象企業は創業者の個性を持った独立性が守られる。

ⅲ）期間の限定：基本となる資本参加の関係は基本的に無期限として始められるが，ベンチャー・キャピタル会社はどちらかというと5ないし10年の期間を経て引きあげる時点での利益を目指している。

ⅳ）コントロール権と発言権：ベンチャー・キャピタル会社は殆どの場合，基本的戦略的意思決定および資金の運用に関連して持分を越えた大幅なコントロールと発言権を持ち，対象企業がベンチャー・キャピタル会社の思うように行動することを望む。

ⅴ）経営機能：資本調達の機能と平行してベンチャー・キャピタル会社は参加資本の安全と価値増加そしてリスク削減のため一貫してコンサルティングの経営機能を持つ。

こうした共通の特徴を持ちながらもベンチャー・キャピタル会社の種類は非常に多く，異なった観点からの分類が行われることもある。ここにベンチャー・キャピタル会社の持つ動機によって区別すると[14]

　　── 支援志向的ベンチャー・キャピタル（政府系機関）
　　── 支援および収益志向的ベンチャー・キャピタル（貯蓄銀行，国民銀行と上位機関）
　　── 純粋収益志向的ベンチャー・キャピタル（私的会社）

に分けられる。

支援志向的ベンチャー・キャピタルは連邦と州の経済政策のもとにそれぞれの支援活動の目的に従うものである。これらのベンチャー・キャピタルは収益性を期待するよりも，むしろそれぞれの立地の経済においての支援が目的とされる。上述した技術投資会社（tgb）はその代表的なものである。これについでミッテルシュタント投資会社（Mittelständische Beteiligungsgesellschaft =

MBG）は各州の経済の自助を目的にはじめられ，地方経済の発展を目指すものである。これに関係して企業創設や革新の基金がつくられ，上述の復興金融公庫が重要な役割を果たしている。

　支援と収益の両方の結合は公法上の信用機関のベンチャー・キャピタルとその上位機関の目的のなかでも最も望まれるものである。貯蓄銀行と国民銀行は歴史的に中小企業との関係が深く，これらにとって企業の資本調達は重要な課題となる。とはいっても，公法上のベンチャー・キャピタルは支援志向のみではなく，次第に収益志向に片寄ってきたので，リスクの度合も大きくなり，それに応じてコンサルティングと世話見が必要になったとされる。この種のベンチャー・キャピタルから提供される関与の仕方も極めて多様であって，その会社の社員に依存することが大きいとされる。

　純粋収益志向的ベンチャー・キャピタルは三つのグループの中でも最も多く，狭い意味でのベンチャー・キャピタルとも云えよう。多くは銀行や保険会社の子会社であって巨額の資金をファンドに提供し，そこから対象企業を選んで少数の比率で資本参加するものである。この投資は公開，匿名，あるいは両方を用いた形式で行われる。ファンドの資金は機関投資家によっても個人投資家によっても集められ，それぞれがリスクに応じた適当な利回りを要求する。利回りの実現は基本的に，維持されてきた持分の価値増殖分をいろいろな出口（Exit）で売却してキャピタルゲインを得ることによって達成される。企業の育成中に利益を配当することは見合わせられる。出口としては証券市場への上場（Going Public），ベンチャー・キャピタルへの売却（Secondary Purchase），あるいは事業会社への売却（Trade Sale）が重要となる。

　以上のようにベンチャー・キャピタル会社の種類も実に多く，リスク資本を利用する側にとっても市場全体の概観を得ることは非常に困難である。ごく手始めの理解を容易にするためにビジネス・エンジェルとベンチャー・キャピタル会社の対比を示すと図表4のようになる。ベンチャー・キャピタル会社は収益志向的なものが対象である。

図表4　ビジネス、エンジェルとベンチャー、キャピタル会社の比較[15]

	ビジネス・エンジェル	ベンチャー・キャピタル会社
（資本調達） 局面	・大体において創設期 （シードとスタートアップ）	・大体において創設期 および拡張期
資本額	・少額	・巨額
地域	・小さい行動範囲 ・地域の事情に詳しい	・地域の限定はない ・地域の事情に詳しくない
提供の動機	・貨幣的および非貨幣的	・貨幣的
（経営支援） コントロール権 情報権	・重要でない ・形式化の程度は少ない 　不規則な報告、非標準化	・非常に重要 ・形式化の程度は高い 　詳細かつ規則的報告必要
フィードバック と発言権 人的能力	・フィードバックは不規則 　差異は必ずしも分からない ・エンジェルとの接触とその 　能力の範囲	・目標値からの差異は規則的 　迅速にフィードバック ・欠陥がある場合はシステマ 　ティックな支援

　図表4のベンチャー・キャピタル会社は収益志向的なものを対象とし政府系の支援志向的のものを除いている。企業者は資本調達の相手を選ぶ時に自分の動機と需要を考え，期間・金額・条件とともに経営支援のあり方を検討することが大切である。

V　株式公開

　資本参加会社ないしはベンチャー・キャピタル会社にとって最も重要な収益源は参加資本を撤退するときの売却益（キャピタルゲイン）である。資本参加の契約をする前に参加資本撤退（出口，Exit）の方法と時点について分析がなされる。市場で可能な売却の可能性（Exit-Kanäle）は参加資本の利用にとって重要な前提条件ともいえよう。売却の可能性は私的な売却と株式公開（going public）の2つに分けられる[16]。

　公式の株式公開が不可能な場合Buy Back, Trade Sale, Secondary

Purchaseという3つの私的な売却方法がある。Buy Back は元の所有者が資本参加会社が投資していた持分を買い戻すことであり，所有者の企業は再び完全に独立する。しかし，この企業が十分の資金調達が出来ない場合，売却価格についても合意に至らない可能性がある。Trade Saleは投資会社が既に持分をもっていてシナジー効果の期待される他の企業に売却する場合であって，被売却企業の独立性が失われる恐れもある。ドイツではこのケースが多いが売却側と買収側の情報の不均衡のため長期の折衝が必要とされる。Secondary Purchaseでは投資会社が他の投資会社または金融機関に売却する場合である。

　証券市場への上場ないしは株式公開は多くの新規成長企業にとって目的とされる道標ともいえよう。上場によりこれまでのprivate equityから public equityの世界へ入るためgoing publicとも呼ばれ，株式公開により資本提供者の構成も大きく変化する。資本提供者と資本利用者との間には証券市場が入り，株式が流通することによって多くの小投資家の資本参加も容易になる。もしも，これまでの新規創設企業がベンチャー・キャピタルまたはビジネスエンジェルから参加資本を受け入れ，その持分を上場の際に売却する契約をしているなら，これが投資の出口（Exit）となって終結する。この他すでに事業に成功して成熟した中小企業が上場する場合も考えられる。

　株式の公開はベンチャー・キャピタル会社との交渉による上場までの経過に比較すると一層複雑となり，スペースの制約もあるので以下においてごく簡単に要点のみを取り上げよう。上場の準備自体の期間が6ヶ月必要とされるプロジェクトであり，弁護士事務所や銀行，コンサルタントなどの専門家が外部から参加して行われる[17]。

　上場していない企業の多くは中小企業であるので，人的会社や有限責任会社から株式会社に組織変更をする煩瑣な法律上の事務が障碍となっていた。これらの法律が小株式会社法の制定や1994年の改正株式法により緩和されることになった。会社の法形態のつぎに，発行する株式の種類を決めることが重要である。1998年から額面株の他に無額面株の発行が可能になっている。つぎに，発行価格を決めることは最も重要な関心の的となる。市場に持ち込まれる持分の

公正な価格とともに企業価値が問題とされる。企業評価の方法は極めて多様で，これが公正な価格を決める難しさの原因にもなっている（第6章参照）。

　ドイツの株式市場は伝統的に小規模で上場されている株式会社も現在ようやく800程度である。1996年までは正式取引（Amtlicher Handel），規制市場（geregelter Markt），自由取引（Freiverkehr）の三つの市場しかなく，代表的な大企業は正式取引市場に集中していた。規制市場は正式取引市場よりも審査基準のより低いものであり，自由取引は私的な法律により自由に行われるものであった。投資家の関心は殆ど正式市場の代表的な指標となるDAXの30の株式に集中し証券市場全体の約80％を占めていたといわれる。ブルーチップへの過度の投資は流動性の不均衡をもたらし，僅少な出来高は値幅を大きくし，ボラティリティを大きくすることにより取引のコストとリスクを大きくした。流通市場での少ない流動性は発行市場にも影響を及ぼし90年代前半の上場数は僅かなものにすぎなかった。

　このような株式市場の条件はベンチャー・キャピタルのExitにとっても非常に不利であり，1996年において全Exitの中の株式公開は9％のみであった。高いリスクと収益性の特徴をもった新規成長企業が株式公開の可能性をもつことは90年代以降強く切望されてきたが，そのためには上場基準の厳格性が障碍となっているのではなく，適切な市場がないことが認識された。ここに創設されたのがノイアー・マルクトである。リスクを自覚して成長性のある革新的投資を行う企業にとって自己資本の調達を可能にするために1997年にフランクフルト証券市場のセグメントとして開設されたものである。因みに1997年から2001年までのExitの内訳を総額との比率によって示すと図表5のようになる。

　表に示されるようExitの中で依然として大きな比率をもつのはTrade SalesとBuy Back／Pay Backである。Going Publicは1997年にはまだ4％という僅かなものであったが，98年には20％に達している。1998から2000年まではノイアー・マルクトが最も成長した時期であった。上場された銘柄は最盛期に350であったがその後縮小し2003年より閉鎖されている。

　ノイアー・マルクトの理念は「革新的で成長性のある」企業に証券市場を開

図表5　1997-2001年Exitの内訳（償却分は除外）[18]

Exit	1997		1998		1999		2000		2001	
	百万ユーロ	%	百万ユーロ	%	百万ユーロ	%	百万ユーロ	%	百万ユーロ	%
Trade Sales	277	56.0	124	34.1	197	36.7	522	52.0	379	37.6
Secondary Purchase	32	6.3	—	—	31	5.7	93	9.2	147	14.6
Buy Back	326	33.7	163	45.0	160	29.8	231	23.0	334	33.2
Going Public	20	4.0	76	20.9	99	18.4	117	11.7	7	0.7
Sales after-IPO	—	—	—	—	51	9.4	40	4.1	139	13.9
Exit合計	496	100	363	100	538	100	1,003	100	1,006	100

くことであり，そのために最も重要な市場機能として
　── 公開企業の高い透明性
　── 個別銘柄売買の高い流動性
　── 投資家保護のため厳格な上場認可条件
という3点が強調された。

　たとえば，認可の条件として，資本需要を恒常的に必要とする成長企業であって積極的なインベスター・リレーションズ政策を用いることが条件とされている。株主を志向するため，優先株でなく普通株を発行すること，売出許可の株式の最低25%は一般株主に向けること，既存株主は売出価格決定後少なくとも6ヶ月持分を維持すること，四半期報告書を作成すること，上場許可をもっている2社を指定後見役とすることなどが条件とされた。年度決算書はIAS，US-GAAP，あるいは，ドイツ語と英語訳をつけたHGBによるものを用いねばならない[19]。これらの条件は新規公開の若い企業にとって高いコストであり，やや過酷な条件を意味したと考えられる。

　ノイアー・マルクトの株価総額が最高値をつけたのは2000年3月であり，全227社の合計は234Mrd.（10億）ユーロであった[20]。2001年には一時上場会社数

は342の記録をもったがその後227社に減少し，その株価総額は30Mrd.（10億）ユーロに下落した。2002年10月には247社がまだ上場されたままノイアー・マルクトを閉鎖することが決定された。これらの企業は新しく構築された市場プライムスタンダードの技術関連企業の部分に入れ代わっている。1997年の市場創設から3年間は多くのサクセスストーリーにより未来への夢が描かれたが，その後の大暴落により大狂乱をもたらしたといえよう。もっとも，2002年の後半はアメリカのナスダックの株価暴落の影響で世界的な株式不況になった時期である。この要因を差し引いてのノイアー・マルクト不成功の原因として

— 情報分野を中心とするニューエコノミーへの過度の期待
— 若年企業者ないし創業者の経営能力の欠如
— 危機的状況をとりつくるための虚偽報告
— 不当利得を得るための不正経理と詐欺

が挙げられる。新技術の発展に対する過度の期待や過剰な投機はこれまでにも数多く繰り返され黄金狂としても知られている。レオポルド他[21]によると発明家が企業経営の才に欠けるとか，苦境にある企業家が状況報告を怠ることなどは常識とも云えることであるから，こうした時にこそ，人間は富に対する貪欲のためにリスクを軽視しがちであることを改めて肝に銘じるべきだとされている。ドイツの資本参加会社にとって長い間閉ざされていた証券市場へのExitがノイアー・マルクトによってようやく順調に成長し出したかに思われた矢先に崩壊したことは大きな衝撃である。しかし，1998年には全Exitの20％を達成しているのであり，その経験を生かし失敗の原因究明とともに今後の発展のための研究が望まれる。

Ⅵ 結

　企業成長のライフサイクルをシード，スタートアップ，拡張期，レーターステージという局面に分ける方法は理解し易く，その呼び方も日本と同じようにドイツでも英語が使われている。ベンチャー・キャピタル会社の種類も実に多

様であって，それらの概念を分類することは重要な課題といえよう。そして，企業成長のどの局面に重点をおいて支援活動をするか,あるいは，支援が必要かという観点からベンチャー・キャピタル会社を分類することも有意義といえよう。しかし，この局面の区別はすべての企業の成長において同じものではなく，単純なカーブだけではないと思われる。殊に，現実の発展段階において企業がどの局面に位置しているかを認識し，各局面の境目を事前に知ることは極めて難しいであろう。

　大別して公的あるいは政府系の支援政策としてのベンチャー・キャピタル会社とそうでない普遍的ベンチャー・キャピタル会社を区別できる。ドイツでは公的な支援政策の役割は非常に大きく復興金融公庫（KfW）やドイツ調整銀行（DtA）がこれらの政策を引受けてきた。2003年からはこれらが合併してミッテルシュタントバンク（KfW Mittelstandsbank）を発足させたのは新しい動きである。新規の企業を創設しこれを育成するための公的な支援措置がかなりの種類と数において提供され，EU，連邦，州のレベルにおいて異なった企画を持つため，やや錯綜重複した印象を受けるが，先進的技術を持った企業の育成，そして地域的には旧東ドイツの企業の育成に大きく貢献していることは十分伺える。

　ベンチャー・キャピタル会社を分類する場合に公的な支援を目的にしたものと，収益的・営利的目的を志向するものとに分ける方法は分かり易い。しかし，これら両方の目的を持ったものも多いため境界線を引くことは非常に困難といえよう。特に，子会社や関連会社をつくり，別個のファンドを経て資金が流れる時に区別は難しくなるであろう。

　リスク資本はドイツでは一般に将来有望な新規の企業に投じられる自己資本と理解されている。しかし，自己資本と他人資本の間に享益証券，劣後順位債務，転換社債といった中間的性格を持った資本もあり，公的機関の供与する他人資本であってもその性格上非常に他人資本に類似したものもあるため，両者の区別は明解なものとは云えない。これに加えて匿名組合の形式で表に現れない投資も行われている。こうしたメザニン資本は近年中小企業の金融において

一層比重を増しその重要性が増している。

　リスク資本として，リスクを持った投資のための資本と考えるなら，多くのベンチャー・キャピタル会社の投資のExit（出口）となる上場が最も大切である。1997年に新興企業のセグメントとしてノイアー・マルクトが開かれ史上まれに多数の新規成長企業のＩＰＯが成功したが，2000年の市場混迷とテロ事件の結果収縮し，2003年をもって閉鎖され，これまでのセグメントは現在の新しい市場のセグメントに吸収されている。1997年創設から最初の3年間は順調に成長したが，それ以降は意外な崩落に至ったわけであるが，これらの背景となる事象の理論的研究と財務論上の説明はまだ課題として残されている。

1) Bundesministerium der Finanzen,Materialien zur Mittelstandspolitik, September 2002. S. 7
2) この意味でのリスク資本については本書第11章217頁以下で述べる。
3) Leopold/Frommann/Kuhr, Private Equty-Venture Capital, München 2003, S. 6f. ヨーロッパのベンチャーキャピタル協会はEuropean Private Equity & Venture Capital Associationとなっている。
4) Albach/Hundsiek/Kokalij, Finanzierung mit Risikokapital, Stuttgart 1986, S. 166f.
5) Perridon/Steiner, Finanzwirtschaft der Unternehmung, München 1997, S. 354.
6) Nathusius, Klaus, Grundlagen der Gründungsfinanzierung. Wiesbaden 2001, S. 76.
7) Schefczyk, Michael, Finanzierung mit Venture Capital. Stuttgart 2000, S. 22f.
8) www. mittelstandsbank. de 第2章31頁。
9) Engelmann, A./Juncker. K./Natusch, I./Tebroke, H-J., Moderne Unternehmensfinanzierung Frankfurt a. M. 2000, S. 68ff.
10) Engelmann, Moderne…S. 87f.
11) ギュンター・レオポルド／ホルガー・フロマン著『ベンチャーと自己資本―ＥＵベンチャーキャピタルの貢献』中島要訳，神戸ベンチャー研究会　2002年，7頁。
12) Schefczyk, Finanzieren. S. 10.
13) Schefczyk, Finanzieren. S. 9.
14) Engelmann et. al., Moderne. S. 116ff.
15) Bell, Markus G., Venture Capitalist oder Angel-Welcher Kapitalgeber stiftet grösseren Nutzen? in : Die Bank, 1999, S. 372-377.
16) Betsch, O./Groh, A. P./Schmidt, K., Gründungs-und Wachstumsfinanzierung innovativer Unternehmen, München 2000, S. 57f.
17) Engelmann et. al., Moderne. S. 157ff.
18) Leopold/Frommann/Kühr, Private Equity-Venture Capital, S. 179.

19) ノイアー・マルクトの上場基準，会計基準および会計制度に関しては鈴木義夫『ドイツ会計制度改革論』森山書店，2000年，115-133頁。
20) Leopold/Frommann/Kühr, a. a. O., S. 182f.
21) Leopold/Frommann/Kühr, a. a. O., S. 183.

第5章　効用価値分析による意思決定

I　序

　経営における人間の行動は常に何らかの意思決定をすることにある，という観点に立って経営学全体の体系を考えようとする理論が意思決定志向的経営学，または，意思決定理論と呼ばれている。このうち，ある問題を解決するにはどうすればよいか，という論理的に正しい解答を探す研究が規範的な意思決定理論であり，実際の経営の場ではどのように意思決定がなされているかを記述する研究が記述的意思決定論とも呼ばれている。後者は行動科学的な方法をとるものであって，実際の行動が心理的社会的影響を受けたり，必ずしも合理的な決定をしていないことを強調するものである。しかし，いずれにせよ合理的な意思決定とは何かについては共通の理解が必要である。本章ではまず，一般的な意思決定理論の基本概念について述べ，そのモデルの一つである効用価値分析（Nutzwertanalyse, Scoring Model）が経営基盤の決定に関してどのように応用され得るかを考えるものである。経営基盤の決定とは，これから会社を設立しようとするときのような長期に企業行動に影響する枠組み条件を選択する問題に関わるものである。法形態のほか立地条件や合併問題もこれに準じて考えられよう。ここに云う「法形態（Rechtsform）」とは企業がとり得る法律上の「組織形態」のことである。法律上は組織形態という表現が一般的のようであるが，組織論上の組織形態の意味と区別するためにも法形態の方が明確で

ある。本章は企業の法形態の選択という意思決定の問題において効用価値分析がどのように行われるかを検討し，かつ，その問題点を吟味せんとするものである。

Ⅱでは効用価値分析を説明するための前提的知識となる意思決定の基本概念を述べる。モデルを用いる場合の目的のとらえ方が重要である。Ⅲでは法律形態を選ぶ場合の基準ないしは目的をどのように区別できるかが説明される。Ⅳでは簡単な例により効用価値分析の用い方が述べられる。Ⅴは若干の考察とともにまとめとするものである。

Ⅱ　意思決定の基本概念

1　意思決定問題と解決方法

　意思決定の問題とは，一定の状況において複数の代替案のなかから，目的達成に最も適したものを選ぶことである。したがって，ここに三つの要因，状況，代替案，目的を区別することができる。まず状況とは，英語で自然の状態とも呼ばれているが，意思決定者がなんら影響を与えることの出来ない未来の事象が生ずる状況である。この状況の種類および範囲は，今からどれくらい先の未来を考えるかという時間的視界に存在するであろう。そして時間の経過とともに状況は変化することが多い。たとえば，消費者行動，政治情勢，技術発展などは意思決定者に関係なく変化するものである。一方，意思決定者が決定する時点においてはその行動の結果が必ずしも分からない場合がある。たとえば，競争相手がどのような行動をとるか，または，政府が何らかの規制措置をとるかどうかといった場合である。これらの場合は意思決定者の行動によって誘発されて生じる未来の状況である。

　つぎに，代替案とは行動案とも呼ばれ，目的を達成するための手段である。意思決定問題は意思決定者が二つ以上の代替案から選択出来るときにのみ生ずるものであって，これら代替案は個別の行動が結合されてできる場合もある。たとえば，ある自動車メーカーが3年後アメリカに10億円の工場を建てるとす

れば，投資の時点，立地，投資額，投資の種類がそれぞれ決定される。これらの解決案として考えられるものの集合が代替案の可能範囲になる。

そして，目的とは意思決定の結果として発生することが望まれている状況に関する言明である。経営の目的は決して一つではなく，複数の目的があって相互に関連し合っている。ハイネンはこのような経営の目的全体を自らの意思決定論の観点から体系づけて考察しているが[1]，目的の次元を目的内容，目的規定，目的関連時間に分けて考察している[2]。

目的内容とは代替案の選択によって変化を与えることの出来る大きさである。利益，売上高，費用など個別のメルクマールによっても，あるいは，二つのメルクマールの相対的関係，たとえば，利益と資本の関係である収益性によっても示される。目的規定とは目的内容の望まれた範囲を規定するものである。利益極大化，費用極小化といった極限値を規定するもの，売上増加率を固定するもの，一定の満足化基準をきめるものなどがある。

目的関連時間とは目的の実現化されるべき期間を定義するものであって，短期と長期の目的を区別することができる。

以上のような意思決定問題の要因である，状況，代替案，そして，目的はそれぞれにおいて互いになんらかの関係がある。ここに目的を考察しておこう。目的相互の間には，相互依存関係，段階的関係，選好適関係の三つを区別することができる[3]。

相互依存適関係とはお互いに影響し合う場合であって，補完的な場合と競合的な場合がある。互いに影響の無い場合が中立的と云えよう。段階的関係とは目的の間に上位目的と下位目的の関係がある場合であって，たとえば，デュポン・システムにおいては投資収益率を上位目的とすれば，下位目的として売上高収益率と資本回転率があり，それぞれがまた上位下位の目的に分けられるのである。つぎに，選好的関係とは意思決定者がどの程度ある目的を選好するかを示すものである。ある人にとっては自立性の目的のほうが成長性よりも重要であろう。このような場合には主目的と従属的目的の区別がなされ，そこに重要性の重みをつけることが出来よう。

もしも意思決定者がすべての代替案を知り，未来の状況についての情報も備わっているとすれば，一定の目的に関してそれぞれの代替案の結果を導くことが出来る。それぞれの状況（u）においてそれぞれの代替案（a）を取った場合の結果は目的収益（e）と呼ばれる。状況がn個，代替案がm個あり，目的は一つのみとすれば次のような決定マトリックスが示される。

代替案＼状況	u_1	u_2	・・・	u_n
a_1	e_{11}	e_{12}	・・・	e_{1n}
a_2	e_{21}	e_{22}	・・・	e_{2n}
・	・	・		・
・	・	・		・
・	・	・		・
a_m	e_{m1}	e_{m2}	・・・	e_{mn}

代替案a_iを取った場合，状況u_jにおける結果がe_{ij}によって示されている。もしも目的が二つ以上であるなら，それに応じて目的の数だけ同じマトリックスを作らねばならない。これらの状況，代替案を区別し，その結果をどのように評価するかは，さらに考察を要する多くの問題があるが，このようなマトリックスの形式において意思決定理論の最も基本的なモデルが提示されているといえよう。

2 意思決定モデル

意思決定モデルは状況，代替案，目的よりなる意思決定問題を模造し，問題の認識と解決を容易にするものである。意思決定モデルを作成するためには，原因・結果の関係を表現する説明モデルがその基本とされるであろう。上に述べた決定マトリックスは目的が一つである場合の基本的な意思決定モデルであるが，目的が複数の場合にはこれら目的の相互関係とともに，意思決定者がそれらの目的に対してどのような選好をもっているかを知らねばならない。意思決定者がある代替案を取った結果が目的収益として示されるが，それらの数値に対して意思決定者がどのような態度をとるかが次の四つの選好によって区別

される[4]：1）量的選好　2）時間選好　3）確実性選好　4）目的種類選好。

　量的選好とは上記の目的内容の数量に関する選好であって，たとえば収益性については小さな収益性をもたらす代替案よりも大きな収益性をもたらす代替案が選好される場合がこれである。代替案の結果が必ずしも同じ時点に生じないとすれば，どの時点の結果がより好まれるかを示す必要がある。時間選好を表すためにモデルにおいて割引法が用いられ，異なった時点に生ずる数値を同じ時点における数値に直して比較を可能にしている。確実性選好とは代替案の結果に関する情報が不完全にしか得られない場合必要になる。結果に関する情報が不完全であると，その不完全性をどの程度許容するかという選好を示す必要が生ずる。このような問題が不確実性の理論として論ぜられる内容である。もしも，意思決定者が一つの目的だけでなく複数の目的を持つとすれば，それらの目的をどのように組み合わすか，とくに相互に競合する目的の場合にはどのように選べばよいかといった問題が生ずる。このような場合に用いられるのが効用の概念であって，目的収益として示された数値がさらに効用という大きさに置き換えられるのである。効用価値分析とは以下で述べるような複数の目的を調整するための一つの方法である。

　さて，意思決定の問題を出来るだけ現実の世界に忠実に意思決定モデルにおいて模造しようとすると，そのモデルはきわめて複雑になるであろう。モデルによって何らかの解を得ようとすれば多くの場合相当な程度に現実を抽象化ないしは簡略化せざるを得ないものである。目的，代替案，結果のそれぞれについてモデルは簡略化されているのである。

　目的について考察するならば，企業の目的が一つでなく複数であると考えるのが一般的である。ただ，モデルを使って複数の目的に関係する企業行動を説明することはきわめて困難であるために，一つの目的を用いたモデルがよりしばしば使われるとみられる。たとえば，利益極大化や費用極小化のモデルが用いられて市場，価格，生産量，費用などの数値が検討されている。これらのモデルでは従業員の福祉，企業の独立性，組織の効率といった目的は全然考慮さ

れないのがふつうである。こうした複数の目的をすべて一緒に考察できるモデルをつくることは非常に難しく，そのために費やすべき努力と費用のほうがそのモデルの成果よりも高くつくかもしれない。現実の企業は決して経済的でない目的を無視しているのではなく，利益や費用に関する計算が多くの場合最も勘案すべき目的となっているのは，その計算を指標とするのが一番簡便であるためと思われる。複数の目的を考察するとすればそれらの間の関係を総合的に目的システムとして考察し，企業の組織とともに探求する必要が生じる。しかし，そうであってもモデルによる解決法を考えるためには，まず一つの目的を持ち，確実性を前提にした最も簡単で基本的なモデルから理解をすすめねばならない。モデルというものはこのように必ず前提条件がある。したがって，どのような前提条件があるかによって意思決定モデルの種類が分けられる[5]：

1） 時間的レベル……一つの期間のみを前提とする静的モデル，多期間を対象とする動的モデル
2） 目的の数…………単一の目的，複数の目的
3） 目的範囲…………目的とされる数値は極限値，満足基準，一定値の何れか
4） 解決方法…………最適の解を求める分析的方法か，近似値を求める発見的方法
5） 情報の完全性……情報の完全な確定的な場合は一つの状況のみに関するモデルであり，確定的でない場合は複数の状況を考慮するモデルである。

このようにモデルが何を前提としているかによって種々の区別がなされる。現実の問題を考えるとほとんどの場合完全に確実な情報は得られない。したがって，不確実性下の意思決定についての研究が古くから行われている。

3 不確定性下の意思決定

未来に関する情報が不確定で複数の状況が予想される場合が不確定性（Ungewiβheit）ないしは不確実性（Unsicherheit）の問題が生じる。これらの状況が発生する確率が分かっている場合をリスクと称し，確率の分からない場

合を不確実性と区別することもある。

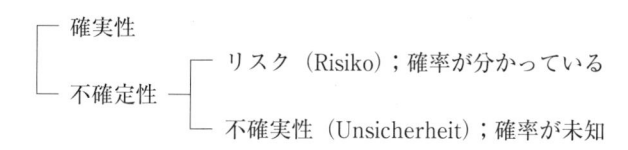

```
        ┌ 確実性
        │                 ┌ リスク（Risiko）；確率が分かっている
        └ 不確定性 ─┤
                          └ 不確実性（Unsicherheit）；確率が未知
```

　不確実性下の理論についてはここで詳しく説明する余裕はないので極く基本的な概念を挙げるにとどめよう。未来の状況の生起する確率の分かっているリスクにおける意思決定としていわゆる意思決定規則が三つ知られている。ベイズ（Bayes）の規則，ミュウ・シグマ（μ, σ）規則，ベルヌーイ（Bernoulli）規則の三つである。ベイズの規則はミュウ（μ）規則とも呼ばれ，それぞれの結果と確率の積の和である。たとえば，状況u_1, u_2, u_3の確率がそれぞれ0.3, 0.5, 0.2であることが分かっていて，代替案a_1を取った場合の目的収益ないしは結果が90，110，150であるとしよう。ベイズの規則によりa_1の期待値を計算するとミュウの値は$90 \cdot 0.3 + 110 \cdot 0.5 + 150 \cdot 0.2 = 112$となる。このようにそれぞれの代替案について期待値ミュウを計算してその一番大きい案を採択するのがベイズの規則である。しかし，この方法では期待値だけを考慮している。期待値はいわば平均値である。一つ一つの値は平均値のまわりに散らばりを持っているものである。このような散らばりの大きさに対しても意思決定者は一定の好き嫌いの態度を示すものである。したがって，ミュウだけでなく，標準偏差を表すシグマをも同時に考慮するのがミュウ・シグマ規則である。上の例においてシグマを計算すると21になる。もしも，この意思決定者が危険を回避し確実性をより好むとすれば，シグマの値は彼にとって消極的な意味を持つ。したがって，その効用関数は$N = \mu - 2\sigma$で示される。逆に，もしも彼が危険愛好的であるなら，その効用関数は$N = \mu + \sigma$と示すこともできよう。すなわち，意思決定者が期待値とその散らばりに対する選好の仕方が効用関数によって表されるのである。

　最後のベルヌーイ規則は意思決定者がある代替案をとった場合，その結果の数値は彼の持つ効用関数によってそれぞれ効用値に置き換えられることを前提

にし，その効用値についての期待値が計算されるものである。上の例の90，110，150という数値は意思決定者のもつ効用関数によって他の値に換算されるのである。

　以上の説明は確率の知られているリスクの下での意思決定の方法である。確率が分からない不確実性下の理論としてミニマックス規則その他の規則が知られている。

　これらの規則を用いて数値を計算することは自由にできるが，実際の問題においてこれらの規則を用いて意思決定がなされることは，まだほとんど皆無である。これは，「不確実性下の意思決定」ということが，実際の選択問題を模造したものではなく，きわめて抽象度の高い理論上の概念としてしか示されていないからである。ここでは，不確実性下の意思決定を行う場合つぎの三つの前提が必要であることを明記しておこう[6]：1）意思決定者は何をしたいか目的をもち，その目的収益が測定化されること。ここには効用を用いての大小関係も含まれよう。2）意思決定者は最小限二つの代替的な行動の可能性を持ち，これらは相互に排反的であること。3）意思決定者は未来に生ずる状態をすべて知っているが，どの状態が実際に起こるかは分からない。すなわち，「未来の不確実なことについては確実に知っていること」が不確実性下で合理的な意思決定をするための前提となるのである。

Ⅲ　経営基盤の決定と法律形態の選択

　前節において意思決定の基本概念を説明したが，この節とつぎの節ではそのうちのモデルの一つがどのように応用されるかを検討する。意思決定モデルを解決する方法はいろいろあるが，これらを分析的方法（Analytische Verfahren）と発見的方法（Heuristische Verfahren）の二つに区別することが出来よう。分析的方法とは意思決定の最適の解を一つのアルゴリズム，すなわち，システマティックな計算方法によって見つけるものであって，これにはたとえば，限界分析，資本価値法（現在価値法），線形計画，といった方法がある。発見的方法

とは最適解ではなく，近似的に解をもとめるものであってシミュレーションがよく知られている。効用価値分析は前者に属し，複数の目的が同時に考慮されたり，必ずしも量的な表現の出来ない目的のある場合に用いられる。これまでは研究開発のプロジェクトにおいてこの方法が用いられていたが，最近，経営基盤の決定（konstitutive Entscheidungen）にこの方法を応用する研究がみられるようになった。経営基盤の決定とは経営立地，法形態のように企業を設立する場合に考えねばならない経営の全体に影響する枠組みを選択することである。ここでは，ベアの研究[7]によりドイツにおいての法形態の選択が効用価値分析を用いてどのように可能となるかを検討する。

　法形態とは法的組織，法的枠組み，または，企業の「法的な衣装」のことで，これによって企業内部の法的な関係，そして，企業と外部との関係が規定されることになるので重要な決定を意味するものである。現在ドイツの法律秩序においてはいろいろな法形態をとることが可能であり，それらの中間形態をとることも可能となっている。すなわち，企業を設立するとき出来るだけ有利な形態を選ぶことが必要となる。抵当銀行，特定の保険会社，船舶抵当証券銀行，資本投資会社，住宅企業等の場合は選択権が制限され，保険相互会社と協同組合はそれぞれの特定の法律の条件によってのみ許されるが，大多数の企業において法形態の選択は自由になされる。一般的に法形態の選択が可能である場合も次の法律にはしたがわねばならない。会社法と呼ばれる一つのまとまった法典はないが，民法，商法，株式会社法，有限会社法，協同組合法，共同決定法，企業形態変更法などの規定が適用されるわけである。税法はさらに意思決定の領域に制限を加える大きな要因になる。この他，企業自体がもっている事情から法形態の選択が出来ない場合もある。たとえば，資本金が10万マルク以下のときには株式会社の選択は出来ないし，複数の社員のいる企業は個人企業となることはできない。

　法形態の決定に関する事項として不確実性の問題はとくに重要である。すなわち，経済法や税法が変更されたり社員の離脱があった場合は経営における意思決定は大きく影響されるからである。経済関係の法律と税法は特に変更が多

いものである。近年においては1994年の小株式会社法と規制緩和による株式法（Aktien Gesetz）の改正，1998年の株式分割法，そして，企業領域統制・透明法（konTraG）などの導入がなされている。税法の関係では1997年から資産税（Vermogenst.）課税が廃止されている。法人税と所得税もそれぞれ1999年以降の法律で変更されている。

さて，すべての法律形態は複数のメルクマールによって特徴づけられるとすれば，意思決定者がどの法形態を選ぶかは，彼がどのメルクマールを特に強調するかに関わってくる。法形態を選択することの彼の目的はそれらのメルクマールへの要請として具体的に示されることになる。法形態を選ぶ基準として次の八つの事項を挙げることが出来よう[8]。

(1) 保証責任（Z_1）

保証責任は法律の規定によって定められるものである。出資をする持分権者ないしは社員が自分の全財産をもって企業の責任の保証に応じなければならないとすれば，これが無限責任と呼ばれる。持分権者または社員が，提供した資本の損失のみを限度としてこれを保証するとき，有限責任と呼ばれる。自己資本の提供者は保証責任を少なくしてリスクを小さくしたいであろう。しかし，他人資本提供者のリスクはこれと丁度反対の関係にある。

(2) 資本調達の可能性（Z_2）

資本調達可能性の基準とは各法律形態に特有の資本調達の可能性のことであって，法律形態によってどのような資本調達の装備が必要か，そしてどのように資本調達が可能かの規定は異なっている。したがって，これらの規定が企業の信用性にも他人資本の調達にも影響する。

(3) 経営権（Z_3）

人的会社と資本会社とでは経営権は異なった規定がなされている。人的会社では企業の経営をするのは無限責任をもつ者である。これに対して，資本会社では特定の機関があり，株式会社では監査役と株主総会，有限会社では社員総会が業務執行の監督統制機構となっている。共同決定法の適用されるところではさらに労働者も参加権を持っている。

(4) 経営成果への参加 (Z_4)

利益と損失の配分はなかんずく保証責任と自己資本の持ち分に依存するものである。これらの事柄に関してはほとんどの会社で独自の規則を持ち，会社の契約に規定されている。たとえば，株式会社の会計規則においては配当制限に関する若干の規定とともに最低配当限度に関する規定も含まれている。これらの規定の内容は自己資本と他人資本調達にも関係してくるわけである。社員によってそれぞれ自分の望む目的が異なり，一般に多数派はより大きな許容範囲を，少数派はより厳しい規定を好むといえよう。

(5) 会計報告と開示 (Z_5)

会計監査の基準を厳しくし，開示を徹底させることは，債権者，自己資本提供者，一般投資家にとっての情報を豊かにすることにつながるが，それに関する費用が増え，また，自分にとって不利な情報を競争相手に与えることになる。開示法の規定は法律形態だけでなく，企業の規模によっても異なっている。売上，資産総額，従業員数などが一定限度を越えると，法律形態として今まで開示する必要のなかった企業が開示義務を負うようになる。ここでも大株主は目的としてより大きな許容範囲を望むが，小株主はより厳しい規定を好むであろう。

(6) 税負担 (Z_6)

税負担は一般に企業の利益を大きく減少せしめるものであって，法律形態によって非常に異なるのでこの基準は法律形態の選択に大きく影響する。税負担を最小にしようという社員の目的は大抵共通するものである。

(7) 法形態に依存する費用 (Z_7)

法形態に依存する費用の差異は，まず会計報告，会計監査，開示に関する規定から生ずる。さらに，設立費用，そして，組織運営上不可欠な費用として監査役への報酬，株主総会の実施，社員総会の実施などにも差異がある。

(8) 企業継続性 (Z_8)

人的会社においてはとくに社員個人の性格が大きな影響要因であって，遺産の相続や社員の交替は資本会社以上に問題となる。この目的に関しては意思決

定者はなるべく問題の少ない規定を望むであろう。

　法形態のそれぞれがこれら八つの基準に照らしてどのような特徴を持っているかを調べておくことは有意義なことであるが，ここではその種類を挙げるのみに止めよう。ドイツの私法において認められた法形態として次の6つがある[9]：

1）個人企業
2）人的会社
　　　a）民法会社　b）パートナーシャフト　c）合名会社（OHG）　d）合資会社（KG）　e）匿名会社
3）資本会社
　　　a）株式会社（AG）　b）株式合資会社（KGaA）　c）有限会社（GmbH）　d）鉱業法組合
4）混合形態
　　　a）有限合資会社（GmbH＆Co.KG）　b）二重会社
5）協同組合
6）私法上の財団法人

　さて，法形態の選択に際し，これらの目的基準は同じ重要性をもって考慮されるのではなく異なった比重が置かれる。もしも，一つの目的が絶対的に必要なら，まずその目的だけによって選択をしておく必要がある。たとえば，有限責任の目的が絶対的に必要なら，個人企業や合名会社は最初から考慮外に置かれる。そうでない場合には，これら八つの目的をどのように組み合わせるかを決めたのちはじめて最適の法律形態が選ばれるわけである。法形態を選択する場合複数の意思決定者がいて，それぞれが異なった目的に関する価値基準を持っているのである。

Ⅳ　効用価値分析による法形態の選択

　効用価値分析は意思決定者が多次元の目的を持ち，複数の代替案のうちの一

つを選ぶときに用いられる方法である。特に，目的とする結果が貨幣単位で示されないとか，複数の意思決定の当事者がいる場合，目的収益を効用の値によって置き換えその大きさによって判断するものである。企業を設立する場合どのような法形態を選ぶかは意思決定者が複数の目的を持っているため，それらの目的に対してどのような選好をもつかを決め，それによって効用の価値を計算せねばならない。以下において例を用いてこの方法を説明しておこう。

　ここに株式会社形態の自動車会社が子会社をつくることを考えているとしよう。必要不可欠な条件として，有限責任であること，そして，販売会社の有限会社に100パーセント資本参加することが目的とされる。既存の法秩序のうちで意思決定の対象として残るのは次の三つである：

　　── 有限会社の形態を継続する（a_1）
　　── 有限会社を株式会社に形態変更する（a_2）
　　── 有限会社を清算し，従属的事業所として株式会社に統合する（a_3）

これらにより意思決定領域が決定されると，次に目的変数（Z）が選ばれる。目的変数としては前節で述べた八つのメルクマールのうちのいくつかが選ばれる。そして，代替案のそれぞれについて，目的収益（e_j, Zielerträge）が求められるのである。ここに目的として資金調達の可能性（Z_1）と法律形態によって異なる設立時に必要な費用（Z_2）の二つを取り上げよう。マトリックスにおいて結果としての目的収益は言葉によっても数値によっても表現され得る。しかし，最適の代替案を決めるためには意思決定者の選好システムによる評価が行われなければならない。括弧のなかの数値はこのような主観的な選択システムによる評価を示すものである。ここに二段階の評価が行われる。

	Z_1	Z_2
	0.8	0.2
a_1	e_{11}＝まずよい　（6）	e_{12}＝　20,000　（8）
a_2	e_{21}＝よい　　　（8）	e_{22}＝100,000　（0）
a_3	e_{31}＝非常によい（10）	e_{32}＝　75,000　（2.5）

1）目的変数Z_jに関する目的収益e_jを目的価値n_jによって表現する。

e_2は0から10までの基数（kardinal）の尺度に置き換えられる。設立費用の最も大きいものが0とされる。

$$n_{12}=8, \quad n_{22}=0, \quad n_{32}=2.5$$

基数の他，序数（ordinal）や名目的（nominal）な尺度（Skala）を用いることも可能である。e_1は序数の尺度に置き換えられる。

$$n_{11}=6, \quad n_{21}=8, \quad n_{31}=10$$

2）目的比重g_jを決める。gはここでは0.8と0.2とする。

それぞれ異なった目的価値を持つ目的変数Z_jから代替案a_iに関する効用価値N_iが求められる。

$N_i = \sum_j n_{ij} \times g_j$　　$a_1：0.8\times6+0.2\times8=6.4$
　　　　　　　　$a_2：0.8\times8+0.2\times0=6.4$
　　　　　　　　$a_3：0.8\times10+0.2\times2.5=8.5$

すなわち，効用価値8.5がもっとも大きく代替案a_3が選ばれる。

以上の方法においてみられるように，代替案のそれぞれが複数の目的に関してどのような順序でえらばれるかは，目的の内容が質的であって数値で表されないとすれば，意思決定者の選好を効用の大小関係によって示さねばならない。この大小関係を示す数値においても，また，どの目的を重視するかの重みづけにおいても，意思決定者の自由裁量的な判断はかなり大きくなるのが欠点といえよう。しかし，これに対する利点をあげるなら，意思決定の内容が体系化され，意思決定の順序や価値判断が比較的明確に示されることであろう。したがって，第三者にとっても理解されやすく，修正されることも容易にでき得る。

効用価値分析はこのような利点を持つため，近年特に研究開発の分野においても利用され，経済・行政の方面でも広くその応用が研究されるに至っている[10]。

V 結

　ドイツの中小企業の多くは株式会社以外の法形態を用いていて，その種類はわが国の法形態の種類よりも多く複雑である。人的会社も資本会社も日本より種類が多くこれらの中間に属する形態も存在する。企業を設立するときには従ってどの法形態にするかの選択は重要な意思決定の問題となる。本章ではまず一般的な経営学での意思決定論の基礎的な概念を述べた後，法形態の選択において利用されうる効用価値分析の方法を検討した。その要点をまとめるとつぎのようになる。

　　― 目的基準の選択
　　― 目的基準の比重の決定
　　― それぞれの目的基準に対する各選択肢の部分効用の決定
　　― 各選択肢の効用の合計

　各選択肢を実施した場合にその結果が具体的な基数としての数値で予測されない場合に序数，あるいはこれに代わる順位づけの数値が主観的に適用される。そして，取り上げられた目的が全体の中でそれぞれどれだけ重要かを示す比重も意思決定者の主観で決められる。したがって，この方法は意思決定者の主観的判断に大きく左右される可能性が残るものである。しかし，投資決定の問題において意思決定者の効用を考慮する必要性は排除されるものではなく，その効用をどのように考慮するかが大切である。効用価値分析においては目的基準の比重と各選択肢のもつ部分効用が明確に表示されるため，意思決定の参加者が相互にこれらの数値を検証し批判することが容易に可能である。

　さらに考察すると効用価値分析で最終的に比較される数値は次元のない，現実の世界を超越した数値になっている。すなわち，一つは経験的に観察あるいは測定によって得た客体の数値であるのに対し，他方では応用の仕方を一定の論理構成で規定して大小関係を示した数値であり，いわば観察言語と理論言語が混ざったものである[11]。観察された結果の情報が主観的評価の結果を加え

ることにより情報力が弱くなったことを意味している。他方，意思決定者は当然その行動の目的を強調する必要があり，これを数値化して考察の対象にすることを望むものである。このような点から，効用価値分析は意思決定者が複数の目的を持っていて代替案を選択しても結果が必ずしも貨幣価値で測定出来ない場合，すなわち，企業を設立するときの法形態や経営立地の選択，あるいは承継者の父代で法形態を変更するような経営の基盤に関わる意思決定に応用されるものである。

1) Heinen, E., Das Zielsystem der Unternehmung, Grundlagen betriebswirtschaftlicher Entscheidungen, Wiesbaden 1966.
2) Heinen, E., Einführung in die Betriebswirtschaftslehre, 7. Aufl., Wiesbaden 1980, S.98 -100.
3) Kupsch, P., Unternehmungsziele, Stuttgart/New York 1979, S. 26ff.
4) Bamberg, G./Coenenberg, A. G., Betriebswirtschaftliche Entscheidungslehre, 3. Aufl., München 1981,S.27.
5) Schweitzer, M., Einführung in die Industriebetriebslehre, Berlin/New York 1973, S. 22f.
6) Schneider, D., Investition, Finanzierung und Besteaerung, 7. Aufl., Wiesbaden 1992, S. 427f.
7) Bea/Dichtl/Schweitzer, Allgemeine Betriebswirtschaftslehre, Bd. 1 : Grundfragen, 8. Aufl., Stuttgart 2000, S. 346f. F. X. ベア，E. ディヒテル，M. シュヴァイツァー，小林哲夫，森昭夫編著『一般経営経済学第1巻基本問題』森山書店，2000年，144-159頁。
8) Bea/Dichtl/Schweitzer, a. a. O., S. 350f.
9) Bea/Dichtl/Schweitzer, a. a. O., S. 356f.
10) Zangenmeister, C., Nutzwertanalyse in der Systemtechnik, München 1976, S. 318f.
11) Bechmann, A, Nutzwertanalyse, in : Handbuch der Wirtschaftswissenschaften, Willi Albers, u. a. (Hrsg.), Stuttgart 1988, Bd. 9, S. 807.

第6章　中小企業と企業価値評価

I　序

　グローバル化の波とともに国際市場間の取引は増大し，技術と経済の急速な発展の中において企業は一層激しい競争に直面している。国際的にも国内においても企業の統合や再編が頻繁に行われる今日，企業全体を評価する必要性は今まで以上に激増したとも云えよう。こうした情況はEU統合が進み，また，旧東ドイツにおいての新企業の助成策に力点がおかれるドイツにおいてより顕著であり，その背景には中小企業の承継問題も大きく影響していると考えられる。そして，国際会計基準の一般化とともに市場価値を志向した管理概念が学界にも風靡し，1990年代においては特に株主価値やDCF法に関する議論が激増していることも見逃せない。

　ここに云う企業評価とは企業全体の価値を求めることであり，その必要性は企業の売買に際しての価格を決める場合や，相互に対立する主張を調停する場合において生ずる。企業の日常的な活動には直接的に関係しないが企業の存命に関わる問題であり，長期の戦略的観点からも重要となる問題である。経営経済学として独特の伝統を持つドイツでは企業評価論においても英米系のそれとは異なった特徴を持つと考えられるが，それはどのような点にあるのだろう。本章ではドイツの企業評価論はどのように展開し，どのような方法が用いられているのか，中小企業では企業評価に関してどのような点が特に注意されるか

について検討する。まず，IIにおいて，企業評価論の展開を跡付け，IIIにおいて評価目的との関係を検討し，IVにおいては企業評価法の分類を行い，Vにおいては実務においてどの方法が使用されているかの実態調査について調べ，VIにおいて中小企業の評価に関連して特殊な問題点を検討する。

II　企業評価論の展開

企業評価はドイツの経営経済学において古くして新しい，あるいは，議論の絶えない問題領域であるといよう[1]。ドイツにおいての企業評価論の問題を理解するためには，かつて企業価値を客観的に捉えるべきか主観的に捉えるべきかについての論争があり，これにに続いて機能論的見解が出現して現在に至っていることを知ることが大切である。その概観を掴むためにはこれらの理論の発展を三つの局面に分けて考察することが簡便である[2]。

　　第1局面　　客観的企業評価論：1950年代には一般的に支持されるが，
　　　　　　　　　　　　60・70年代以降は縮小する。
　　第2局面　　主観的企業評価論：1950年代末から60・70年に広まり，
　　　　　　　　　　　　70年代にはだんだん縮小する。
　　第3局面　　機能的企業評価論：1970年代に生成し今日に至っている。

1　客観的企業評価論 (Objektive Untenehmensbewertung)

第1局面の客観的企業評価は，すべての人に通用する客観的な企業価値が存在するというものである。この企業価値には，すべての人にとっての企業の収益の可能性が含まれているものであるから，潜在的な売買当事者の思惑，能力，あるいは関係といったものは考慮されていない。評価されるべき企業自体に存在する事実が考慮されねばならない。ここにはしたがって企業においての平均的能力を持つ管理者が想定される。客観的企業価値は，評価主体の持つ特徴，利害，あるいは他の要因などからは全く独立の，通常の状況において達成し得る価格を表現するものとされる。

客観的企業評価の枠組みにおいては主に過去ないしは現在の状況が志向されるが，未来において期待される展開は考慮されない。この静態的考察のために企業の実体価値が重要な意味を持つことになる。

　1950年代末頃から客観的企業評価論は次第に多くの批判を受けることになるが，その一つは客観的企業価値の使用可能性，もう一つはその算定可能性についてである。客観的企業価値は当事者の持つ特別の状況や利害を抽象しているのであるから，取引のために何ら役立たないことが特に批判される訳である。さらに厳しい批判としては，価値概念は基本的に主観的なものであるから，客観的企業価値を計算することは出来ないというものである。企業価値は決定的に主観的期待とリスク性向に依存するのであるから，普遍的な価値を企業に組込むことは不可能という批判である。これらの異議と批判のため客観的企業評価の概念は急速にその根拠を失い，主観的企業評価論へと傾斜して行くが，実務界はこの客観的企業評価から全く離反したとはいえない。

2　主観的企業評価論（Subjektive Unternehmensbewertung）

　主観的企業評価論によると，企業価値は企業それ自体の普遍的価値ではなく，具体的な買い手または売り手，すなわち，特定の評価主体にとっての企業の価値である。この概念の核心は，主観的な企業価値というものは取引当事者の譲歩許容度の限界,すなわち,潜在的買い手にとっての最大の支払価格，または，潜在的な売り手にとっての最低限の達成価格を示すというものである。企業価値はしたがって主観によるものであって，これは当の評価主体が持つすべての意思決定領域に依存する。なかんずく，当事者がどのような代替的な資本運用の機会を持っているかに関わっている。ここに算出された企業の「価値」は，取引の結果としてその企業に支払われる「価格」とは厳密に区別されねばならない[3]。主観的な企業価値は当事者の内的な意思決定根拠を示すものであり，実際に合意された価格は取引の結果である。

　主観的企業評価は，評価主体が持つ主観的期待と判断とが結びついたものであるため，過去ではなく企業評価の未来関連性が重要性を増してくる。これは

資産や負債の個別評価を基礎とする実体価値法（Substanzwertverfahren）から離れ，全体評価，未来関連性，主観性などの評価原則を基礎とする収益価値法（Ertragswertverfahren）を利用することを意味する。主観的企業価値は未来の企業収益の価値から生ずる企業の収益価値である。この企業の未来収益は投資理論によって説明される支払流列（Zahlungsströme）として測定される。評価時点においての収益価値は，最善の代替的な資本運用機会から導かれる計算利子率によって割引いた現在価値として求められる。

　主観的企業評価はしかし，その一方的な考察のため企業評価のすべての多様な役割を果たすものではないという批判が行われる。これは評価対象に関して全く異なった評価と判断をする利害関係者との相克を仲裁せねばならない実務の重要なケースに際して役立たないことを意味する。こうした場合の評価は，一方の当事者の利害だけを考慮するのではなく，関連する当事者間の利害を公平に調整するか，少なくともこれを容易にせしめるもであるべきであろう。

3　機能的企業評価論 （Funktionale Unternehmensbewertung）

　客観的企業評価論と主観的企業評価論との相克は70年代において，いわゆる「ケルン学派」によって展開させられた機能論（Funktionenlehre）によって克服されたと云われる。機能的企業評価論の展開はなかんずくブッセフォンコルベ（Busse von Colbe）[4]，エンゲルス（Engels）[5]，イェンシュ（Jaensch）[6]，ミュンスターマン（Münstermann）[7]，ジーベン（Sieben）[8]，マチュケ（Matschke）[9] に由来し，モックスター（Moxter）[10] の著『正規の企業評価の原則』の基礎を構成している。

　機能的企業評価論は主観的企業評価論と同じく，客観的かつ一般的で，全ての人に適用される企業価値の存在を否定する。機能的企業評価論によると，企業評価は現実において多数の目的に仕えるものであり，これらの異なった評価目的が評価の構想，方法技術，したがってまた評価結果にも大きな影響をもたらす，とされる（企業評価の目的依存性と表現される）。したがって，すべての企業評価の前に評価の目的を厳密に設定すべきである。異なった評価目的はふ

つう異なった企業価値の計算をもたらすものであり，相続税の課税基礎の算定の目的のための評価は，例えば，潜在的な買い手の意思決定根拠をつくる目的の評価とは全く違った観点に置かれる。

　機能的企業評価論は，企業評価の「機能」がそれぞれ割り当てられてた複数の典型的な企業評価の目的設定を前提としている。すなわち，何のために企業評価が行われるかという役割と解される。一般に主要機能と副次機能が区別される。企業評価の主要機能は助言機能（Beratungsfunktion）と仲裁機能（Vermittlungsfunktion）であり，部分的に論証機能（Argumentationsfunktion）が加えられる。助言機能は英語のコンサルタントの働きに相当し，企業の売買をするときの限界となる価格を相談ないしは諮問するという意味を含んでいる。仲裁機能は要するに相反する二者の言い分を調停する役である。論証機能はより積極的に根拠を示して主張する，ないしは確信を与えるというニュアンスを持っている。これに対して，租税算定機能あるいは情報伝達機能はより副次的な機能と理解される。

　この際，客観的企業評価の要素は副次的機能の領域と，なかんずく論証機能において重要となる。これらの客観的評価の要素は租税算定機能に適用される量的評価方法において示される。これに対して，企業評価の助言機能および仲裁機能は経営経済学の観点からすると主観的な企業評価の概念の特徴を持つものといえよう。この主観的企業評価は仲裁機能の領域においては特に法律関係の文献において批判されているものである。こうした場合には，後述するよう，ドイツ経済監査士協会（Institut der Wirtschaftsprüfer=IdW)[11]による「客観化された」企業評価という概念が強く要求されている。

III　企業価値の目的依存性（Zweckabhängigkeit）

1　評価の動機（Bewertungsanlässe）

　企業評価の概念が目的に依存することは，今日のドイツの評価論において一般的に了解されていると考えられるが，この評価目的はさらにそれぞれの場合

の具体的な評価の動機（Anlass）と結ばれている。これらの動機はやはり多種多様であり，明確に分類することは容易とは言えない。ここでは比較的に理解のし易いヴェーエによる分類[12]を示しておこう。

ヴェーエによると企業評価の動機は所有権の移転を伴うものと所有権の移転を伴わないものに区別されている：

所有権を伴うもの
— 購入・売却
— 合併
— 遺産分割
— 公用徴収
— 人的会社社員の参入ないしは退出

所有権を伴わないもの
— 企業更正
— 信用調査
— 租税評価

所有権移転の際には特に新所有者がどの価格を支払うべきか，ないしは，旧所有者はどの価格を付けるべきかという問題が生ずる。所有権移転のない場合は別であって，たとえば，会社更正の場合には社員は更なる保証資本を導入して会社を破産から救うべきか否かを決めねばならない。そのためには社員は現在の企業の価値を知らねばならない。これはその会社の取引銀行にとっても同じであり，すでに多額のの債務を抱える企業に更なる信用を供与すべきか否かの問題となる。そして，租税当局にとっては，もしも上場されていない資本会社の持分が資産税目的のために評価されるとすれば，その企業の全体価値は大きな関心を持つこととなるであろう。

2　評価の目的

このように企業評価の目的は評価動機の多様性とも密接に関連するものであって，客観的企業評価論のように，価値算定の目的は「真実の客観的な企業価

値」の決定をすることであるという見解は適切でないことが分かる。また，一人の評価主体の意思決定根拠による算定を志向する「主観主義者」の見解も適当とは言えないことになる。

　機能的企業評価論においてはしたがって，現実に生じる評価動機の全体から，実際に意味のある企業評価の目的設定が導き出される。それぞれの目的設定にとって一つの企業評価の「機能」が割り当てられる。これは以下の表1によって示される[13]。

図表1　機能的評価論の機能と目的

機能的企業評価	
評価の機能	評価目的
助言機能	意思決定価値（限界価格）の算定
仲裁機能（仲介機能）	仲裁価値の算定
論証機能	論評価値の算定
会計機能（情報伝達機能）	帳簿価値ないし会計価値の算定
租税算定機能	課税標準の算定

　機能的企業評価の概念によると，企業評価の機能とそれに帰属する評価目的は一体化されるべきものである。企業評価の過程，なかでも適切な評価方法の選択はしたがって具体的な評価目的を志向する。目的に整合的な企業価値の算定は評価目的が明確に設定されてはじめて確定される。専門鑑定士にとってはしたがって，評価の目的を明確にすることは必要欠くべからざるものとされる。

3　決定価値の算定

　機能論によると，決定価値（Entscheidungswert）を算定する目的を持った企業評価が助言機能に帰属させられている[14]。評価はここに，潜在的な買い手または売り手にとって関連のある「譲歩可能性の限界」についての情報を示すものとなる。ここに算定された企業価値は，潜在的買い手にとっては上限価格であり，潜在的売り手にとっては下限価格を示すものとなる。買い手にとって

は，上限価格以下の価格で企業を買うことが有利であり，上限価格はこれ以上は払えないという限界の価格である。売り手にとっては，最低限これだけは欲しいという下限価格を決めることが必要であり，それ以上で企業を売れば有利になるという価格が下限価格である。下限価格よりも低い価格で売却することは売り手にとって損になることを意味している。

　この意味で算定される企業価値はしたがって「限界価格，ないしは，決定価値」として理解される。これは企業が実際に売ったり買ったりされる価格ではなく，当事者が譲歩できるぎりぎりの限界を示すものである。決定価値に丁度等しい価格での取引はその当事者にとって何ら経済状態を変化させるものではなく，何ら有利にもならず，また不利にもならない。この限界価格ないしは決定価値と，実際の取引によって実現化される購買価格とは厳密に区別されねばならない。上述のように価値と価格は別のものである。売り手は決定価値よりも大きな価格が有利であり，買い手は決定価値よりも小さい価格が有利になるから，相互にやりとりして取引の結果として価格が決められるのである。実現される購入価格は決定価値とは別のものであり，決定価値算定の対象となるものではない。取引の当事者はしかし，実際の売買価格を確定するためにそれぞれの個別の決定価値を知らねばならない。

　決定価値算定の応用範囲は典型的な売買状況に限られるものとはいえない。例えば合併,分社,出資の過程において評価の目的が当事者の意思決定根拠の算定にあるように，すべての考えられる取引に関連する評価の動機が関わっている。評価の動機を割り当てる重要なメルクマールはここに，主観的な当事者の譲歩可能性の限界を決める目的設定にある。評価はしたがって，他人に知られてはならない評価者自身の心中の意思決定の基礎となる。このような評価はそれが外部監査人ないしは助言者，あるいは当事者自身によって行われるか否かに関係なく決定価値算定となる。助言者は前提ではないわけである。

　典型的な売買の状況においてそれぞれの当事者が自分の内心の決定価値を算定し，かつ合理的に行動するとすれば，取引は買い手の決定価値が売り手の決定価値よりも上にあるとき，すなわち妥協領域にあるときにのみ成立する。そ

のような売り手と買い手の決定価値が相互に相違する原因は非常に多様なものであって、例えば企業の未来状況に対する推測は人によって大きく異なるものである。

4　その他の評価目的

助言機能に続いて機能的企業評価において，仲裁機能，論証機能，会計機能，租税算定機能が挙げられるが，これらについてはごく簡単に説明しておこう。

評価される企業についての利害が当事者の間で異なるとき，これを仲裁ないしは調停して取引の条件を合意に導く目的が仲裁目的である。仲裁のための価格を決めるためには当事者の間で公平で妥当な利害調整を導くことが大切になる。

論証機能においては，特定の当事者が企業の売買や裁判での抗争に関しての取引にとって適切な論拠を提供することが目的とされる。ある一定の取引結果を最も達成し易くするための企業価値が求められる。

会計機能においては，例えば商事法の規範による評価法を基礎として企業の収益力に関する情報を得ることが企業評価の目的とされる。ここでは評価基礎に関して一般に受け入れられた慣習を前提に価値算定が行われることが特徴となる。

租税算定機能においては，評価方法の慣習化に対してより強い強制が行われる。企業評価はここにおいて収益税，実体税，または流通税などの課税標準を算定するために用いられる。慣習化ないしは客観化は法確定性と租税公平性のために必要となる。客観化とはここに，評価者の裁量を制限すること，ないしは，全く除外することである。これは，評価に関してどの数量を関連させるべきか，どのような順序で個々の計算がなされるべきかについて詳しい基準と指針が与えられることによって行われる。このような，ある決められた評価形式によって行われる「基準化」された評価は,例えば，非上場資本会社の持分の評価に関するシュツットガルト法[15]のような租税上の評価法，あるいは，評

価法の規定による経営資産の統一価額の算定である。

Ⅳ　企業評価法の分類

　企業評価の方法は近年ますます増加し多様化している。これは一つには実務界の要請が大きく変化したこともあるが，他方，学問上の認識進歩が評価概念と評価理論の進展に寄与したことも重要である[16]。機能的企業評価論によって，確実な評価方法はそれぞれの評価の目的に依存しているので，異なった評価の目的は異なった方法を必要とすることが明らかとされた。複雑な計算を可能にする技術の進歩も少なからぬ影響を与えている。こうした多種多彩な評価方法の個別の問題点はさておき，ここでは主だった評価方法の分類をして概観を掴むことに努めよう。

　企業の評価をする場合，まず全体の価値を捉えるか，個別の部分からはじめるかによって分けることが出来る。総合評価法では，企業を評価の単位とみるものであって，企業価値は企業から未来に得られると期待される収益全体によって規定される。これに対して個別評価法では，企業価値は資産や債務などの個別の企業構成部分の価値の合計として計算される。この個別の企業の構成部分も企業がその計算時点以降も継続するか，あるいはその時点で清算されるかによって，再生産価値による実体評価と清算価値による実体評価に区別される。個別評価法では個別の部分が先に計算されて合計されるが，総合評価法では個別の部分価値ははじめから分離して企業全体を対象とするものである。これら二つの方法を基本とすると次のような分類がなされる。

　　1）総合評価法（Gesamtbewertungsverfahren）
　　　ⅰ）収益価値法（Ertragswertverfahren）
　　　ⅱ）DCF法（DCF-Verfahren）
　　　ⅲ）比較法（Vergleichsverfahren）
　　2）個別評価法（Einzelbewertungsverfahren）
　　　ⅰ）再生産価値による実体価値法（Substanzwertverfahren mit

Reproduktionswerten)
　　ⅱ）清算価値による実体価値法（Substanzwertverfahren mit Liqui-
　　　dationswerten)
　3）混合法（Mischwertverfahren）

　個別評価法と総合評価法は全く異なった概念を基本とするため，相互に差異の大きい結果を示すのがふつうである。個別評価法では個別の企業部分の結合による相互作用の効果が考慮されない。このような結合効果は個別評価の結果に比べてより大きい場合とより小さい場合とがある。このような増分価値にとって明らかな要素がのれん（暖簾，Firmenwert,goodwill）と呼ばれるわけである。これら両方の違いを折衷するために両方を同時に用いる混合法が考えられる。以下において主に総合評価法についての要点のみを概説する。

　総合評価法には収益価値法，DCF法，比較法があり，それぞれ企業を全体として考察し，収益価値法とDCF法は期待される未来の収益から企業価値が導かれる点において共通している[17]。まず収益価値法では，企業価値は未来において企業から期待される「収益」を割引くことによって得られる。企業価値は企業の未来収益の現在価値として計算される。割引きに使われる利子率は計算利子率（Kalkulationszinssatz）ないしは資本化率（Kapitalisierungszinssatz）と呼ばれ，代替的資本投資のうち最善のものが選ばれる。簡略化して企業の未来の収益Eが毎期等しく永久に続くとし，計算利子率をiした場合，企業価値Uは次の式で求められる：

$$U = \frac{E}{i}$$

1）収益価値法
　企業から期待される未来の収益は，その企業が潜在的な，すなわち，あるいは実現するかもしれない，所有者にもたらすであろう効用（Nutzen）として理解される。理論的には財務的要因の他に，名声，権力，自立性，情緒的貢献などの非財務的要因を考慮することが出来るが一般に簡略化のため評価計算には

財務的要因ないしは貨幣的要因のみが考察される。すなわち,出資した企業から獲得される資金の流れを計算する方法がとられる。

財務的な企業収益はどのように測定されるかについては異なった見解があり,このために参考文献や実務においても収益価値法としての内容が異なるものが多くみられる。

理論的に正しい収益概念としては潜在的な所有者においての純額キャッシュフロー(Netto Cash Flow)が考えられる。これは投資理論においても実務においても近年最も信認されているものと言えよう。収益の概念として,この他簡略化の程度によって次のような概念が区別されている。

— 所有者においての純額キャッシュフロー(Netto-Cash flow)
— 企業からの純額払い出し(Netto-Ausschüttungen)
— 企業の支払余剰(Einzahlungsüberschuss)
— 企業の純収入(Netto-Einnahmen)
— 企業の期間収益(Periodenerfolge)

純額キャッシュフローは,企業を売却または購入した場合に,その潜在的所有者において期待されるすべての資金流入と資金流出の差額である。純額払い出しの概念には,企業と所有者の間の支払が考慮され,ここに所有者の個人的税支払を関連させることがある。純額キャッシュフローと純額払い出しは,未来の払い出しに関する具体的な予測が必要とされるが,純支払余剰ではこれを必要としない。ここでは,期間毎の純支払余剰が全て所有者に払い出されると仮定される。個人的税支払は考慮されない。支払余剰は予測される利益に減価償却や引当金の増減や運転資産の増減などを差し引きし,投資活動からのキャッシュフローや債務額の変化分を増減せしめる方法で計算される。純収入はこれと同様の計算がなされるが,ある種の財務計画が用いられる。期間収益は未来の収益と費用計算から導かれる利益または損失に相当するものである。これはキャッシュフローの概念を離脱するものであるが,費用収益が支払の流れに等しいという簡略化の仮定をするものと考えることもできる。

上の五つの収益価値法で用いられる収益の概念は,それぞれ異なった予測費

用の度合いと異なった評価計算の複雑性を意味しているのであって，その複雑性の程度は純額キャッシュフローにおいて最も高く，上から順に下に行く程低くなり，期間収益において最も低くなっている。評価の仕方を簡略化するほど，言明力の弱い不適切な評価となるものと云えよう。

2 DCF法

DCF法においては企業価値は未来のキャッシュフローを割引くことによって計算される。収益価値法と違ってDCF法では割引きの率として資本市場理論モデル（Capital Asset Pricing Modell）による利子率が用いられる。この企業評価の結果として，総資本の市場価値，ないしは，株主価値（shareholder value）と呼ばれる自己資本の市場価値が求められる。

DCF法では一般に企業から所有者へのキャッシュフローの計算を基本とし，全額払い出しを前提としている。ここに考察されるキャッシュフローと割引率の定義の仕方によって，

— 総額法ないしは，企業体アプローチ（Entity-Approach）
— 純額法ないしは，株主資本アプローチ（Equity-Approach）
— 修正現在価値法（Adjusted Present Value-Verfahren）

に区別される。

総額法は基本的に企業の自己資本および他人資本の提供者に渡される支払余剰の合計が計算される。フリー・キャッシュフロー（Free Cash Fow=FCF）を基礎とする企業体アプローチが最も一般的な総額法といえよう。FCFはまず利子税金差引き前の利益（EBIT）から税金を引き，減価償却を加えてグロスのキャッシュフローを求め，さらに，運転資本，資本支出，その他資産の増減を加除することによって求められる。企業の支払余剰の計算と違って,他人資本利子および債務の増減はFCFの額には影響していない。他人資本利子の非課税分は最初の計算では控除されず，割引率によって考慮される。FCFは自己資本と他人資本の提供者両方に供されるものであるから，両者の加重平均資本コスト（weighted average cost of capital=WACC）が用いられる。WACC

によって割引かれたFCFの現在価値の合計は総資本の市場価値であるから，これから利子払いのある他人資本の市場価値を差引くことによって自己資本の市場価値，すなわち，株主価値が求められる。

　純額法において割引かれるキャッシュフローは企業が稼得した支払余剰に相当するものであって，自己資本提供者のみに渡される株主への資金流（Flows to Equity＝FTE）である。企業の支払余剰を基礎とする収益価値法はしたがって，この純額法と等しくなる。FCFと異なって，FTEの予測においては他人資本利子と他人資本残高の変化が考慮される。FTEは自己資本提供者のみのものであるから，要求される自己資本収益率によって割引かれる。

　修正現在価値法では，まず，資本調達全額が自己資本によってなされたと仮定して資本総額の市場価格が計算される。このために予測されたFCFは，全額自己資本の場合のキャッシュフローと考えられ，自己資本提供者の無債務の企業に対する要求収益率で割引かれる。このように債務のない企業の市場価値を計算し，他人資本の影響は，他人資本利子が非課税であることにより総資本の市場価値が上昇するという税効果（Tax Shield）によって考慮される。修正現在価値法では評価される資本構成の変化は割引率ではなく，租税効果にのみ影響を与えている。

3）比　較　法

　比較法は評価されるべき企業の価値を，比較され得る企業の株式市場の価格または実現された他の市場価格から求めるものである。業界独特の経験則による実際の市場価格が用いられるため「市場志向的」評価方法とも呼ばれる場合があるが，証券市場での市場価格とは区別する必要がある。アメリカでは企業売買の数が多く，評価に関連する多数のデータが集められやすいので比較法も多く実用されているようである。ここにおいても同じ産業の似た企業の売買事例を利用するcomparative company approachと，一定の産業分野の過去の経験則による倍数ないしは乗数を具体的な企業の数値に掛けるmarket multiplesと呼ばれる方法に区別されるが，いずれも理論的な評価方法とは云えないであろう。

V 企業評価法の使用状況

ドイツにおいてどのような企業評価法が実際に使用されているかについてペーメラー他は1993年にアンケート調査を行い以下のような結果を報告している[18]。アンケートの送られたのは経済監査士協会（Wirtschaftsprüfungsgesellschaften=WP），M&Aコンサルタント（=MA），投資銀行（Investmentbannken=IB），経営コンサルタント（Unternehmensberater=UB），投資会社（Beteiligungsunternehmen=BU），事業会社（Industrieunternehmen=IU），銀行（Banken=BA）等である。回収された59の回答より図表2のような評価法の使用状況がみられる。数値は最後の回答数の他はすべて％である。

図表2　評価方法の使用状況（％）

	WP	MA	UB	IB	BU	IU	BA	計
再生産価値	0	1	0	0	0	0	0	0
清算価値	8	1	2	1	0	0	1	2
実体価値法	3	3	8	3	1	4	3	4
収益価値法	80	72	15	1	45	42	40	39
結合法	0	6	1	0	0	1	0	1
DCF法	4	14	57	46	34	39	23	33
修正現価法	0	0	1	1	6	0	0	1
証券市場値	1	0	3	17	4	3	12	6
比較価格	2	3	7	24	6	3	10	8
売上高法	0	0	1	0	0	0	2	0
比較数値	2	0	5	7	4	8	5	5
合計	100	100	100	100	100	100	100	100
回答数	8	7	12	9	7	6	10	59

回答に示された使用評価法のうち，収益価値法とDCF法が圧倒的に多数となっている。しかし，個々の評価グループにより使用された方法にはかなりの差異が現われている。経済監査士においては収益価値法が最多であるのに対し，経営コンサルタントと投資銀行ではDCF法がより多くなっている。これ

らの結果は決してドイツの現状をそのまま示すものではないが，示唆に富むものであることが指摘されている。

ペーメラー他は1995年さらにドイツの税理士（Steuerberater）を対象に調査を行い，無作為抽出の1200の税理士にアンケートを出し433の回答から次の表のような結果を報告している[19]。ここには上記のアンケートのように調査された評価法とは別の回答が示されている。

図表3　税理士における評価法の使用状況

評価方法	相対頻度（％）
清算価値計算	4.52
個別の実体価値法	3.91
個別の収益価値	24.02
収益価値法と実体価値法の結合	34.51
DCF法	1.79
シュツットガルト法	21.98
比較法	9.27
	100.00

この結果によると税理士の場合には，収益価値と実体価値の結合法が最も多く用いられていることが分かる。シュツットガルト法は租税申告の目的で非上場会社の持分の資産価値を求めるための方法であるから，アンケートの回答にこの評価法を持ち出すこと自体疑問が残る。この方法においても実体価値と収益価値の結合計算が行われるものである。いずれにしろ，収益価値と実体価値の結合法が最も多く用いられることは税理士という仕事の性格上，財務諸表に習熟してこれを利用し易いという理由かとも思われるが，実体価値はそれ自体独自の価値を持つものではなく補助的な概念でしかないことを考えるとむしろ意外である。この調査を行ったペーメラー教授はもとより，研究者の理論的見解として収益価値法ないしはDCF法が企業評価法として妥当なものとされている。

収益価値と実体価値の結合法は実務家法（Praktikerverfahren）としても知られているが,収益価値と実体価値を2：1の割合で合計して3で割る方法であり，主に過去3年間の経営の実績を対象にしている。この方法はスイスにおいても[20] オーストリア[21] においても最も多く用いられていることが報じられている。いずれにしろ，結合法は理論的に十分論証されていない方法であり，これが中小の企業になるほど多く用いられていることは，中小企業のにとってより適切な評価をする理論的な方法の研究が一層望まれることを意味している。

VI 中小企業評価の特殊性

ドイツ中小企業の一般的な概念と特殊性については第1章[22] に譲るとして，企業評価の観点から特殊性を述べるとすれば，まず，企業の構造が柔軟であり，管理層における意思決定の経路が短いこと，そして，資金調達や研究開発においての困難性が大企業の管理と大きく異なることが挙げられよう。中小企業の資金調達はその所有者に依存する度合いが大きく，金融機関と資本市場を利用できる可能性は大企業より劣る場合が多いため，資金調達の拘束性が企業を売りに出す原因ともなっている。中小企業の所有者への依存性は大企業のそれよりも一般的により大である。資金供給者としての所有者への依存性の他，顧客，従業員，納入業者も少数である場合が多く，そこにおいての依存性も大企業の場合よりも大である。オーナー経営者が強い経営権を持つとすれば，会計報告もその影響下にあり，企業者賃金，副収入，フリンジ・ベネフィットなども多きに過ぎたり少なきに過ぎたりする可能性も考えられる。中小企業は大企業に比べて未来の不確実性も大きいとすれば，中小企業の暖簾（のれん goodwill）もより厳しく計算される。この為に高い資本化率が適用されると，さらに資金調達は不利になる。中小企業の評価にはこうした特殊性を考慮せねばならない。

ドイツの経済監査士（Wirtschaftsprüfer）は会計監査の仕事を主な役割としているが，助言機能と仲裁機能に関連して企業評価の仕事を委託されることも

多い。1983年ドイツ経済監査士協会の主幹専門委員会（Hauptfachausschuss=HFA）による「企業評価実施基本原則」に関する意見書HFA2/1983[23]が作成・公開され，企業評価の実務において指針とされる主要な考え方が示されている。この意見書が出される前の1980年にはヨーロッパ経済専門家委員会（Union Europeenne des Experts Comtables Economiques et Financiers=UEC）の「企業全体の評価における経済監査士の対処法」という勧告書[24]が出されている。両者とも内容は基本的に同様のものであるが，HFA2/1983の方が大部で詳細のものとなっている。いずれにせよこの意見書においては収益価値法が前提とされ，実体価値法は補助的役割として以外は認められていない。そこには，企業の価値は財務的目的のみを前提条件として収入余剰を獲得することを目的とし，未来の支出を越える収入の余剰の現在価値が理論的に正しい企業の価値であることなどについて詳細に説明されている。HFA2/1983は経済監査士の業務の実践においての基本的考え方を示すものとして重要な役割を果たしたと言えよう。この意見書はその後のいろいろな批判を踏まえて改正・拡充が続けられている[25]。

　この経済監査士協会においても中小企業の特殊性を考慮する必要性が認識され，1997年には主幹専門委員会の意見書HFA6/1997「中小企業評価の特殊性」が示されている[26]。ここには,中小企業評価の特殊性として，売上高・従業員数・資産額といった量的なメルクマールだけでなく，質的な基準を考慮することが重要であるとされ，大企業では企業所有者とは分離した経営が行われるのとは対称的に，中小企業では所有者のイニシャチブが大切であることが指摘されている。中小企業の特殊性としてさらに次の点が示されている：

　　― 制約された所有者グループ
　　― 証券市場を利用できないことによる資本調達可能性の制約
　　― 経営資産と私的財産領域との不分明性
　　― 独立したコントロール機関の欠如
　　― 組織階層の僅少性
　　― 分権化の僅少性

― 表現力のある会計制度の制約，特に年度決算監査の欠如
― 経営計画の欠如ないし非文書化
― 所有者家族の協動

　経済監査士協会主幹専門委員会の意見書HFA2/1983による「企業評価実施基本原則」は大企業にも中小企業にも適用されるものであるが，上記のような質的な特徴を考慮するとその適用のあり方，力点の置き方が多少異なってくることになる。すなわち，中小企業においては意思決定者の考え方を考慮に入れる主観的な決定価値というものが一層重要になる。中小企業の所有者が持つ経営とその収益に対する影響力によって中小企業の主観性が根拠づけられるわけである。しかし，このHFA6/1997においても，「客観化された企業価値が確定されるためには，所有者に関連する収益要因から離れて可能となる独立した大きさとして」[27]譲渡される収益力を計算することが要請されている。HFA2/1983と同じく，客観価値を求めるために所有者自身の持つ収益に与える要因を除外することを要請している。
　このような客観価値を求める点は経済監査士の行う二段がまえの企業評価法に対して大きく影響する問題であり，繰り返して批判がなされている[28]。すなわち，鑑定者はまず第一段階としては証明できるデータに基づき関係者に組することなく，「あるがままの（wie es steht und liegt）」企業の客観化された価値を算定すべきであるとされ，この客観価値に基づいて第二段階として売り手と買い手はそれぞれの主観によって取引価格の計算をする，というものである。このような「あるがままの」企業の客観価値というものは，いざ企業を手放そうかどうかを考える売り手にとっては何の役にも立たないものである。売り手となる企業の所有者はこれまでとは違った目的ないし経営戦略を考える場合，これまでの経営とは異なった経営をするのであるから，経営者による主観的な価値の計算が行われるわけである。売り手にとっても買い手にとっても主観価値が限界価格となって意思決定が行われるものである。
　このように取引当事者の主観的な構想が重要となることが理論的にも指摘さ

れたこともあり，HFA6/1997は中小企業の客観的な価値を計算するために三つの問題領域を提示している[29]：

（1）評価対象の限定：中小企業では多くの場合，土地や特許を含めた設備資産が企業所有者の私的財産であるので，これらは経営資産に移すか，または,ライセンス契約や賃貸契約によって考慮されねばならない。また，多くの中小企業において十分な自己資本がないため所有者の無限保証責任に置き換えられているが，このような場合には十分な自己資本の基礎となる留保利益と増資の評価が考慮されねばならない。

（2）企業者賃金の確定：未来の収益が主に所有者の個人的知識，能力，そして知人関係に依存する限り，これらの経営者要因の評価が重要であるとされる。企業者賃金は一般原則としては企業に出資していない業務執行者の給与によって計算される。これまでの所有者の影響が特に良い場合や悪い場合には，割増しや割引きが行われる。これまでの経営の質の徴候として産業分野の平均的収益率との比較が薦められている。業務内容が退出する企業者に依存する関係が強く，今まで通り成功裏に経営を続けることが出来ないとすれば清算価値によって評価される。

（3）情報源の制約：中小企業は監査された年度決算書を持たない場合が多いので，収集された資料の信用性を特に調査することが必要となる。中小企業に特有の租税の企業成果への影響が精査されねばならない。さらに，投資が行われる間隔が長くてまれであることが多いので，平均的な成果と特定の事業期間の損益計算との乖離が大きい場合がありうる。計画が行われず，ないしは文書化をしないため，未来収益の予測は困難となる。こうした計画計算の欠如のみに依存する不確実性は，資本化率や予測収益の調整によっては考慮され得ないものである。

これら三つの特殊性を考慮することによって，中小企業という規模に特有の企業評価を行う場合に注意すべき問題点が一応は確保されたと言えよう。しかしながら，企業者賃金がどのように計算されるかの具体的方法が示されたとは云えない[30]。評価者の注目が企業の個人的関連の問題性に向けられることに

は成功しているが，具体的な解決法を示すものとはなっていない。意思決定者である所有者が非貨幣的な目的を持つとすれば，その評価はどのようになされるかについての説明は何らされていないことが指摘される。

　経済監査士の企業評価において注意すべき点は，経営経済学の理論と同じく機能的評価論を援用していることである。しかし，ケルン機能評価論が助言・仲裁・論証の三つの機能を区別するのに対して経済監査士は助言・仲裁・中立鑑定の三つを区別している。すなわち，一方的主張の根拠づけをする論証機能を嫌い，その代わりに関係者にとって不偏かつ公平となる原則に従う中立鑑定人（neutrale Gutachter）の機能を強調している[31]。上にも述べたように，そこに，いわゆる「客観化された価値」は評価対象となる企業が現在と同じ構想によって経営されることが仮定されている。これは，もしも企業の売却が実現されなかったとしても，その企業の経営者は今までと同じ構想で経営を続けると仮定されて企業評価がなされることである。この前提に従うとすれば，売却者ないしは経営者がこれまでと違った構想をもって経営を行う可能性は否定されてしまう。実際には構想を変えて，企業を清算するとか，分割するとか，さらに異なった戦略をとることが出来るわけである。こうした場合を除いて既存の構想のもとにのみ，未来の市場状況において可能と予想される収益力から企業の客観化された価値を求めても当事者にとって有益な情報を与えるものになるとは云えないであろう。中小企業の特殊性においても同じく，これらの特殊の要因を考慮する必要性は理解されるが，個別の問題として具体的なデータの収集と計算において大きな困難性が残されるであろう。中小企業においては特にオーナー経営者としての影響力が大きい場合，その経営に関する特性をどのように反映させることが出来るか，また，ベンチャー企業の場合のように新規の産業で急速に成長する企業の価値はどのように評価されるかといった問題はまだこれからの研究に期待せねばならない。

Ⅶ 結

　ドイツの企業評価論ではその生成過程において客観論と主観論の論争があり，いわばその折衷案として機能的評価論が生成して主流となっている。これは，価値というものが評価者の目的によって異なること，評価が何のために行われるかによって評価の仕方が異なるという見解に特徴がある。実体価値を主張する客観的評価論と収益価値を主張する主観的評価論との対立の後，評価の目的と機能を重視する機能的評価論が現在の評価論の大勢を示しいる。

　企業評価の必要性はますます増加し，経営コンサルタント，投資銀行，投資会社などもその業務を行っているが，ドイツでは日本の公認会計士に相当する経済監査士も少なからずその任に当たっている。この経済監査士協会は企業評価に関してもその実施の原則的なあり方を意見書HFA3/1983において提示し，基本的には機能的評価論を受継ぎ，具体的な企業評価の計算方法として収益価値法の適用法を説明している。1990年代には米国コンサルタントの企業評価法の影響を受けることによりDCF法の使用が多くなり，1999年の意見書においてはDCF法の説明が加えられ，2000年の新IDW基準（IDW S1）では収益価値法と並んでDCF法の使用法が説明されている。そして，これまで繰返し議論の対象とされた中立的監査人としての客観化された価値の概念は残されたままである。

　このIDWの企業評価実施に関する原則においても，中小企業の評価において考慮すべき特殊性が指摘されている。ドイツの中小企業には資本会社は少なく人的会社が多いことが特徴であるが，人的会社の所有者は企業者賃金を報酬として受取る。所有経営者には個性的企業者が多く経営への影響力が大きい場合が多いが，こうした質的要因をどのように計算すべきかについては明確な指針があるとは云えない。中小企業においてはまた私的な財産と経営資産との区別が不明確となり易いこと，会計監査も少なく経営内容の記録も不正確となると収益価値の予測は一層困難になるといえよう。

ドイツでは企業評価法として伝統的な収益価値法が認められてきたためDCF法との相違に関して多くの議論がなされながらもDCF法が広く受け入れられるに至っている。DCF法という場合にも企業体を主体とする総額法と株主資本を主体とする純額法に区別され，純額法は収益価値法と同じである。資金流と資本コストに関する前提の取り方によって収益価値法もDCF法も同じ結果となる場合が考えられる。いずれにしろ両者とも企業全体を投資と見た現在価値法であり，出資者ないしは所有者の観点から未来の収益を現在に割引いて企業の価値を求める方法である。将来の不確実性が極めて大きい中小企業においてDCF法がどの程度実用化されうるかについて実務面においても理論面においても一層の解明が望まれる。

1) わが国においてのドイツの企業評価論の研究は小野二郎『企業評価論』（千倉書房1973年）に代表されるといえよう。この著では企業経営は社会経済全体との関連において発展したという視点から，企業評価の展開を歴史的に捉えられている。
2) Mandl, Gewald/Rabel, Klaus : Unternehmensbewertung-Eine praxisorientierte Einführung, Wien/Frankfurt 1997, S. 5f.
3) ミュンスターマンは「価値」と「価格」との区別の重要性について，その著『企業評価論』の最初に強調している。経済的価値は物自体に内在するのではなく，外部に存在している目的のために評価によって与えるものであるから，個々の財貨も使用目的，ないしは財貨から得られる効用によって価値が異なるとされる。そして，企業の場合にはふつうの財貨のように市場で代替的なものがあって価格がきまるのではなく，企業にとって市場価格は存在していない。（H・ミュンスターマン著・浅羽二郎監訳『企業評価論』同文舘 1976年，3-5頁。）
4) Busse von Colbe, Walther : Der Zukunftserfolg, Wiesbaden 1957. 小野二郎（注1）は第3章において特にブッセフォンコルベとジーベンの企業評価論の検討を行い，収支思考による収益価値の概念が評価論の主流となっていることを指摘している。前掲書278-298頁。
5) Engels, W. : Betriebswirtschaftliche Bewertungslehre im Lichte der Entscheidungstheorie, Köln/Opladen 1962.
6) Jaensch, G. : Wert und Preis der ganzen Unternehmung, Köln/Opladen 1966.
7) Münstermann, H. : Wert und Bewertung der Unternehmung, Wiesbaden 1966, 1970. 邦訳は注3) 参照。
8) Sieben, G. : Der Substanzwert der Unternehmung, Wiesbaden 1963.
9) Matschke, M. J. : Der Entscheidungswert der Unternehmung, Wiesbaden 1975.
10) Moxter, A. : Grundsätze ordnungsmässiger Unternehmensbewertung. Wiesbaden

1976, 1983.
11) 経済監査士（ないしは経営監査士）はドイツにおいて企業の会計監査を主な職務とする自由業であり，日本の公認会計士に相当する。その資格獲得のためには厳正な試験が行われる。経済監査士は1931年の法律によって導入され，1975年以降数回の改正を経て今日に至っている。経済監査士の業務と実態に関しては加藤恭彦『ドイツ監査論』千倉書房1979，81頁以下，および，1990年改正のドイツ経済監査士法の抜粋訳，加藤恭彦『現代ドイツ監査制度』千倉書房　1993，483－498頁，が参考になる。
12) Wöhe, G. : Einführung in die Allgemeine Betriebswirtschaftslehre, 20. Auflage, München 2000, S. 670..
13) Mandl, G./Rabel, K. : Unternehmensbewertung, S. 15..
14) Mandl/Rabel : a. a. O., S. 17f.
15) 非上場会社の株式や文書化されていない持分の一般価値を資産課税の目的で求めるためには売買価格を用いることができるが，これが不可能のときには推測する方法が用いられる。シュツットガルト法はここに資産と予想収益の両方を考慮するもので，実体価値と収益価値の結合法となっている。
16) Mandl/Rabel : Unternehmensbewertung, S. 28f.
17) 収益価値法とDCF法はいずれも投資理論の利子計算を基本とした方法であって，未来収益の割引計算を行い資本価値ないしは現在価値を求めることは共通である。したがって，ドイツの文献においても収益価値法ないしはDCF法を広義に捉えて説明する文献も少なくない。しかしDCF法を収益価値法と対比させた議論が近年かなり増えている。ヴェーヘによると企業評価の説明の順序としてDCF法が述べられた後に，従来の評価法として収益価値法，実体価値法，混合法が述べられている。Wöhe, G : Einführung, S. 674－683．ここではマンデル・ラーベルによる説明を検討する。Mandl/Rabel : Unternehmensbewertung, S. 31f.
18) Peemöller, V. H./Bomelburg, P./Denkmann, A. : Unternehmensbewertung in Deutschland-Eine empirische Erhebung. In : Wirtschaftsprüfung 1994, S. 743.
19) Peemöller, V. H./Meyer-Pries, Lars : Unternehmensbewertung in Deutschland-Ergebnisse einer Umfrage bei dem steuerberatenden Berufsstand, In : Deutsches Steuerrecht（=DStR）1995, S. 1203.
20) Helbling, C.. : Unternehmensbewertung und Steuern, Düsseldorf 1998, S. 196.
21) Egger, A. : Stellungnahme zum Fachgutachten Unternehmensbewertung, In : Journal für Betriebswirtschaft 1990, S. 111.
22) 本書第1章Ⅲ，Ⅳ，Ⅴ節参照。
23) Institut der Wirtschaftsprüfer : Stellungnahme HFA 2/1983：Grundsätze zur Durchführung von Unternehmensbewertungen, Die Wirtschaftsprüfung 1983,S.468-480.
24) Empfehlung der UEC : Vorgehensweise von Wirtschaftsprüfern bei der Bewertung ganzer Unternehmen, In : Wirtschaftsprüfung 1977, S. 679-681.
25) HFA 2/1983は2000年6月に改正され，「新IDW基準：企業評価実施に関する原則

(IDW S1)」として公告されている。所有者の所得税, CAPMによるリスク計算, DCF法の導入などいくつかの新しい内容がみられるが, 基本的な原則として「客観化された企業価値の概念」はそのまま残されている。IDW Standard : Grundsätze zur Durchführung von Unternehmensbewertungen (IDW S1) In : Wirtschftsprüfung 2000, S. 825ff.

26) Institut der Wirtschaftsprüfer : Stellungnahme HFA 6/1997 : Besonderheiten der Bewertung kleiner und mittlerer Unternehmen, In ; Wirtschaftsprüfung 1998, S. 26-29.
27) IdW : Stellungnahme 6/1997, Wpg. 1998 S. 27.
28) Schildbach, T. : Der Verkäufer und das Unternehmen "wie es steht und liegt" In : Zeitschrift für Betriebswirtschaftliche Forschung 1995, S. 621f.
29) IdW : Stellungnahme HFA 6/1997, S. 27f.
30) Behringer, S.: Unternemensbewertung der Mittel- und Kleinbetriebe, Berlin 1999, S. 142.
31) Dörner, D. et. al. : Wirtschaftsprüfer-Handbuch 1998, S. 5.

第 2 部　経営財務論と経営経済学

第7章　投資決定論の淵源

I　序

　投資決定論の中心的課題は未来に予想されるキャッシュフローを現在の時点に割引計算をしてその経済性を計算することにある。ここに用いられる方法が資本価値法ないしは正味現在価値法として知られている。財務数学としても等比級数の例としてもよく知られているが，その方法はいつ頃考え出され実際に利用されるようになったのか，そして，それは当時の経済社会の状況においてどのような意味をもっていたのだろう。また，投資計算は未来の事象を対象にする限り不確実性を伴うことは避けられないが，不確実性下の投資決定の理論はいつ頃，どのような経済環境の下に生成してきたのだろう。確率やリスク，そして，効用という概念はどのような意味で用いられてきたのだろう。こうした問題提起は現在も急速なテンポで進展しつつあるファイナンスやリスク・マネジメントの現実問題から逃避することと受け取られるかもしれない。しかし，現在研究されている投資決定論こそ，現実との乖離が頻繁にあり，理論の不完結性を批判される場合が少なくない。投資決定論の淵源を調べることによって，むしろ，その研究の意義や理論的基盤，さらには企業の本質的意義について反省すべき点が得られるのではなかろうか。このような観点から，Ⅱでは資本価値法においての複利計算正当化の問題を取り上げ，Ⅲでは19世紀の実務志向的計算法について，Ⅳでは確率の計算の起源について，Ⅴでは期待値とリ

スク効用について検討する。これらの内容はほとんど基本的にD．シュナイダー[1]の研究を拠り所としている。Ⅵでは，シュナイダーの経営経済学の学史に関する見解を説明し，Ⅶにおいて若干の考察を行う。

Ⅱ 複利計算の正当化

現在，投資決定の理論として核心となる概念ともいえる現在価値の計算をするためには利子の概念が必要となるが，中世において利子は禁止されていた。とすればいつ頃からどのようにして使用されるようになったのだろう。ヨーロッパでは一つにはアリストテレスの考え方の影響により貨幣は交換のための手段であって，果樹や土地のようにそれ自身新しい価値のあるものを作り出さないから貨幣の貸借によって利子をとることはよくないとされていた。そして，イスラム教では今日でも利子は禁止されているが，中世のキリスト教においても教会法よって利子を取ることは禁止されていた。当時のような経済の未発達の状況においては，消費のために貨幣貸借がなされることは余程の個人的な困窮が原因であったとすれば，高利貸しは認められるべきでないのが当然であろう。教会法の利子禁止令が出された後貨幣貸借の利子は禁止されたが，まずは土地の地代は認められるようになった。地方によって土地の価格は大きく異なり，課税の仕方も異なっていたという。ここでも法律上のあらゆる妙案術策によって利子禁止令をすり抜ける工夫がなされた[2]。時代の変化とともに利子が認められるようになるが，まずは単利のみが用いられ，キリスト教徒には複利は禁止されていた。

複利の禁止がなされた理由は，債務者が利子負担によって圧迫されないようにということであるが，もしも，債務が期限よりも前に支払われるとすればこの禁止令は逆に債権者にとって不利となることを見落としてはならない。当時の法律家によって用いられた方法は，前払いされた金額の単利を差し引くことにあった。法定金利が5％とすれば，1000マルクで期限5年の債務は，5年間の単利の利息を差し引いた残りの750マルクを直ぐに返済すれば貸借関係は終

わりとなる。この方法をとると20年以上の満期の債務になるとこれを即時に返済するとすれば，債権者が債務者に追加的に支払をせねばならなくなる[3]。こうした計算法が当時行われていたとすれば，複利の計算を考え出すことも相当困難であったことが推測される。

利子として単利のみは認められ，複利の禁止（Zinseszinsverbot）が法律に定められていたとすれば，利子率を使って複利の割引計算をする現在価値の計算方法が法律上も認められるためには，それなりの根拠が説明されねばならない。この意味で1682年のライプニッツ（Gottfried Wilhelm Leibniz 1646–1716, 哲学者および数学者）による現在価値の計算法（ドイツ語では資本価値計算とも呼ばれているが，英語の正味現在価値法に相当する）の法的正当化の説明[4]は少なからず興味がもたれる。ライプニッツの割引計算の根拠づけは最初の投資理論の構造核心となるものである。当時の法律では複利は禁止されていたわけであるから，その法律概念からは全く予想されなかった現在価値計算を，つぎの三つのごく一般的な法規定に基づく公理ないしは原則から導いていることは注目に値すると言えよう。

（1）ある一定金額の支払をするべき者が，その期限が来る前に支払ったとすると，その間の法律上の利子支払を認めるよう要請できる。
（2）すべての相殺の意味での反対計算は支払とされる。
（3）債権者と債務者は未来の一定期限に支払われる金額を，現在時点に支払う約束をすることができる。

これら三つの仮定からつぎのように結論が導かれる：

もしも，債務者が1年後に支払うべき金貨1ドゥカートを現在支払うとすると，債権者は1年後には利子を与えねばならない（原則1）。しかし，1年後でなく今すぐに支払う約束をするので（原則3），債務者は債権者がこの利子分を先に支払うことを要求する。そして，この支払は相殺計算によってなされる（原則2）ので，債務の額は法律上の利息の金額だけ差し引かれる。法律上の利息が20分の1であるとすると，債務者は

$$1 - \frac{1}{20}$$

支払わねばならない。しかし，債務者は1年後に期限が来るその$\frac{1}{20}$を今受け取るので，債権者にその20分の1の20分の1，すなわち，$\frac{1}{400}$の利子を与えねばならない（原則1）。そして，この支払は相殺計算によって行うことができる（原則2）。したがって，債権者はこの$\frac{1}{400}$を債権に追加する。債務はしたがって，

$$1 - \frac{1}{20} + \frac{1}{400}$$

となる。しかし，この$\frac{1}{400}$は1年後にようやく期限が来るにも拘わらず，現在支払われねばならないので債権者は再び利子支払わねばならない（原則1）。これは$\frac{1}{400}$の$\frac{1}{20}$，すなわち，$\frac{1}{8000}$である。これを合計すると

$$1 - \frac{1}{20} + \frac{1}{400} - \frac{1}{8000}$$

となる。結局，これは$\left(-\frac{1}{20}\right)$を公比とする無限の幾何級数となり，その合計は$\frac{20}{21}$ないしは，$\frac{1}{1.05}$となる。これにより，割引計算が法律の規則から導かれたことになる。

　現在価値法の計算式はライプニッツが発案したものではなく，ジモン・ステフィン（Simon Stevin）がすでに利子表を作成して割引計算を用いている[5]。ライプニッツの説明の意味は，むしろ，この数学的なないしは厳密な論理によって一定の社会制度の組織ルールの背後にある仮定条件を調べたことにある。すなわち，法律というものは社会的共同生活の原則となる制度ないしは秩序のことであるから，問題となるその法律から複利計算による割引計算が導かれることの論証によって当時の社会のドグマであった複利禁止令に疑問を投げかけたのである。ライプニッツのこの努力こそ人間社会の組織ルールをその論理的な取り決めにおいて吟味し，共同生活に一層の理性を用いようとする最初の功績であるとシュナイダーは指摘している。

　ライプニッツの証明に対して反論がなかったわけではない。ベルリンの経済

学者あったボルトキエヴィッツ（Ladislaus von Bortkiewicz, 1868-1931，ベルリンの国民経済学者）はライプニッツの証明ははじめから間接的に複利の原則を前提にしているから矛盾しているとし[6]，特に，最初の公理 1 において資本と利子の区別をせず，前もって支払われる債務が利子か資本かは重要でないと明言していることを批判している。これに対して，シュナイダーは次のようにライプニッツを弁護している。

　債務となる金額は証明できる大きさであるが，利子と資本は証明できるものではない。利子と元金の支払いの構成について決定されているのでない限り，利子計算がどれだけなされたか，ないしは，法定利息は暴利をむさぼられたかは全く不明である。これは次のような例で示される。

　AはBから1000マルクを 2 年間借り，Bは 1 年後に50マルク，2 年後に1050マルク返す約束をする。法定金利は 5 ％とする。複利計算が許されるとするとこのこの債務の利子率は丁度法定利子率 5 ％に等しい。もしも，単利のみ許されるとすると，最初の50マルクの支払が利子であって元本の返済でないと仮定すると同じ結果になる。もしも，単利の計算でも最初の50マルクが元本の返済であるとすると，残りの950マルクの 5 ％は47.5であるから 2 年目には1047.5マルクのみ返せばよいのであり，約束の1050マルクは 5 ％を越える不当利得となる。これはすなわち，単利の場合には再投資の利子率が 0 であると仮定しているのに対して，資本価値法の複利計算は利子率による再投資が仮定され（完全資本市場の仮定），投資期間の間においてすべての支払を利子と元本の返済に区別する必要はないということである。

　利子と資本との区別，一般的に言い換えれば，利益と減価償却との区別，そして，所得と維持されるべき資産との区別は，現実そのものから導かれるものではない[7]。それらは一つ一つの債権者と債務者との間の取り決めによるものである。もしも，何らの取り決めもなされず，または，一般的に利益と減価償却，所得と資本との区別がされるとすれば，たとえば名目的資本維持のような社会の慣習によるのがふつうである。

　ライプニッツは返済期限前に債務を返済する場合いくら返済すればよいかと

いう問題の解決のために，まさに，利子と資本，利益と減価償却，所得と資産などのような先入概念からなる区別，言い換えれば，社会一般に伝わる慣習を用いたのではなく，共同生活の秩序をつくる法律規定を用いたのである。したがって，彼は債務の額の中に元本の返済や利子がどれだけあるかをみるべきではないことを明示的に考慮しているのであって，ボルトキエヴィッツの批判は当たらないというものである。

ライプニッツの計算法はまず当時の法律には違反するものであったが，1724年にザクセン王国は債務の前払いにおいての割引はライプニッツの方式で計算するよう制定している[8]。18世紀においてはしかし，未来において満期となる債務を現在価値で表示出来るかどうかが議論されたり，単利と複利の計算が誤用されたりしたようである。ザクセン以外においては19世紀にいたるまで債務の前払い返済は単利計算によってのみ値引きが可能であった。そして，複利の現在価値計算は19世紀においてようやく一般に利用されるようになる。

Ⅲ　19世紀以降の実務志向的計算

投資計算の実際の資料をどのように把握して計算に入れるべきかの問題をも綿密に考察した最初の工業実務の投資計算法は1882年に炭坑技術試補であったドルトムントのエインハウゼン（von Oeynhauzen）によって公刊されているが，その内容をシュナイダーは次のように説明している[9]。

炭坑の資本価値を決めるには，まともな推定でできる最大限の合計額を決めることが必要となる。まずは露出している石炭量を計り，そして，鉱区の整備の費用，石炭の質，その価格を決めるべきであり，その後で毎年の産出額の計算ができる。エインハウゼンは当時の状況としては驚くほど綿密に分岐点の意味を持つ死点（toter Punkt）を計算し固定費（fixen Kosten）の意味を示唆している。

彼は毎年の平均的な産出額Aから今日の一般的理解とは異なった公式で資本価値Sを導いている：

$$S = 20A - 21 \left(\frac{1}{20}\right)^{n+1} A$$

ここに，要因としての20はライプニッツの意味での利子率（quota usuraria）であり，百分率のp＝5のときの比率の$\frac{100}{p}$に等しい。昔の時代には数式の表現も現在とは違ったものが用いられ，15世紀のジモン・ステフィンとその後200年以上に亘っての数学者は今日の5％の割引要因である$\frac{1}{1.05}$の代わりに真分数の$\frac{20}{21}$を使っている。ここでiを百分率で表された利子率とし，20の代わりに$\frac{1}{i}$を代入するとつぎのようになる：

$$S = \frac{A}{i} - \left[1 + \frac{1}{i}\right] \left[\frac{\frac{1}{i}}{1 + \frac{1}{i}}\right]^{n+1} \cdot A$$

資本価値の計算式は第1項が無限の数列の表現であり，第2項は有限の数列である。この式を変形すると

$$S = A \frac{(1+i)^n - 1}{i(1+i)^n}$$

となる。分数の表現は年金現価係数であり，この式は毎年等しい資金の流れを資本価値に計算する公式である。

　エインハウゼンは実際の計算をする場合に炭坑の持つ危険性を考慮して，利子率を5％ではなく10％として計算するよう指示している。しかし，査定価格が真の価値，または，まともな推定で可能な極限値を示すべきときには5％のみで計算すべきであるとしている。これはリスク・プレミアムを計算利子率から除く考え方である。

　次に，資本価値法の応用条件の説明に関しての史料のハイライトともなるものが10年後に公刊されている。この著者は明記されていないが，おそらくクレレ（August Leopold Crelle 1780-1850，数学者・技術者）の調査によるものと推定されている[10]。シュナイダーはその内容を次のように説明している（クォーテーションは原文が引用された箇所である）：

建物の価値は"その建物の収益が，もしもその資本が他の方法に投資されていたら得られたかもしれない収益と比較し"，その調達原価よりも高くも低くも評価される。これはすなわち，のちのち計算利子率の役割としていろいろと理解される機会コストの意味が明示されたことになる。

建物の収益は単に，"その資本の一般的利子"を認めるのみではなく，（1）引き受けた労苦とリスクの報酬を与え，（2）"毎年の一般的な経常費"，（3）"長期の期間に繰り返される修繕費の積み重なった毎年の合計額とそれにかかる利子"，（4）"建物腐朽の際の残存建設資材の価値を差引き，土地と若干の修正費は省いた建設資本が同じように積み重なる毎年の合計額"，（5）詳しい資本価値法の用いられる税金と火災保険，が加えられている。

そして，編者は複利減価償却計算の論議をしながらも，この計算が"問題なく理論的には正しいが，実際に施行されうるか"を疑い，**"貨幣価値の変動性"**を計算に入れられるかどうか疑問を投げている。すなわち，"建物の所有者の移転，たとえば，購入，交換，相続のときには査定価格に貨幣価値が全く考慮されない"，なぜなら"取得者は必然的に前所有者の損失の危険も彼にかかる利益の見込も引き受けるからである。これに対して，所有が他人に移転しない，たとえば，担保設定，保証，火災保険のような場合には"貨幣価値の変動性を考慮せねばならない。これは時々査定価格によって行われる，というものである。

さらに，（"たとえば，農場の個別の納屋のように"）収入を割り振ることができないときには，収益を"建築費との割合においてその農地がそもそも稼得する利子率によって"計算せねばならない。これは結局，建物の調達支出額に農地運営の内部収益率を掛けたものに等しい。そして，**旧い建物の価値を推定する場合には，"建物は，'純粋な'収益に等しくそしてまたその建物が続くのと同じ期間の資本収益（Rente）に等しい価値をもつ**，という原則が示されている。

これらすべてのことが公式と例によって明確に示されているということは投資計算の方法がすでに適用されていたことを意味しているから，シュナイダー

は現代の投資計算法の起源がアーヴィング・フィッシャー (Irving Fisher) にあるとすることは正しくないとしている。

　以上に述べたエインハウゼンと推定上のクレレの研究は最初のアングロサクソンの技術者による工業企業の評価の説明よりも約半世紀前である[11]。設備の最適取替時点，ないしは，経済的使用期間の計算の最初の計算式を考案したのは技術者であったが，このことは公企業においての適当な減価償却額の原価計算的思考をすることが契機となっている。ここに19世紀に発展してきた減価償却の複利計算から，経営に用いられる設備はその平均コストが市場における最善の平均コストに等しくなるように評価されるべきであるという考え方が生じた。すなわち，経営における設備はまだどれだけの減価償却に耐えられるか計算され，そこから経営にとっての設備の現在の価格が決められるユニットコスト法である。多くの技術者の研究により実務においての応用が試みられているが最適取替時点の方法として知られるターボー (George Terborgh) のMAPI法にこの概念が受け継がれている[12]。

　この方法は設備のコストのみを計算の対象にしているが，コストだけでなく設備の収益をも予測して経済的な最適の耐用年数を決めることを研究の対象にしたのがシュナイダーであり，ここにおいても資本価値法のは中心的な役割を果たしているといえよう[13]。

Ⅳ　不確実性と確率の計算

　今日われわれが知る不確実性下の理論は遠く中世においての賭け事の勝ち目の計算から発展したことは一般的に知られている。現在のように競馬・競輪もなく，美術館・博物館もなく，かといって電車・自動車・飛行機などによって簡単に旅行もできなかった中世の世界では，一定のルールないしは規則によって賭け事をすることはこの上ない楽しみの一つであったことは想像に難くない。そうした賭け事が予期されない事故とか天候異変によって中断されるとすれば，その掛け金をどのように公正に分配すればよいかは重要な問題となる。

掛け金の大きさによっては一文無しになることもあるとすれば，一定の規則をつくって争いをなくし所得の不確実性を減少させることこそ重要な課題となる。今日，不確実性の理論で用いられる合理的な意思決定としての確率の計算は，このような中断した賭け事の掛け金の公平な分配の問題として考え出されている。

所得の不確実性を減少させるために人間社会の制度がつくられたという考え方はシュナイダーの企業者職能の基本的な概念の一つであるが[14]，ここにおいても，中断した賭け事によって争いが生じないように公正な行動のための規則をつくることが所得の不確実性を減少させる制度をつくることの典型的な例として説明されるのである。このような中断した賭け事の掛け金を公正に分けることが決して些細な問題ではないことの例として，15世紀の数学者で複式簿記の提示をしたことでも有名なパチョーリの示した例は興味深いものである[15]。

あるボール遊びにおいて先に6点ゴールを決めた方のチームが勝ちであるものとする。1ゴールは1点であり，掛け金は10ドゥカートである。今，試合は5：3で中断せねばならない。次のゴールはどちらが取るか全く分からないものとする。この場合掛け金はどのように分ければよいだろう。

このようなボール遊びの賭け事は所得獲得のための「企業」として解釈できるものである。すなわち，ボール遊びの掛け金の分配は，「企業」の清算資産の配分に等しい。企業の清算収益は，不確定の未来の利益なり損失なり，期待されうる収益性によって配分されるであろう。この問題は持ち分権者の利害衝突の問題として，いくらでも複雑な数式の展開がなされうるであろう。こうした複雑な問題はさておき，上の6点先取のゲームで5：3でゲームを中断して掛け金を公正に分配するには，7：1で分けるべきであるとされる。この根拠は不確実なものに対しての「同等の確率」の概念であって，パチョーリはこれをまだ知らなかったがライプニッツが1678年に初めて説明したとされている[16]。

ライプニッツによる解法を決定樹木（Entsceidungsbaum）によって説明する

第7章　投資決定論の淵源

と次のようになる。決定樹木の出発点となる根本においてはゲームの中断した状態の5：3が示される。

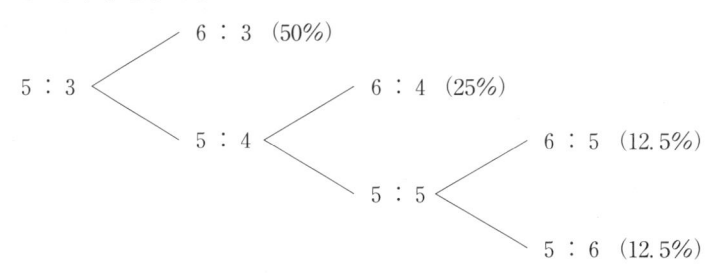

```
                6：3（50%）
        5：3 <
                        6：4（25%）
                5：4 <
                                6：5（12.5%）
                        5：5 <
                                5：6（12.5%）
```

　もしも，中断した後もう一度試合がなされるとすると，未来の状態は最初に分岐した二つの枝で示される。すなわち，一方のAチームが勝てば6：3でゲームが終わるか，または，Bチームが勝てば5：4となり，まだ試合は終わらない。どちらかが6点とるまで試合は終わらないので，さらに試合は続けられ，決定樹木の枝は再び分岐する。この場合もどちらかがゴールを得る確率は50％であるとされる。もしも，Aが勝てば6：4で試合は終わりであるが，Bが勝てば5：5でまだ終わらない。したがって3回目の試合が行われることになり，決定樹木はさらに分岐する。この場合もそれぞれが勝つ確率は50％である。Aが勝てば6：5で試合は終わる。Bが勝っても5：6で試合は終わる。結局，5：3で試合が中断された後，もしも両者が同じ確率で得点するという仮定のもと，それぞれが勝つ確率を合計するとAが87.5％でBが12.5％になる。したがって，5：3で中断したゲームの掛け金は7：3で分けるのが公正であるとされる。ここにいわゆる「公正」とされる解法はあくまでも未来の未知の機会または状態はすべて同等であるという仮定においてのものである。

　ライプニッツは確率を，可能性の度合い，ないしは，すべての可能な場合の中で最も有利な場合であると定義づけているが，競技中断の場合には利得の期待値を用いることが公平であるとしている。この解決法は，同等確率，ないしは，根拠不十分の原則に依拠している。根拠不十分の原則とは，詳しいことが分からないときには考えられる全ての未来の状態を同等確率とみるべきであるということである。しかし，この根拠不十分の原則とは非常に危険な原則であ

ることは，未来の状態の数が変わるとすれば途端に矛盾となることからも明らかである。未来の状態が比較出来ないという理由ですべて等しいとするのは正しくないし，量的主観的確率の信びょう性を導くすべての公理が満たされて初めて量的同等確率の推測が可能になるとされる[17]。

V 期待値とリスク効用

　未来の状態が現在において未知であるとき，その事象の生起の確率が与えられればそれぞれの確率変数にその確率を掛けて合計した値が期待値である。今日の不確実性下の理論は，このようなある目的の達成される確率とともに，投資をする者がどの程度危険ないしはリスクを回避しようとするかという危険に対する態度ないしはリスク効用（Risikonutzen）にも依存することが基本的な概念となっている。このような概念をはじめて説明したのがダニエル・ベルヌーイ（Daniel Bernoulli, 1700-1782, 数学者・物理学者，バーゼルとセント・ペテルスブルグで教えた）であり，ベルヌーイの原則としても知られている[18]。これは，例えば資産なり貨幣といった利得を大きくする目的があるとき，未来の状態においてのそれぞれの利得にそれぞれの確率を掛けた期待値を最大化する行動をとるのではなく，それらの利得に対するリスク効用の期待値を最大化するように行動せよ，ということである。すなわち，目的値としての利得ではなく，それに対する主観的な価値ないしは効用が問題とされる。ベルヌーイの原則とは，未来状態に対する量的な確率が測定されること，そして，目的値とリスク効用がいつでも代替されうることを条件に，リスク効用の期待値を最大化するよう行動せよということである。

　ベルヌーイの思考の基本となっているのはやはり賭けの理論である。それまでは賭けの掛け金が賭けの期待値を決めるという考え方にすぎなかった。期待値を意思決定の基準にすることは今日の概念の意思決定中立型のリスク態度の場合であって，期待値が丁度確実性等価に等しくなる場合である。これは例えば次のような数例によっても示される。

Xの投資をすると98％の確率で収益は0であり，2％の確率で1億円獲得されるとする。Yの投資は確率1で2百万円得られるものとする。Xの場合の期待値は2百万円であるから，Yと同等である。しかし，多くの場合はXよりもYが選ばれるのは多くの人がリスク回避型であるからである。Xから得られる効用の期待値とYから得られる効用の期待値はYの方が大きいということになる。同じく，目的値の期待値のみを基準にすると理不尽な結果が招かれることを示す例がセント・ペテルスブルグの逆説と呼ばれているものである。これはすでによく例に挙げられる話であるが，シュナイダーの説明を引用しておくと次のようになる[19]。

　表と裏の出る確率が全く等しい貨幣を投げて賭けをするものとする。この賭けに対して掛け金をいくら払うかが問題である。表が出れば読者が勝ちで2マルク賞金をもらい賭けは終わりである。裏が出るとやり直して2回目が投じられる。2回目に表が出ると今度は読者は4マルク獲得して終わりになる。2回目のコイン投げが裏になると，また繰り返されて3回目が投じられる。3回目に表がでると読者は8マルク獲得する，というふうに表が出るまで続けられる。n回目に表が出ると読者は2のn乗の金額を獲得する。最初に表が出る確率は0.5，2回目に表の出る確率は0.25，という数列の計算をすれば次のようになる。

$$\frac{1}{2}\cdot 2+\frac{1}{4}\cdot 4+\frac{1}{8}\cdot 8+\cdots =1+1+1+\cdots =\infty$$

　この賭けの期待値を計算すると無限に大であるから，読者は全財産を賭けても得をすることになる。しかし，殆どの人はせいぜい10マルク位しか出さないであろう。もしも，賭けで勝った場合に得られる賞金の期待値ではなくて，その賞金から得る効用の期待値を基準にすれば，この例においても有限の値が得られる筈である。

　ベルヌーイは，効用は財産の増加に対して逓減的に増加するのでこれを対数関数によって示している。対数関数として自然対数を底とする関数を用い，これをlnで示す。すなわち，賭けに勝った場合に得られる利得をVとし，その効

用をN（V）で表すとすると，リスク効用の期待値 μ は，すべての利得支払のそれぞれの確率で加重したリスク効用の合計に等しくなる。したがって，

$$\mu[N(V)] = \frac{1}{2}\cdot\ln2 + \frac{1}{4}\cdot\ln4 + \frac{1}{8}\cdot\ln8 + \cdots = \ln2\,\Sigma n\left(\frac{1}{2}\right)^n$$

となる。この式の右辺のシグマの部分は丁度2になるので，

$$\mu[N(V)] = 2\ln2$$

となる。したがって，リスク効用の期待値はこのリスク効用関数を用いると約1.39になる。この値は効用の指標であって賭けに対する掛け金ではない。逆にリスク効用の期待値が$2\ln2$となる利得を求めれば，$\ln V = 2\ln2$であるから$V = 4$となり，ここに仮定されたリスク効用関数の下に計算される掛け金は4マルクとなる。

すなわち，意思決定基準として期待値が選ばれ，賭けで得られる利得が2倍になれば効用も2倍になると考えるとペテルスブルグの賭けの場合のように無限の値となる。利得ないしは資産の代わりに効用指標を用い，利得が2倍になっても増加の割合が2倍よりは小さいという利得の対数を効用指標とすれば，ペテルスブルグの賭けは4マルクの値打ちしかないことになる。4マルクは確実性等価の値であり，この賭けにいくらの掛け金を投じるかは一般的なリスク回避型の効用の場合さらにこの値より低いものとなるであろう。リスク効用理論においては個人のリスクに対する態度も絶対的リスク回避と相対的リスク回避に分けられさらに詳しい考察がなされている[20]。

ベルヌーイの貢献としてさらに付け加えておくべきことは，すでに当時の海運保険に関して，どれだけのリスク負担をすべきかという概念とともにリスク分散の概念も残していることである[21]。すなわち，航海による貿易をする商人が，リスクを自己負担することが有利となるためには最低いくらの資産をもたねばならないかを考え，一定のリスク効用関数の下に保険需要がどのように資産の大きさに依存するかを説明している。同時に，海上の商品を保障するためには他の商人は最小限いくらの資産をもたねばならないかを検討し，保険供給を資産の大きさに依存させて決めている。すなわち，ベルヌーイは保険の一

定の価格を前提とし，船舶の沈没の確率も既知のものとして考察している。リスク分散に関しては次のような簡単な例をもって説明している。すなわち，過去の経験によって10隻の船のうち1隻が沈むとすれば，外国にある商品がより多くの船に分けられる程，リスク効用は大きくなるというものである。経済学の理論では今世紀の30年代になって初めてこの問題の最適値を求めることを研究しはじめ，リスクと利益期待値の効率的等価値曲線，すなわち，有効フロンティアと無差別曲線との接点を考察している[22]。投資の組合せをより理論的に解決する方法は投資のリスクと標準偏差をもって測定することによって成功したといえよう[23]。

Ⅵ 企業者職能論における企業の生成

ここにシュナイダーの経営経済学の特色の一面を併せて考察しておこう。学史に関してはここに引用した「一般経営経済学」の他「経営経済学第4巻－経済学の理論と歴史[24]」が主著であるが，論文「経営経済学の歴史[25]」にも示されているよう古代から現代に至るまでの広範かつ膨大な史料を渉猟した広い研究がなされている。ドイツの経営経済学はライプチヒ商科大学の設立された1898年に成立したとされるが，実際の学問の内容としてはようやく20年代に形成されたわけである。そうした学問の実質的内容も突如として形成されるものではなく，経営経済学の歴史における認識の淵源は二つに区別される[26]。一つは，経済学以外の問題（nicht-wirtschaftswissenschaftliche Probleme）の追求から得られた理解，すなわち，経営経済学の先駆的学問分野以外からのものであり，もう一つは，経済的問題提起の吟味から得られた個別経済学の理解（einzelwirtschaftliche Einsichten），すなわち，経済学的思考形態の共同体の内部からのものである。今日の経営経済学においての解決法として伝えられる多くのものは経済の学問として生成したものではなく，他の学問分野の発展に負うところが多い。ライプニッツは哲学者・数学者であったし，ベルヌーイは数学者・物理学者であった。こうした経済学以外の職業の者が，社会的義務の性

格をもった実行提言を根拠付けようとして，たとえば，ライプニッツが資本価値法の法律上の正当性を示し，また，中断したゲームの掛け金の公平な配分のために確率の考察をしたのであり，これらの社会の要請に答えようとする問題意識が研究の動機となって，その成果が今日の経営経済学に及んでいるのである[27]。後者の個別経済学の歴史については第8章（167頁以降）で考察する。

　D．シュナイダーは自分の経営経済学を「企業者職能論」と呼んでいるが，その内容も人間社会と制度問題全般にわたってのユニークな見解を示している[28]。その特徴をごく簡略化して説明すると，企業者職能の基本的な点は「所得の不確実性を減少させる」ことにあるとされる。人間はすべて財産，能力，知識の異なるものであって生活に必要な所得を獲得し，消費する場合にもその不確実性をなるべく少なくしようとする。事前に意図された目的と事後に達成された事実との乖離がなるべく少なくなるよう努力がなされる。この役割をもつのが制度であって，規則システム（Regelsystem）としての秩序と，行動システム（Handlungssytem）としての組織の二つに分けられる。制度としてはしたがって企業だけでなく，貨幣制度と市場も含めた社会の広い意味での組織が考えられている。こうした制度を考察する理論的基盤となるのが企業者職能であって，これには制度を設立する職能，裁定利益を達成する職能，制度内部の変革を遂行する職能の三つに分けられている。

　さて，人間が相互に所得の不確実性を減少させるという観点から企業の生成について考えると，企業を設立するために他人を雇うということは，自分の労働を提供して所得を得たい人の所得不確実性を減少させることである。また，合名会社のように出資者が共同で資本と労働を提供する場合には，各人がリスクを分け合って事前に意図した所得と事後の実際の所得との乖離を減少させることができる。したがって，企業という制度は人間が予め計画した設計によって出来たもので，計画のない行動の結果ではない，と考えられやすい。しかし，所得の不確実性を減少させるための計画的な行動の結果として企業が生成したということは必ずしもいえないことをシュナイダーは説明している。ここ

第7章　投資決定論の淵源　*143*

に用いられるのが上述の例である。すなわち，ベルヌーイの残した「海上の商品の保険においての商人の慣行」についての説明，そして，資産の倍増は効用の倍増にならないことの説明である。もしも，何百年にも亘る商人の慣行が合理的な説明なく，単に経験と勘によって世代から世代へと受け継がれたとすれば，海上保険のような制度は自然発生的に出現したものである。17世紀には確率という言葉はあっても，今日の意思決定論理の厳密な確率の概念はなかったのであるから，合理的な計画として海上保険という制度を企画する理論も知識もなかった筈である。したがって，古くからの慣行が何百年も経ってはじめて意思決定モデルにおいて明確に納得される説明がなされたとすれば，それまでの慣行は論理的な計画を実行した結果であるとは認められない。長年の間に習得された経験や勘だけでは十分に計画することは出来なかった筈である。このような理由で企業はすべて計画によって創設されるのではなく，むしろ，「見えざる手（unsichtbare hand）」が働いていることが説明されている[29]。この表現はアダム・スミス（Adam Smith）の用いたものであるが，これに対して，今世紀のアメリカ経済の発展は巨大企業の組織という「見える手」によるという表現がチャンドラー（Chandler）によって用いられたわけである。シュナイダーはこれに対して，現代の経営経済学においての論理性による計画性のみを強調した経営の見方に批判的な視点を持ち，経営においての問題は現在において未来の状態に関する知識ないしは情報が分からない場合が多いことであって，この不確実性を減少させることが重要であることを強調しているのである。

Ⅶ　結

　以上の要点を簡単にまとめておくと，まずⅡでは，今日の投資決定法の主要な計算法である資本価値法ないしは正味現在価値法は複利計算を前提にしているが，ライプニッツは複利の禁止されていた当時の法律の条文を文字どうり遵守することによって複利計算が行われ得ることを示し，複利の割引計算方法を

初めて導いたことが説明された。Ⅲでは，この資本価値法がドイツでは19世紀の始めに鉱山経営の実務において用いられたことが，エインハウゼンの記録に残され，推定上クレレによって書かれた記録においては機会コストなど今日の投資理論に近い内容が認められることが説明された。Ⅳでは，不確実性下の投資決定の理論において重要な役割を持つと考えられる確率の概念は，中世の賭り事の遊びから発展したが，ゲームが中断したときの掛け金の公平な分け方として，同等の確率を前提にした解決法がライプニッツによってはじめて示されたことを述べた。Ⅴでは，不確実性下の投資決定において投資家は目的値となる資産の期待値を基準とするのでなく，その資産から得られるリスク効用の期待値を基準とすることが，セント・ペテルスブルグの逆説とともに説明され，ダニエル・ベルヌーイはさらに，海上貿易においての保険に関して最低限のリスク負担と投資の組合せの概念を説明していることが示された。Ⅵでは，これらの史料の研究を行ったＤ．シュナイダーの経営経済学に対する考え方となる企業者職能論の観点を説明し，上述の研究から導かれた「見えざる手」の視点に言及した。

　シュナイダーの見解によると，今世紀の経営経済学の研究内容が生成発展するまでには経済学以外の様々の科学の影響を受けてきたとされるが，その例が上述の資本価値法や確率，そして，リスク効用の概念である。資本価値法は当時の社会のドグマであった複利禁止の掟を，同じ法律の条文を根拠として回避したという意味で法律的な思索が発端となっている。そして，賭博を中断したときの掛け金の分け方，賭博の掛け金と期待効用の関係，海上貿易においてのリスク負担，商品投資の組合せによるリスクの分散などの考え方は所得の不確実性を減少させようという観点から生じていること，所得の不確実性を減少させるために規則なり，ルールなりができたと考えられる。

　しかし，これらの掛け金の計算やリスク分散の規則は海上保険の場合のように長年慣習として行われてきたもので，その理論的基盤は近年になってようやく構築されたものである。最初から合理的な理論による計画によって企業が生成してきたとはいえない。現代のドイツの経営経済学の代表的な解説書の多く

のものが，経営経済学は論理的な計画，あるいは，論理的な経済行動のみを研究の対象としているようであるが，これは実用性を強調し過ぎた見方であるとされる。実務において応用をするためには，まず，説明理論が必要とされる。シュナイダーの企業者職能論は所得の不確実性を減少させるための制度を研究対象とする観点を基本としているが，制度としての企業はすべて合理的計画により生成したのではなく，慣習やしきたりによって自然発生的に「見えざる手」のように生じたことが説明されている。投資決定論の淵源としてここに取り上げられた例は，応用のための投資計算そのものの研究だけでなく，当時の社会状況と歴史的背景とともに制度としての企業の意味を考える上でも示唆に富むものである。

1) D.シュナイダーはカール・ハックスに師事した後ミュンスター大学とフランクフルト大学を経て主にボーフム大学にて定年まで顕著な学界活動をしている経営学者である。
2) Schneider, D., Allgemeine Betriebswirtschaftslehre, 3. Aufl., München 1987, S. 331.
3) Schneider, D., a. a. O. (=上に挙げた文献), S. 331. 以下において [ ] の中は未見の文献資料を意味する。[Moritz Cantor, Vorlesungen uber Geschichte der Mathematik, Dritter Band. 2.Aufl. Leipzig 1901, S.519. に引用された Christlieb von Clausberg, Demonstrative Rechenkunst. Leipzig 1732, 2. Aufl., Leipzig 1748, S. 1164.]
4) Schneider, D., a. a. O., S. 334f. [G. W. Leibniz, Meditatio juridico-mathematica de interusurio simplice. In : G. W. Leibniz, Mathematische Schriften, hrsg.von C.I.Gerhardt, Band VII. Die mathematische Abhandlungen, Hildesheim 1962 (Nachdruck der Ausgabe Halle 1863), S. 125-132]
5) Schneider, D., a. a. O., S.335. [Simon Stevin, Tafelen van Interest, Antwerpen 1582, wiederabgedruckt in : Cornelius Marius Waller Zeper, De oudste interesttafels in Italie, Frankrijk en Nederland met en herdruk van Stevin "Tafelen van Interest", Diss., Amsterdam 1937, S. 88.]
6) Schneider, D., a. a. O., S.335. [Ladislaus von Borkiewicz, Wie Leibniz die Diskontierungsformel bgrundete. In : Festgabe fur Wilhelm Lexis zur siebzigsten Wiederkehr seines Geburtstages dargebracht von G.Adler u.a., Jena 1907, S. 76.]
7) Schneider, D., a. a. O., S. 336.
8) Schneider, D., a. a. O., S. 336.
9) Schneider, D., a. a. O., S.337f. [von Oeynhausen, Ueber die Bestimmung des Kapitalwerthes von Steinkohlen-Zechen. In : Archiv fur Bergbau und Huttenwesen, Bd. 5 (1822) S. 306.-319]
10) Schneider, D., a. a. O., S.338. [N. N. (=氏名不詳), Über die Berechnung des Werths

(Taxirung) der Gebäude. In. : Journal für die Baukunst, hrsg. von A. L. Crelle, Bd. 5 (1832), S. 9-35,]

11) Schneider, D., a. a. O., S. 338. [H. D. Hoskold, Engineer's Valuing Assistant. London 1877 ; A.M.Wellington, The Economic Theory of the Location of Railways. 2nd.ed. 1887 ; R. H. Parker, Management Accounting : A Historicl Perspective. London 1969.] パーカーは英米系の文献において現在価値計算の発展を述べているが、エインハウゼンやクレレの文献を見ていないため資本価値法は19世紀の終になって初めて利用されたとしている。したがって、これは誤りであることが指摘されている。Schneider, D., a. a. O., S. 331 脚注2

12) Schneider,D.,a.a.O., S.339. [George Teborgh,Dynamic Equipment Policy. A Mapi Study. Machinery and Allied Products Institute. New York-Toronto-London 1949]

13) Schneider, D., Die wirtschaftliche Nutzungsdauer von Anlagegütern als Bestimmungsgrund von Abschreibungen. Kön und Opladen 1961.

14) Schneider, D., Betriebswirtschaftslehre Bd1, München/Wien 1995, S. 18. 本書第12章参照。

15) Schneider, D., a. a. O., S. 19.. [Lucas Pacioli : Summa de Arithmetica, Geometria, Proportioni, et Proportionalita. Venedig 1494. Jan Hacking : The Imergence of Probability. Cambridge u.a. 1975.]

16) Schneider, D., a.a.O., S.19. [G. W. Leibniz : De incerti aestimatione (1678), Kurt-R. Biermann, Margot Faak,in : Forschungen und Fortschritte, Jg. 31 (1957), S.48.]

17) ここにおいての確率とは、未来の状態が本当に起こると推定すること、その状態の生起することの確からしさである。このような確率は主観的確率と呼ばれる。確からしさを純粋に測定するとすれば、これは純粋主観的確率であり心理学の研究対象となる。経営経済学では意思決定論理を用いて、意思決定者の推定を数値で模写することが試みられる。この意味での確率は数学上の確率と区別されねばならない。数学上の確率は応用に関する意味は全然なく、単に公理に導かれた数理上の確率である。それは未来の状態が生ずる信頼性をどのように得られるかについては、なんら説明するものではない。Schneider, D., Informations-und Entscheidungstheorie. Munchen. 1995. S. 74f.

18) フォン・ノイマン（John von Neumann）とモルゲンシュテルン（Oskar Morgenstern）は賭博の数学理論を経済問題に応用したといわれるが、彼らは客観的確率によるきわめて複雑な数式を用いているため難解となっている。その他多くの学者がこの問題の研究をしているが、その基本概念はダニエル・ベルヌーイに帰せられる。Schneider, D., Allgemeine Betriebswirtschaftslehre, S. 237f.

19) Schneider, D., Informations- und Entscheidungstheorie, S. 101f.

20) リスク効用と意思決定論理に関する詳しい説明はSchneider, D., Investition, Finanzierung und Besteuerung, Wiesbaden 1992. S. 452-472.

21) Schneider, D., Allgemeine Betriebswirtschaftslehre, S. 240f.

22) Schneider, D., Allgemeine Betriebswirtschaftslehre, S. 241. Hicks, J. R., A Suggestion for Simplifying The Theory of Money. In : Economica, NS, Vol. 2 (1953),

S. 1-19.
23) Markowitz, H., Portofolio Selection. In : The Journal of Finance. Vol. 7（1952）, S. 77-91.
24) Schneider, D., Betriebswirtschaftslehre Bd. 4 : Geschichte und Methoden der Wirtschaftswissenschaft, München 2001.
25) Schneider, D., Geschichte der Betriebswirtschaftslehre. In : Wirtschaftswissenschaftliches Studium 1997, S. 490-500.
26) Betriebswirtschaftslehre, Band 1, 2. Aufl. München 1995, S. 215.
27) この他，16世紀頃後期スコラ哲学者により当時の商取引の規制価格や独占に関する議論がなされ，競争や貨幣量の概念とともに今日の公正な価格，ないしは，価格政策の概念が生成している。Höffner, Josef, Wirtschaftsethik und Monopole, Jena 1941, S. 101-126.
28) 企業者職能論については第12章シュナイダーの企業者職能論を参照されたい。
29) シュナイダーは1992年にヴュルツブルク大学から三つ目の名誉博士号を授与されているが，その式典では「"見えざる手"―企業制度の説明」というテーマで記念講演を行っている。"Unsichtbare Hand"―Erkärungen für die Institution Unternehmung. in: Streim, H.（Hrsg.）Ansprachen anlässlich der Verleihung der Würde eines Doktors der Staatswissenschaften honoris causa an Prof. Dr. Dr. h. c. Dr. h. c. Dieter Schneider. ドイツの経営経済学は1950年代に巨匠グーテンベルクによる生産性志向によりその基礎を築かれたが，その後この思考形式は次第に分岐し，多様な解決法が形成されている。アルバッハはこうしたパラダイムを10挙げているが，その一つにシュナイダーの「見えざる手」のアプローチが入っている。Albach, H., Betriebswirtschaftslehre als Wissenschaft, in: Brockhof, K.（hrsg.）Geschichte der Betriebswirtschaftslehre, Wiesbaden 2000, S. 29-44. S. 39.

第8章 財務論の歴史的展開

I 序

　ドイツにおいて経営財務論の研究対象を論ずるとき，これを投資理論（Investitionstheorie）と資金調達理論（Finanzierungstheorie）という2つの領域に分けることが多い。両者は，何れにしろ企業活動に関する意思決定が反映された結果としての資金の流れに関連しているという点においては同じものであり，その資金の流れが支出に始まって収入に終わるのが投資であり，逆に，収入に始まって支出に終わるのが資金調達であると考えることができる[1]。

　投資理論においては投資および資金調達に関する方法の目的適合性が調べられ，特に収益性が対象となる。これに対し，資金調達理論の問題としては企業の支払能力（狭義の流動性）の維持が研究され，その問題の1つが外部資金調達であり，もう1つが内部資金調達として論じられている。このように投資理論と区別して資金調達理論をとりあげて考察すると，資金調達の理論は他の分野に比較してよりおそく，ようやく近年になって発展してきたというシュナイダー（Schneider, D.）の見解がある[2]。

　すなわち，計画論，組織論，費用理論，価格理論，そして投資計算論といった分野ではずっと昔から理論の展開がみられ，その端緒となる思考はすでに古代からも発見されているが，資金調達の理論だけがきわめておそくにしか発展せず，1958年になってようやく外部資金調達と内部資金調達の理論がつくられ

るに至ったというものである。この見解は、企業においてなぜ資金、ないしは、資本が調達されるのか、利益はどのような意味を持つのか、財務論においての理論とはなにを云うのかといった疑問に対してきわめて多くの示唆を与えてくれるものである。云うまでもなく、シュナイダーはドイツにおいて早くから財務論に関する優れた著書を著しているが[3]、さらに、経営経済学の理論の歴史についても造詣の深い学者である。

　本章においては、シュナイダーが述べる財務理論の基本ともいうべき資金調達理論の展開を考察することにより、ドイツの財務論の展開に関する一つの視点を提示し、さらには、経営経済学における「理論」のもつ意味をも考究せんとするものである。Ⅱにおいては資金調達理論の発展が遅延した理由を究明し、Ⅲにおいては資本市場理論として展開した外部資本調達理論について述べ、Ⅳにおいては利益に依存して生ずる資金流出との関連において内部資金調達の理論を考察し、Ⅴにおいては理論の種類や性格を区別して方法論的考察を試みる。

Ⅱ　資金調達理論発展の遅延

1　外部資金調達と内部資金調達の問題性

　企業において資金調達する方法を外部と内部に分けることができる。これらの種類を詳しく分析することも財務論として興味ある研究であるが、ここではまず大きく分けた外部資金調達と内部資金調達の意味において、なにが問題とされているのかを考えてみる。企業活動に長期的に必要とされる資金を「資本」と呼んで区別する場合もあるが、ここでは資本調達と資金調達を特に区別していない。資金調達と資本調達は同意義に用いられる。さて、外部資金調達が何故に問題とされるのであろうか。このような疑問は普段、財務論の研究を続けているとあまりにも当然であって、取り上げて考えようとはしないことである。シュナイダーは外部資金調達（Aussenfinanzierung）が問題として考察されるのは次の2つの場合であることを示している[4]。

1） 企業の経営のために充てられた資本と私有財産とは区別され，法律上，有限責任の制度が可能であること。
2） 企業活動からの利益に対して請求権をもつ自己資本と，確定利子支払の必要な他人資本のどちらかを選ぶ問題があること。

このうち，有限責任の制度が基本的に可能となるのは，18世紀始めにイギリスで一時可能であったことを除けば，19世紀にいたるまではなかったといわれる。つぎの，自己資本と他人資本の資本構成の問題は，借入資本に対して契約した利子を支払うことが法的に可能となって初めて生じることである。ところがキリスト教会の利子禁止令によって近世にいたるまで，ローマ語系諸国ではフランス革命にいたるまで，利子の支払は不可能であったわけで，あったとすれば隠れて行われたといえよう。

これに対して，内部資金調達（Innenfinanzierung）が問題になるのは，期間利益（Periodengewinn）に依存する支出によってのみであるところに特徴がみられる。期間利益に依存する支出とは，利益に関する税金（主に法人税と所得税）と利益払い出し（株式会社における配当と個人企業者の引き出し）のことである。法的に独立した企業からこうした利益税や利益払い出しが可能となるのはようやく19世紀になってからのことである。こうした利益の大きさに影響される支出があるがためにこそ，内部資金調達の理論が要求されるのであって，そうでなければ，内部資金調達は売上は費用を上回る限り，大きければ大きいほどよいという簡単なことになってしまう。1期間の利益をどのように計算するかによって，これに関する税金や配当という資金の流出が生じるため，内部資金調達を最適化させる理論が要求されてくるのである。

2　19世紀までの外部資金調達

上に述べたように，外部資金調達の発展に必要な有限責任の制度はまだ新しいものである。ローマ法においては生活共同体の構成員はその収益活動に対して無限の責任を持つことが決められていた。しかし，当時は奴隷制が認められていたので，余裕のある者は奴隷を買収し，事業が失敗すればこれを自由に処

分することが出来たといわれる。すなわち，市民は無限の責任を持つものではあったが，奴隷制のために自由な収益活動を阻まれることはなかったといえよう。ローマ時代に続くキリスト教の時代になると奴隷制は禁止された上，利子を支払うことも禁止されたので，企業的活動にとって資金調達は一層困難になった。もっとも，この利子禁止令も通貨交換，運送，保険などの手数料の名目で，いわば隠された高利子をとることによって法の網をくぐることもあったようである。とにかく，利子禁止令があった限り，資本のコストや自己資本と他人資本の最適構成について考えることはできなかったわけである。

17世紀以降にはオランダ，イギリス，フランスにおいて危険性の非常に大きい植民地航海を対象に投機がなされるようになり，これらのすべてが国によって行われる場合もみられる。アダム・スミス（Adam Smith）が東インド会社の商売のやり方に憤怒していることや，1720年にジョン・ロー（John Law）のミシシッピ会社がフランスを破産に導いたことはすでによく知られている。これに先んずること20年以上にしてすでに，取引市場は先物取引による大混乱があったといわれる。

19世紀と20世紀においても株式会社の醜聞は絶えず，ドイツとオーストリア王国において 1871年，1902年，そして，大恐慌のあった1930年頃証券取引所は崩壊している。こうした苦い経験を経て今日の証券取引所上場許可や会計監査に関する法律ができたものである。

3 19世紀までの内部資金調達

つぎに，内部資金調達の発展について歴史をふりかえってみよう。内部資金調達としての問題は，企業収益に関する租税と資本提供者への払い出しの残りとしてどれだけ企業維持，ないしは，未来への準備のために留保すべきか，ということである。利益に依存する租税と利益の払い出しとを分けて考察しよう。

　(a) 利益に関する租税

利益に依存する租税として，利益と減価償却の区別を前提とするようになっ

たのは19世紀になってからである[5]。

　それまでは企業の生産要素や生産物に課税される間接税が主な租税であった。もしも租税義務者を直接に課税するとすれば，それは財産を基準にされていた。財産としては土地が主なものであったが，貴族や聖職者は課税を免れていた。公正な課税の改革案として18世紀の始めに出てきたのが全額を一括計算する純収益税（Reinertragsteuer）である。たとえば，水車小屋と工場の収入余剰の全額に修繕費20%を差し引いて課税するような仕方がこれである。最初に施行された純収益税はイギリスの所得税で，ナポレオン戦争の時に導入されてその後一時撤廃されたが，1842年再び施行された。修繕費の一括控除は時々不認可となったりしたが，1878年にようやく設備資産の減価償却が許可されている。利益と資本（減価償却の計算は資本に相当する）の区別を概念上明確にした所得税としては1874年のザクセンとブレーメン，そして，1891年のプロイセンの所得税法がはじめてであり，ここに課税所得の計算における商事貸借対照表の基準性が導入されたわけである。

　（b）利益の払い出し

　現代においては株主が配当を受取り，その他の形態の会社形態においても資本提供者は企業利益の1部を報酬として引き出すことは当然と考えられているが，19世紀まではこれも極めて困難なことであったことが報じられている[6]。すなわち，19世紀にいたるまでの企業と考えられる会社においては，まだローマ法においてソキエタス（societas）と呼ばれる集団に似たものであって，ここでは構成員の生計と収益活動が同時に行われる共同体であった。このような「会社」から社員が引き去りを行うことは生計に必要不可欠のものに限って許されていた。会社の資産から引き出された金額に対して彼は債務者であって利子を払う立場にあった。18世紀においては損益計算をすることも好まれなかった時代であって，会社契約として特に損益計算をする約束のなされたこともあったが，利益を引き出すことはやはり会社契約に明確に表現されていない限り非常に困難であった。この時代の年度決算はしたがって，資産の計算が主であって，現代のような資産・財務・収益状態を把握し所得計算や経営管理に役立

たせる目的をもったものとは程遠いものであった。生計と収益活動が一緒になったような「会社」においては，社員が互いに仕事の上で信用をなくすとその集団を解散せねばならなかった[7]。

このような「会社」においてはその会社が終了した後はじめて利益を計算し分配される，という理解がなされていた。この時代の法律においては，したがって，会社の寿命の終わった後にはじめて利益が計算されるという全体利益（Totalgewinn）の概念しかなく，期間利益（Periodengewinn）の概念はなかったと考えられる。1794年の一般プロイセン州法（allgemeine Preussische Landrecht）によってはじめて期間利益を払い出すことが許され，貸借対照表において所得の計算をすることが認められたわけであるが，これは利益の計算ないしは分配が一般的でなかった当時としては画期的とも考えられる。

合資会社の有限責任社員（Kommanditist）は有限の責任しか持たないことが知られている。この有限責任社員の有限責任は13世紀から次第に出来てきたものであるが，自分の受け取った利益にまでは及んでいない。19世紀になってからも有限責任社員が得た利益は，無限責任社員の破産財団に返済すべきである，という主張が行われている。また，株主にすでに渡された配当もその株式会社の破産財団に返すべきだという意見もみられる。

さらに注目すべきは，株式会社の利益配当は複式簿記でなく，単式の収入余剰（Einnahmenüberschuss）計算を基礎としていたことで，特に19世紀の私有鉄道がこれを示している。減価償却は当時，「設備更新基金引き当て」と呼ばれていたが収入余剰に従って計算されていたのである。このような税法ないしは商法の状況においては，内部資金調達は問題として起こり得なかったものといえよう。

4 19世紀以降の資金調達論

ドイツの財務論においてよく用いられる表現に「黄金の銀行規則（goldene Bankregel）」と呼ばれるものがある。これは19世紀の半ばプロイセンの統計学

者ヒュブナー（Otto Hübner）が当時の銀行の資料を集め，銀行の預金者は期限がくるとその預金をおろすかもしれないから，銀行はその期限より長い貸付をしないのが安全である，という意味のことを書いたことに始まる[8]。このような銀行財務の期間一致の原則は深慮をもってつくられたものとは到底言えないものである。これよりも，その3年後に博士論文に示された，銀行預金のうち一定の額は恒常的に残るのでこれを長期的に貸し出すことが出来るという理解のほうがより進んでいる。これは経済的事実関係への直感がほのめかす経験的な規則性を観察したものといえよう。これに関し，アドルフ・ワーグナー（Adolf Wagner）はすでに銀行会計を開示することの必要性を主張している[9]。

負債の持つてこ作用（Hebelwirkung）については後にアメリカからレバレッジ効果として輸入されることになるが，いわゆる講壇社会主義者に数えられるシエフレ（Schäffle, A.）の企業形態の研究においてその萌芽がみられるとが指摘されている[10]。

以上のような実務のために助言を与え，実行提言しようとする研究に対して，今世紀最初の経営経済学の著書は一歩後退した性格を持つことになる。すなわち，株式会社の設立，清算，合併といった制度的な記述が中心となるもので，リーフマン（Liefmann, R.）の著書に典型的にみられる[11]。

シュマーレンバッハにおいてもリーフマンと同じように，Finanzierungの概念として長期の資本調達，それも日常的業務を離れた臨時的な財務という狭い概念が使われている。こうした傾向のなかで貸借対照表の流動性指標[12]と資本需要の意味の研究がなされ，オランダの学者ポラーク（Polak, N. J.）[13]による資本拘束（Kapitalbindung）の研究へと発展する。グーテンベルクの資本需要関数[14]はこうした研究を基礎に考えれているが，資本需要関数は貸借対照表の平均的な大きさを対象としているため，提供される資本額と区別できない。資金の計画のためには，資金の流れを直接に対象とする投資理論的考察のほうが優れている，と指摘される。

その後，資金調達論の研究対象は大きく広がってきたがなかでも注目される

のは負債比率と資本コストとの関係に関する研究内容であろう．すなわち，U字型の平均コストの考え方が資本会社の平均資本コストとして導入されたものである[15]．

最初，自己資本のみによる企業が負債をふやしていくと，企業の市場価値はてこの作用によって大きくなる．しかし，負債比率が大きくなるとこれをリスクとして利子率に加算されるため，自己資本の収益率は減少に向かう，というものである．平均資本コストが最小になるところで，企業の市場価値は最大になるという，いわゆる伝統的資本コスト論である．しかし，これは論理的必然性を持った理由を持ったものではなく，資本構成のリスクという概念も量的に検証できる概念ではない，とシュナイダーは批判している[16]．彼によると論理的必然性を持った理由付けは，丁度反対の，資本構成は企業価値に影響しないという仮設によって示されるのである．

III 資本市場理論としての外部資金調達理論

1 モジリアーニ・ミラー命題

資本市場において評価される企業価値が負債比率と関係しないという仮設がモジリアーニ・ミラー（Modigliani/Miller，以下M/M）によって初めてつくられた[17]．これは企業の資本コストにとって最初の構造核（Strukturkern），すなわち核心となる概念であり，このために外部資金調達の理論としての発端であるとされている[18]．

仮定条件として，資本市場においてはリスクのない債務証券とリスクを持つ株式の2種類のみが取引されること，株式はすべて同じリスククラスにあるので相互に依存関係はないこと，税金と取引コストはなく，誰も価格に影響を与えることはできず，すべて同じ情報を受けて財務的目的のためにの行動すること，がある．　M/Mの行った考究の核心は個々の投資家が裁定取引の可能性を十分に利用して証券の売買をすることにあるといえよう．投資家にしろ株式会社にしろ，負債にリスクがないとすれば，負債の利用が増加し，てこの作用

によって自己資本の収益率が大きくなり，市場価値が増加する。しかし，負債をもった企業の市場価値が，負債を持たない企業の市場価値との間に差異が生ずると，投資家はより高く評価された，負債を持つ企業の株式を売却する。ここから，負債によるてこの作用を利用した企業の高く評価された株式の価格は下落する傾向がはじまる。

　一方において，他の投資家はより低く評価された，負債のない企業の株式を買い始める。その場合私的に借金を自由に出来る。ここから，負債のてこの作用を利用しなかった企業の，より低く評価されていた株式の価格は上昇し始める。

　これはつまるところ，すべての投資家が負債の増加によるてこの作用を，私的な借金によっても達成できるということであり，いいかえれば，負債を増やすてこの作用による儲け分を丁度相殺することである。この理由で負債比率は企業の市場価値にとって無意味となり，すべての負債比率の場合に平均資本コストは市場均衡値として一定になるわけである。

　以上，負債について説明されたことは，配当か留保かの選択の場合にも同じくあてはまり，一方の株式会社の市場価値が高く（または低く）なると，裁定取引がなされて市場価値は同じになるので，配当か留保かの選択も無意味であるということになる。

　M/M命題は与えられた仮定条件のもとでは，その論理は必然的に導かれるものである。したがって，問題はどの仮定条件が非現実的か，にある。ここに3つのみをあげておこう。

　　1）会社と個人の所得と資産は異なった課税をされている。
　　2）個人の負債は会社の負債と同じ条件で行われるものではない。
　　3）証券取引の税金や手数料も取引コストとしてかかり，個人のリスクに対する選好も違う。

　これらの仮定条件を考慮してM/M命題を弁護する研究もその後，報告されてはいるものの，M/M命題が現実を説明するものとは言えない[19]。シュナイダーはここで次のような説明を加えている。「M/Mは，資本構成が，簡略化さ

れた（vereinfacht）不確実性のもとに,企業の市場価値に影響を与えないようになるのはいつか，その論理的な存在条件を示している」[20] と。このような条件においては，株主のための投資決定が，企業の資金調達の意思決定と独立に行われ，また，株主の消費とリスク選好とも独立になされる。すなわち，不確実性のもとでの分離定理（Separationstheorem）が初めて示されているのである。

2 資本資産価格評価モデル（CAPM）

資本市場における資本コストにとって2番目に核心となる論点が資本市場価格評価モデルとして展開してきた。これについては，マーコビッツ（Markowitz, H.）によるポートフォリオ・セレクションの理論をシャープ（Sharpe, W. F.），リントナー（Lintner, J.），モッシン（Mossinn, J.）らが資本市場に適用したことが知られている。

M/M命題が，リスクを持った投資（株式）とリスクを持たない投資ないしは資金調達（債権）を，それぞれグループとして比較の対象にしていたのに対して，CAPMではリスクの異なった資本市場における投資（株式）が考察の対象となる。

ここにおいてもCAPMを分析するシュナイダーの視点は実に興味を引く特色を示している。すなわち，株式会社における不確実性下の投資決定はいつこの企業に資金調達する個人の消費選好およびリスク選好から分離できるか，という視点である[21]。これはいわゆるフィッシャー（Fisher, I.）分離定理の延長線上にあるものであって，ここから投資家のリスク選好と矛盾しない投資決定の権限を経営者に委譲する理由づけが導かれるものである。

このように，いつ不確実性下の投資決定が企業または資本市場において権限委譲されるか（delegierbar）という論理的な条件として解釈すれば，CAPMの資本市場均衡理論は次の仮定条件より成り立っている：

1）すべての証券の需要者と供給者はリスク回避を選好し，1期間の最終時点の資産の期待値の極大を望む。
2）資本市場は完全であって，租税や取引コストはなく，市場参加者によっ

て恣意的に価格を動かされない。

3) すべての証券は資本市場で取引され，その総数は決まっていて，自由に分割できる。この条件は若干変更される場合もある。

4) 資本市場は全体として，リスクを持つ証券とリスクのない貸付または借入からなり，それらの組み合わせによるリスクを最も小さくする利回りの期待値が計算される。

5) すべての市場参加者は個々の証券の利回りの確率について同一の期待をし，確率は正規分布で，証券同志の相関係数が丁度 $+1$ と -1 の場合は除かれる。

すべての市場参加者が最終資産のリスク効用の極大化を目的とするので，収益期待値（μ）と分散（σ）による決定規則を用いることが出来，効率的組み合わせによる収益期待値の決定ができる。

ここに，図による説明は省くが，要するにリスクのない資金の貸借が自由に出来ることが資本市場線として示され，これと効率的ポートフォリオとの接点において市場ポートフォリオが求められる。リスクのない安全利子率を i とすれば，市場ポートフォリオの期待収益率 $\mu(r_M)$ との差はリスクを受け入れることに対する市場価格として解釈される。

ここに，証券の収益値の散らばりで示されるリスクには，証券の組み合わせによって除去できるリスクと，それ以外の景気変動などとの関連において除去できない，システマチックなリスク，すなわち，ベータ（β）とがあることに注意しておかねばならない。

CAPMの核心となるのは，ある証券の期待収益値を導く証券直線にある。証券の期待収益値を $\mu(r_i)$ とすれば，これは資本市場均衡の状態において，リスクのない利子率 i とリスク・プレミアムからなる。リスク・プレミアムとはリスクに対する市場価格 $[\mu(r_M)-i]$ にこの証券のシステマチック・リスク β_i を掛けたものである。すなわち，

$$\mu(r_i) = i + [\mu(r_M) - i]\beta_i$$

と表現される。$\mu(r_i)$ を縦軸に，β_i を横軸にとれば，i を縦軸との切片とし

$\mu\{(r_M)-i\}$を勾配とする直線がえられる。これが個別証券の証券市場線であり，市場ポートフォリオのβは定義により丁度1において求められる。

　CAPMの理論においては市場均衡状態においての期待収益率が，不確実性下の資本コスト（計算利子率）の役目を受け持っているのである。資本コストにはリスク・プレミアムがつけ加えられるのである。これはいわば簡便にして簡単な考え方ではあるが，実際において一体どのような前提条件のもとに不確実性下の資本コストがあるのか，を問わねばならない。

　その後展開しているオプション価格評価モデル（OPM）においては，現時点において，未来に一定の価格で証券を売るか買うかの選択権を購入するという問題が議論される。資本市場モデルの前提条件は変えられ，時間的経過において動的な均衡値が求められる。ここにおいての問題も，未来においてリスクをとる場合の市場価格はどのように決まるかということである。資金調達の理論もこのような不確実性下の理論として未解決の問題につきあたるとになる。リスクに対する市場価格をきめること，ないしは，不確実性下の資本コストにとってはリスク効用関数との関係を明らかにせねばならないが，理論はそこまで進んではいない。ここにおいてこそ，不確実性下の資本コストにとって分離定理が必要となる。

　M/M，CAPM，OPMなどの外部資本調達モデルが基礎とする完全競争という仮定は，現実の世界を説明するものではなく，未来の説明理論のための方法論的な「前決定（Vorentscheidung）[22]」であるといえよう。シュナイダーによると企業政策にとってはそれらは無意味であり，形成理論としては空約束のようなものであるとされる。

Ⅳ　内部資金調達理論

1　自己金融の最適値

　内部資金調達が理論として必要とされるのは，利益を留保するか払い出すか，すなわち，自己金融（Selbstfinanzierung）か消費の為の引き出しか，の選

択が問題となるときであることはすでに述べた通りである。利益を留保するか投資家の生計を維持するために引き出すか，という考え方は，当然，伝統的な企業者を中心としたものであって，株式会社の場合には，利益留保か配当かの問題になる。シュナイダーによると，内部資金調達の理論の最初の構造核 (Strukturkern) をもたらしたのはハーシュレイファー (Hirshleifer, J.) であるとされる[23]。

もっとも，ハーシュレイファーの理論ははフィッシャー (Fisher, I.) の投資と消費の理論をさらに展開させたものである。

フィッシャーの定理は投資の理論として説明されることが多いが，要するに，2期間モデルにおいて完全資本市場が仮定されれば，すべての市場参加者は限界利益率が計算利子率に等しくなるように投資を決めることにより，全員の経済状態はより向上する，ということである。市場参加者はそれぞれ異なった消費と投資の選好を持っているが，投資の限界利益率が丁度利子率に等しくなるよう投資を決めることによってより大きな効用を得ることができる。その場合，各人は異なった消費選好をもっているがそれに応じて資金の借入と貸出も自由にできるわけである。すなわち，投資の決定は，その資金を提供する者の消費の選好に関与することなく行われる。投資の意思決定の権限は経営者に委譲しても資金提供者の損になる心配はない。投資の決定と資金調達の決定が分離して行われるという分離定理はフィッシャーによって初めて論理的に説明されたわけである。

ハーシュレイファーはフィッシャーの考えを不完全な資本市場に広げたといえよう。完全資本市場では一定の利子率で資金の貸借は自由にできたが，より現実に近い利子率とし借入利子と貸出利子の利子率が異なる場合はどうなるか，を検討している。いうまでもなく借入利子率は貸出利子率よりも高いのが一般的である。投資の利益率がこの借入利子率と貸出利子率の間にあるときにはどう決めればよいか，が問題となる。

利子率を縦軸に，資金量を横軸に目盛った図を想定しよう。借入利子率と貸出利子率はそれぞれ横軸に平行な直線で，借入利子率の方が上に位置する。投

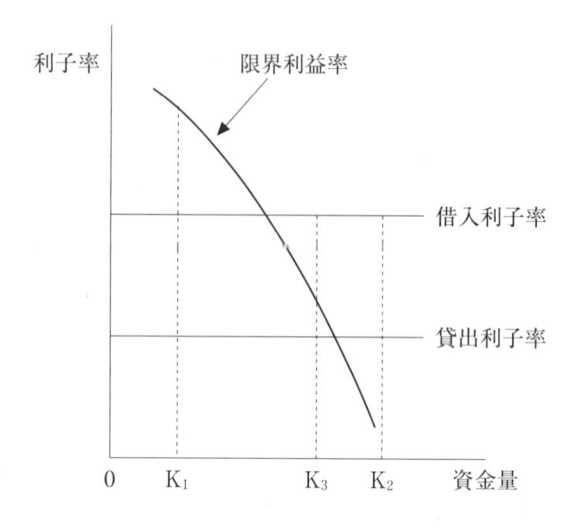

グラフ：縦軸「利子率」、横軸「資金量」。曲線「限界利益率」が左上から右下へ下がり、水平線「借入利子率」「貸出利子率」と交わる。横軸上に K_1, K_3, K_2 の点。

資の限界利益率を曲線で示すと左上から右下に下がるので，まず，借入利子率の直線と交わった後，貸出利子率の直線と交わる。もしも，自己金融の資金が極度に少ない場合には，借入利子率によって資金を借り入れ，投資の限界利益率が借入利子率に等しくなるまで投資をすることが有利である。自己金融の資金がきわめて潤沢である場合には，投資の限界利益率が貸出利子率に等しくなるまで投資をし，残りの資金を貸出利子率で貸し付けるのが有利である。しかし，この自己金融の資金が限られていて，その投資の限界利益率曲線との交点が丁度借入利子率と貸出利子率の間にあるときには，投資を決める基準となる市場の利子率は与えられない。このような場合にはせいぜい数理計画モデルによるシャドウ・プライスが用いられることになろう。何れにしろ，一定の資金量，自己金融の額が決まって初めてそれに関する利子率が分かり，投資計算がなされることが理解されよう。さらにシュナイダーの説明によると[24]，留保か配当かという問題は，経営者と株主によって違った目的を持つものであって，自己金融の資金について資本コストを論ずることは適当でなく，内部資金調達による資金のコストは（税金を考慮しなければ）ゼロであると解釈している。

2　意思決定中立的利益概念

　利益のうちどれだけ再投資し，どれだけ利益の報酬と税金のために払い出すべきか。内部資金調達の問題はこの疑問に答えることである。実務に直接関わるのは，当然ながら会計上の利益をどのように計算し，税務上の規定をどのように適用して配当や税金の支払を決めるかということであろう。しかし，ここにおいてもう一つ理論的考察のなされ得ることを忘れてはならない。

　一期間の利益をどのように決めるかということは，言い換えると，期間の初めの時点と終わりの時点における資産を比較することである。理論的考察をする上で期間中の具体的な月日の収支を捨象し，収支の流れはすべて期間の開始ないしは終了時点に生ずると考えるのが簡便である。所得としての収入をどれだけ費やすか，あるいは，未来のために貯蓄するかの意思決定はすべてこの期間のつなぎ目となる時点においてのみなされる。ある一時点においての企業の価値を未来の収益の現在の価値と考えると，ここに収益価値を計算できる。いうまでもなく，この場合一定の利子率の適用できる完全資本市場と確実性の世界を仮定しなければならない。そして，この収益価値を維持するには一期間にどれだけ払い出すことが可能か，すなわち，どれだけ払い出しても収益価値は元のままでありうるか，の計算ができる[25]。

　要点を示すとつぎのようになる。t期の収益価値をE_tとすれば，1期前の収益価値E_{t-1}に利子率iを掛けた$i \cdot E_{t-1}$が増えるので$(1+i)E_{t-1}$として示される。t期において前期に予想できなかった収入余剰Q_tが生ずるとする。企業者がこれを全部引き出すとすると，t期の収益価値はそれだけ減少する。すなわち，

$$E_t = (1+i)E_{t-1} - Q_t$$

となる。この式を用いて，つぎにt期からt-1期まで収益価値がどれだけ減少したかを示すことができる。今，収益価値の減少分をD_tとするなら，これは収益価値の減価償却の意味でもあり，定義により$E_{t-1} - E_t$である。上の式より，

$$D_t = Q_t - i \cdot E_{t-1}$$

となる。この式は<u>収益価値の減少分（収益価値減価償却）</u>が丁度，その期の収

入余剰から経済論的利益（ökonomischer Gewinn，収益価値に利子率をかけたもの $i \cdot E_{t-1}$ であって，古典的資本理論の利益概念に相当する）を引いた大きさになることを示している。経済論的利益に等しい引き出しが行われると，収益価値の減少はなく，収益価値は維持される。企業の収益価値を一定に保つためには，一定の条件のもとに，企業の収入からどれだけ引き出すことができるがここに説明される。

　この関係をそのまま課税を考慮する場合に当てはめることができる。注意すべき点は，1期間の利益に課税されるときには，税支払が収入余剰から差し引かれることである。この税支払は，収入余剰から税法上の減価償却を引き，税率を掛けることによって得られる。ここに，式を省いて説明すると，課税前の収益価値と課税後の収益価値を等しいと置くことによって，課税にたいして中立となる条件を求めることができる。その条件は，税法上の減価償却が丁度，収益価値の減価償却に等しいときである。言い換えると，収益価値と等しい減価償却がなされるとき，課税は投資に影響を与えないということである。さらに言い換えると，経済論的利益に丁度等しい額がその期間の利益として課税の対象になるときである。

　このように一定の利益概念とそれに関する税支払が，企業の投資ないしは資金調達の決定の優劣にたいして影響を与えないことをもって，意思決定中立的という表現がもちいられている。この概念は現実の条件においてそのまま適用される概念とはとても思えない。現実への距離は遠いけれども，理論的取り組みの手がかりを与える準備的前段階であると解釈される。すなわち，意思決定中立の条件を知ることによって，税法上の減価償却がどのような効果を持つか，投資に対してどのような影響を与えるか，という興味深い考察をすることが可能になっている。利益の概念は経済理論と深く関わるものであり，結局，資本と所得をどのように分離するかという問題になる。この問題は決して簡単に説明できるものではないが，シュナイダーの考え方は基本的に次のようである[26]。

まず第1に，所得があることの前提として，収入ないしは財が流入していること，すなわち，いわゆる商業簿記の原則の一つとされる実現原則（Realisationsprinzip）がみたされていること。第2として，ある期間に流入した収入のうち，期首の時点よりも期末の時点の状態が悪くならないように消費できる部分のみが所得であること。第3に，資本維持のためにその期の収入から差し引くことのできる減価償却の額が，一つの理論的な概念として必要である。この概念はすでにリカード（Ricardo）とベーム-バヴェルク（Böhm-Bawerk）によってもちいられ[27]，ある期間の収入余剰から，期首における投資の収益価値への利子を差し引いた差額で示される。これが収益価値減価償却の概念である。

ここに注意すべきことは，この概念によると費用としての減価償却が利益を決定するのではなく，予定された利益の期間的配分が，資本維持に必要な額を決めるということである。この減価償却の大きさは，不規則な流れとしての収入余剰を期間毎に等しい利益の流れにするものであるから，その期間の収入ないしは流入に依存するわけである。

以上の関係は論理的に相互の関係を説明できる一つの内部資金調達の理論である。しかし，観察され得る対象からその決定理由を説明する説明理論でもなければ，減価償却ないしは内部留保によってある資金調達の実際的助言をする形成理論でもない。ここに扱われているように，理論的な概念の測定のため具体化の仕方を示す場合，これが測定化（metrisierend）と呼ばれている（第V節166頁参照）。ここにおいての「所得」の概念は，維持されるべき資本のための減価償却を越える余剰としての考えられているものである。

V　経営理論の構築と指導理念

以上において財務論の中でも特に資金調達に関する理論の展開を歴史的に取り上げてそれらの内容の考察を行った。さて，これまでしばしば使われた「理論」という言葉は実に多様な意味に解釈されるものである。しかし，一つの学

問の歴史における「理論」が対象にされるとき，その意味するところをより明確にしておかねばならない。

「理論」という表現が使われるとき，次のような四つの場合を区別できる[28]。
（1）現実界において一定の規則性があるとされ，ある行動の実行を提言する場合。たとえば，収益法則あるいは線型の生産過程を仮定した生産理論が考えられる。
（2）似たような問題提起に対して，異なった解決法が複数ある場合，これらがまとめられて理論と呼ばれる。たとえば，資金調達理論がこれであって，最適資本構成の理論とその反対の結論を持つM／M理論（仮設）がこれに含まれている。
（3）異なった問題提起に対して，似たような解決法が複数ある場合，これらを一緒にして「理論」と呼んでいる。たとえば，販売理論において，ミクロ経済理論，行動科学的理論，システム理論などの解決法が区別されている。また，資本構成が企業価値に無影響であるという仮設や，完全競争市場における価格が唯一不変で差異がないという主張は，市場均衡の思考による解決法であり，これも「理論」と呼ばれる。
（4）現実への応用ではなく，学問上においての言明を目的とする場合。たとえば，現実とは別の「純粋の理論」という用い方がある。

こうした多様な使われ方があるが，理論の種類として説明理論と形成（規範）理論の区別は次の説明にも重要である。説明理論は観察される個別の経済行動の間の関係を考察するものであり，形成理論はよりよい行動を形成し改善せんとする意図をもった思考である。シュナイダーはこれに加えて，測定化理論の重要性を主張している。これは，説明理論と形成理論に使われた概念を，さらに一層，観察可能にし測定可能にする目的をもつものである。これら三つの理論は相互に独立に成立するものでなく，実際に応用される理論が形成されるまでには，それ以前の準備となる理論が必要であることが強調されているといえよう。

シュナイダーはこのような考えによって，厳密な意味での「理論」としては

四つの事実を兼ね備えるべきであると主張している。
(a) 問題提起： 問題がどのように解決されるべきか，という解決方法の概念が必要であって答の可能性のない問題であってはならない。
(b) 構造核心： 問題と解決法との関係が明確に論理的数学的に導かれること。たとえば，クールノーの独占価格形成のモデルは分かりやすい明確なモデル結果が示されている。
(c) 模範例： 問題に関する構造核心の概念を現実に応用し，モデルの結論を成功裡に適用するのが模範例である。たとえば，カッセル（Cassel, G.）はすでに1900年に，旅行会社の例によって旅客の運賃を上げると収入が減り，運賃を下げると収入が上がった例によって，需要弾力性の概念が実際に適用され得ることを示している。
(d) 仮説： 仮説とは現実における関係を示すものである。ここにモデル結果が模範例によって示され，さらに，モデルに基いて観察された言明が一般化されることが必要である。たとえば，「もしも，商品の価格が販売量に依存するなら，企業者は売上高を最も大きくするように価格を決める」という仮説を一般化するためには，ここに使われた概念が観察可能であり，その概念についても反証の可能性が必要である。

　さて，つぎに，歴史を通しての理論の展開を整理する上で，非常に有益な概念がシュナイダーによって提唱されている。これが学問研究の指導理念（Leidbild）と呼ばれるものである[29]。すなわち，これは個別経済学においての学問の共同体が人間社会の制度を研究するときに持つ視角であり，一つの方向性をもつ考え方であり，理念像ないしは案内図的意味を持つのと言えよう。シュナイダーはこの指導理念を四つにわけている：
　（１）　内部の関係の調整にむけられるもの；　理性的形成の指導理念
　（２）　外部との関係，すなわち，他の制度との分離可能性にむけられるもの；これは市場均衡価格によって相互依存性を分離する可能性の指導理念であって新古典派による市場均衡思考が影響している。

（3） 制度の発生，内部，外部の関係を説明することに向けられる；<u>企業者職能の指導理念</u>
（4） これらの他，未来に出てくるかもしれないもの

以上四つの指導理念はそれぞれ①学問的目標，②現実界から選ばれた局面，③理論構築の方法において共通点をみることができるものである。最初の三つの指導理念は大略つぎのように説明されよう。

（1） の<u>理性的形成の指導理念</u>は，個別的経済の思考として最も古くからあり，現代のマネジメント思考にまで伝わるものである。経済学の語源であるギリシャ語のオイコスは家を表し，ペリクレス（Perikles）はここに自由市民が家の経営をする概念を残しているわけである。これは実務においての実行の提言または助言を与える技術論であり，形成的理論である。ここでは，家，農場，経営の中での人間の共同生活が取り上げられ，今日でも経営管理の問題とされている。方法としては，家ないしは経営を経済的に治めることであったが，「合理性」を強調したため，意思決定の論理が誤用されている。経済事象の中の意思決定の論理と経験的な理解を"いっしょくた"にする「全体性的」観点が特徴となっている。確かに実際的行動をするにはあらゆる関連性をみなければならないが，前提条件と仮説によって適用範囲を明確にする理論の形成には貢献していない，と考えられる。

<u>理性的形成の指導理念</u>のなかで，「経済的」な考え方は啓蒙時代の頃同じく発展した物理学の影響がある。すなわち，限界革命における変化の思考を取り入れて意思決定の論理を押し進め，これが経済的財の供給問題に結ばれて行く。こうした経済原則の考え方と，制度の内部の関係から市場を通して外部関係に視点が変わることによってミクロ経済学が展開してくる。

（2） の<u>市場均衡価格によって相互依存性を分離する可能性の指導理念</u>は，ミクロ経済学の家計と市場の理論より導かれる市場均衡の思考に大きく影響されている。この思考の三つの特徴を挙げると，個別経済の計画の調整が価格によって行われることによって経済資源の配分が効率的になされること，個人や

制度との間の市場を通した外部関係が前面にでること，需要者と供給者が独立に行動し，しかもその計画が最適値となる均衡値を求めること，である。この市場均衡値は現実を捨象してはいるが，それなりに相応した妥当な説明をするものである。独占市場の価格理論や資本市場の均衡モデルがこれに相当するものである。

　この指導理念の方法論上の特徴として，競争的均衡値を用いる思考は数値的計算をある程度可能にするが，一方では事実の認識力を大きく弱めているといえよう。競争上の均衡値は，あるがままの世界の簡略化を意味するが現実の妥当な説明とは決していえない。この均衡値は競争のない零の点を定義するもので，そこにおいては市場の過程においての競争はすでに不可能である。競争均衡値は方法論的には意思決定の前段階であり，前決定である。

　（3）の企業者職能の指導理念はシュナイダーが構築し，彼自身の経営経済学の見方をまとめつつその妥当性を主張するものである[30]。上の市場均衡値のモデルを使う指導理念においては，実際の人間社会の経済問題の解決に不十分であることが指摘され，これに替わる指導理念として提唱される。すなわち，人間がすべて知識，願望，能力において不均等であり，未来の成り行きは誰にも分からない不確実なものであるから，上の数学的モデルを使ったような計画は非常に困難である。人間の行動をより確かにしていくのは広い意味においての「制度」である。「制度」をつくることによって人間の行動を確実にしていけるのであり，所得との関係においては特に，貨幣，市場，そして，企業が重要になる。ある人間が所得を獲得し，その不確実性を減少さすためには他の人間と共に協力が必要である。これは一つには束縛される意味をもつが，そこにおいて「制度」がつくられていくのである。

Ⅵ　結

　ここにとりあげて考察した内容は，シュナイダーが経営経済学の理論の歴史の全般について著述したもののうち資金調達の理論を選び検討を加えたもので

ある。したがって，現代における財務論というよりも過去の理論のほうが多いといえよう。しかし，現代の理論を究明するためには過去における歴史を振り返ることが大切である，というのがシュナイダーの強調する点であってこれを裏付ける理由が上述の内容にも表れている。まず，資金調達の理論の発達がなぜ，生産や販売，組織や会計，などの分野に比べて遅れたかが説明されている。そして，資金調達は外部資金調達と内部資金調達に区別されるが，この概念の区別を明確にすること自身が理論展開の歴史につながっている。利益に関する課税と配当，そして，減価償却の問題は19世紀になってから生じたものであって，この頃から内部資金調達と自己資金調達が問題とされるようになった。現代的な財務の理論は1950年代になって発展したが，ここにおいて理論に対する見解は実に多様に分かれるに至っている。

このような状況において必要なのは，なにをもって「理論」とするかという概念であって，シュナイダーは歴史に残る理論を探索するための必要性もあって，「理論」の構成要件をも定義づけている。さらに，興味がもたれるのは学者が研究をして理論をつくるときに，一定の思考方向として指導理念を説明していることである。最も古く，かつ，現在でも広く見られるのが「理性的形成の指導理念」であって，ここでは主に組織の内部に関する問題を対象に実際的解決を目指した意思決定の援助が志向される。つぎに，「競争均衡値による分離可能性の指導理念」は，制度の間の取引状況をある程度描写することによって，観察され得る交換価格の説明ができるものである。しかし，人間の知識は不十分なものであって，意思決定の理論通り合理的な決定ができる状態からはほど遠いものである。経済計算は制度がなぜ生ずるか，または変化するかという疑問には答えられない。「企業者職能論」はここに経済計算のような量的な概念でなく，質的に所得の不確実性を減少させることによって計画の可能性を増やそうとする視点から制度の分析を試みている。

以上において資金調達の理論を対象にその展開を述べ，指導理念という概念の説明をしたが，財務論以外の分野においても，ないしは経営学という学問全般において指導理念の概念は適用されるものである。すなわち，財務論は人間

社会の制度をどのようにつくるかという問題に深く関わるものであって，ここに発表された数多くの理論をどのように整理し，位置づけるか，または，どのように理論を構築していくべきかを考える上でもきわめて重要な概念であるといえよう。

1) Schneider, D., Allgemeine Betriebswirtschaftslehre, München 1987, S. 326.
2) Schneider, D., a. a. O., S. 350.
3) Schneider, D., Investition und Finanzierung, この著は1970年に初版が発行され，1980年には第5改訂版となり，重版を重ねていたが1990年にはさらに全面改訂され，タイトルも次のようになっている；Investition, Finanzierung und Besteuerung, 6., vollständig neu bearbeitete Auflage.
4) Schneider, D., Allgemeine Betriebswirtschaftslehre, S. 350.
5) Schneider, D., a. a. O., S. 352.
6) Schneider, D., a. a. O., S. 353, 443.
7) Schneider, D., a. a. O., S. 353. [Wieacker, F., Societas, Hausgemeinschaft und Erwerbsgesellschaft. Erster Teil,Weimar 1936, S. 9f, 263f.]
8) Schneider, D., a. a. O., S. 354. [Hübner, O., Die Banken. Leipzig 1854 (Nachdruck Frankfurt 1968), S. 29, 104.]
9) Schneider, D., a. a. O., S. 355. [Wagner,Adolf, Beiträge zur Lehre von den Banken.Leipzig 1857, S. 167.]
10) ebenda. [Schäffle,Albert, Die Anwendbarkeiten der verschiedenen Unternehmungsformen. In：Zeitschrift für die gesamte Staatswissenschaft, Bd 25 (1869), S. 294.]
11) Liefmann, R., Beteiligungs-und Finanzierungsgesellschaften, Jena 1909. リーフマン『企業形態論』増地庸次郎・槇原覚共訳，同文舘，1922．
12) Lehmann, M. R., Liquidität und Liquiditätsbilanz. In：Annalen der Betriebswirtschaft. Bd 1（1927), S. 329-347, 480-504.
13) Polak, N. J., Grundzüge der Finanzierung mit Rücksicht auf die Kreditdauer. Berlin-Wien 1926.
14) Schneider,D., a.a.O.,S.356. Gutenberg,E.,Grundlagen der Betriebswirtschaftslehre,Bd. Ⅲ:Die Finanzen,Berlin/Heidelberg/New York 1969,S.18f. グーテンベルク『経営経済学原理，第3巻財務論』溝口一雄・森昭夫・小野二郎訳，千倉書房，1977年。
15) Solomon, E., The Theory of Financial Management. New York/London 1963. S. 92-98. Durand, D., Cost of Debt and Equity Funds for Business：Trends and Problems of Measurement. In：The Theory of Business Finance ed by Archer, S. H. and D'Ambrosio, C. A., New York 1967, S. 92-124・デュランドの研究はつぎの箇所で詳しく検討されている：生駒道弘『現代財務管理論』千倉書房 1973年，37-74ページ。

16) Schneider, D., a. a. O., S. 357.
17) Modigliani, F./Miller, M. H., The Cost of Capital, Corporation Finance and the Theory of Investment. In : The American Economic Review, Vol. 48（1958), S. 261-197.
18) Schneider, D., a. a. O., S. 357.
19) Schneider, D., a. a. O., S. 359.
20) ebenda.
21) Schneider, D., a. a. O., S. 360.
22) Schneider, D., a. a. O., S. 366.
23) Schneider, D., a. a. O., Hirshleifer, J., On the Theory of Optimal Investment Decision. In : The Journal of Political Economy, Vol. 66（1958), S. 329-359.
24) Schneider, D., a. a. O., S. 368.
25) 田渕進『西ドイツ経営税務論』森山書店1986年，103 および216頁。なお，この著書に関しては収益価値減価償却の計算式に関する詳細な検討とともに，その背後にある投資理論と課税との考え方について，生駒教授より厳密かつ丁重な御批判を頂いた。生駒道弘著（書評）「田渕進著：西ドイツ経営税務論」『商経学叢』（近畿大学）第38巻第2号 1991年12月，53-57ページ。
26) Schneider, D., Allgemeine Betriebswirtschaftslehre, 3. Auflage, S. 372.
27) 田渕進『西ドイツ経営税務論』243ページ以下。
28) Schneider, D., a. a. O., S. 53f.
29) Schneider, D., a. a. O., S. 39f.
30) 本書第12章シュナイダーの企業者職能論

第9章 「経営経済学のウィーン学派」をめぐって

I 序

　1898年はドイツのライプチッヒ商科大学に続いて，オーストリアでも現在のウィーン経済大学（Wirtschaftshochschule Wien）の前身である帝国貿易アカデミー（k. k. Exportakademie, 1919年より世界商業大学Welthandelshochschuleに改名，1975年より現在の名称となる）が設立された年であり，ドイツ語圏ではこの年をもって経営経済学（日本の経営学）が発足したとされている。その100周年にあたる1998年には各地で記念事業として多くの催し物や刊行物の出版が行われたが，当のウィーン経済大学が出版する学術雑誌『経営経済ジャーナル』は創立100周年記念号においてムグラー（Josef Mugler）が「経営経済学のウィーン学派」というテーマのもとにウィーン経済大学における経営経済学の生成発展と盛衰の模様を詳細に記述している[1]。この論文においてムグラーはウィーン経済大学の前身である貿易アカデミーが開設された後，現在では「経営経済学」と呼ばれている学問の構想を構築するため多大の努力がなされ，「ウィーン学派」と呼ぶにふさわしい経営経済学の一つの学派が存在したこと，そして，その最盛期ないしは開花期として第1次大戦後の1918年から1938年までの間と，第2次大戦後の1945年から1969年までの間の2回の活躍期がありながら，70年代以降次第に衰退していく様子を記述している。

　これに対してドイツボーフム大学のシュナイダーは「ウィーン学派は存在し

ない」という反論を出し[2]，同じ学術雑誌の翌年号においてさらに議論の応酬がなされている。

シュナイダーの反論の内容は3つに要約される[3]。

1）ムグラーによると経営経済学の萌芽は「商業の現象（Phänomen des Handels）」にあるとされるが，これは科学史としても間違いである。経営経済学ではなく，せいぜい政治経済学を指向する古典的経済学がその「商業の現象」に起源を持つと考えられる。

2）ムグラーは「学派」の意味を教育機関としての大学の意味で用いているようだが，「学派」は研究者が世代を越えて他の思考方向に対向して構築する研究プログラムの意味を持っている。この意味においては少なくともムグラーのいう最盛期においてウィーン学派があったとは云えない。

3）「経営経済学のウィーン学派」が存在した唯一の研究領域は18世紀後半以降の帝国国家計算学においてであるが，これについてはムグラーによって何ら敷衍されていない。すなわち，シュマーレンバッハが動的貸借対照表と静的貸借対照表を区別した時より125年前にいわゆる利益計算のための貸借対照表と資産計算のための貸借対照表が区別されたのである。この点についてはシュナイダーがその著書で説明している[4]ことがムグラーによっても引用されている。本章においてはシュナイダーによる批判の根拠をより詳しく検討し，これに対する反批判の論点とともに若干の考察を行うこととする。ただし，第3の論点は紙幅の関係上省略する。

以下において，IIではムグラーの論文の概要を示し，IIIではシュナイダーの批判する「商業の現象」と「学派」について述べ，IVではそれらの批判に対する議論を吟味し，Vでは若干の考察を行う。

II　ムグラーによる経営経済学ウィーン学派

ムグラーの論文は45頁におよびそのうち6頁が参考文献によって占められている。内容はつぎのように分けられている：

第9章 「経営経済学のウィーン学派」をめぐって　*175*

1　目標設定
2　先駆者
3　生成期
4　第1次開花期　1918-38
5　第2次開花期　1945-69
6　弱点と終末　1970-90

　ムグラーは100年前にウィーン経済大学の前身である貿易アカデミーが出来た時からなにが正しい経営経済学の概念かについても議論があり，ウィーン経済大学の歴史は「経営経済学のウィーン学派」といえる経営経済学の歴史の一つであるという考えの下に著述を展開している[5]。最初の先駆者の書き出しにおいて，「商業の現象と商人の人格が経営経済学の始まりである」ことを述べ，商慣習や商取引の知識が学問として伝わることを説明している。ベニスの商業，グーテンベルク印刷術，ルカ・パチオリの複式簿記，サヴァリーなどに続き，ドイツでは18世紀にマーペルガー（Marperger），ルドヴィチ（Ludovici），そして19世紀にロイクス（Leuchs）などの商業書が現れることが示される。1819年にはゾンライトナー（Sonnleitner）が商業教科書を出している。1873年に一度商業アカデミーが発足したが長続きせず，ようやく1989年に大学としての貿易アカデミーが開設される。商業アカデミーの所長であったゾンドルファー（Sonndorfer）はすでに世界商業の著書を著していたが，ここを卒業したヘラウアー（Hellauer）がやがて国際アカデミーで国際商業学を教えることになる。

　生成期において経営経済学ウィーン学派の理論的な形成は最初簡単ではなく，一方では実務からの要請，他方では伝統的大学側からの商業学否認の問題があった。貿易アカデミーの特徴はまず国際性をもつことであり，これについで実用性が強調された。このために帳簿実習（Muster Kontor）が多く行われた。簿記や商業文など個別の専門知識の他にこれらを統合するために機能概念（Funktionen-Idee）が教えられ，これがウィーン学派の基礎概念となっているとされる。機能の概念は細分化された部分を上位の概念で統合する意味で使わ

れている。

　経営経済学の認識目的については最初から意見の一致がなく，経済学の価値論争に続いて第一次方法論争が行われている。ブレンターノ（Brentano）やシュモラー（Schmoller）といった歴史学派は複雑化する経済に対して価値判断を行うことを重視したのに対して，マックス・ウェーバー（Max Weber）とゾンバルト（Sombart）は価値判断は学問の対象ではなく，仮説からの純粋な論理的帰結によってのみ行動奨励が得られると主張する。1909年のウィーンでの社会政策学会では両者の大きな衝突がみられた。経営経済学の創始者とされるシュマーレンバッハとニックリッシュも私経済論争に少なからず関わっている。1912年にはヘラウアーはベルリンに移り，その後オーバーパーライター（Oberparleiter）が貿易アカデミーの世界商業学を担当することになる。

　第1次開花期の1918年オーバーパーライターは「商業の機能」という冊子を出し，商業の機能を場所的，時間的，量的，質的，文化的，信用機能と解釈し，その後リスク論によってこれを補足している[6]。機能概念からはじまり給付現象を中心とするウィーンの経営経済学が発展することが指摘される。シュマーレンバッハは当初私経済として商人のための技術論を主張していたが，戦後の物資不足の中で全体経済の観点を入れざるを得なくなった。ニックリッシュは「向上への道，組織」において倫理観に根ざした理念的経営経済学を説いている。1919年に貿易アカデミーは世界商業大学に改組されるが制度変更により学生数増加，教授陣拡大，研究所開設，などが進み，学術雑誌の論文収録増加の状況が報告されている。

　戦間期の世界商業大学は経営経済学ウィーン学派の最初の開花期であり，給付概念（Leistungsbegriff）を視点の中心に据えている。これは厳密に形式化された計画でなく，いろいろな実りのある衝動の出会いより成り立ったものであるとされる。これらの衝動として以下の3つが挙げられている。

　　── ウィーン世界商業学の枠組においての商業の機能的考察（ヘラウアー，オーバーパーライター，ブッフィアー）およびヘラウアーと外国の同僚による国際的拡大

―― 経済と社会において経営を器官とみる学問の受容（例，ニックリッシュ，シュミット，フィンドアイゼン）
―― オットマー・シュパン（Ottmar Spann）経済学の普遍的学問体系の受容，最初はケルシャーゲル（Kerschagl），後にハインリッヒ（Heinrich）による。経済の部分構成を普遍的にみる概念は部分を分離することでなく，全体理解によって可能になることが機能思考および給付思考によって矛盾なく続けられる

ナチ政権が登場しドイツ軍がオーストリアに進軍してから第2次大戦が終わるまで7年間は事実上，経営経済学のウィーン学派は活動を中断していたに等しい[7]。第二次開花期1945-1969における戦後の復興に大きく貢献した人物としてドェルフェル（Dörfel），オーバーパーライター（Oberparleiter），ブッフィアー（Bouffier）の名が挙げられる。1948年には世界商業大学は創立50周年を祝い，ドイツとの学術交流は一層盛んになる。ムグラーはその後の講座と研究者が発展する状況を第1波から第6波に分けて記述している。

戦後経営経済学のウィーン学派の基本概念となったのはやはり機能的な観点であり，その概念はすでに1938年のブッフィアーの著書に記されている。彼の経営経済学は欲求をもつ主体と欲求を充足させる客体，すなわち財とサービスの間の緊張を橋渡しするという意味での給付が出発点となっている。この緊張分野の原因となる部分領域には部分給付だけでなく経営形態も認められる。主体から客体に至るまでの部分的役割のすべてが自己の経営の客体であり，それぞれの部分領域の成立が新しい緊張をもたらし，その橋渡しが再び新たな経営形態となる，と説明さている。

1951年にはグーテンベルクの『経営経済学原理　第一巻生産論』が発刊された後メレロヴィッチ（Mellerowicz）との間で第三次方法論争が起こったが，ウィーンではこれに対する反響はなかったといってよい。グーテンベルクの原因分析的手法はウィーンの全体性志向的（ganzheitlich-verstehende）方法と真反対であるし，ウィーンはメレロヴィッチのいるベルリンに親近感をもっていたからともいえる。戦後のドイツ経営経済学はグーテンベルクも認めるとおり多

元的となり，ドイツでは1970年まではミクロ経済を基礎に数学を用いる方法が主流であったが，ウィーンではこれに対して全体性志向的方法が主流であったとされる。

ムグラーは1970-1990年の時期を弱点と終焉と名づけ，この間の展開を第7波から第10波に分けて述べている[8]。1975年には世界商業大学からウィーン経済大学に改名された。第10波では特に専門分野の分岐化が進み新しい特殊科目が激増したことを示している。その反対に全体を統合する意味をもつ「一般経営経済学」が減少し，方法論と歴史の講義が希になったことを指摘している。経営経済学の教科内容は明らかに拡大し充実したのに対してオーバーパーライターとブッフィアーの本来の機能論は科目として教えられなくなった。これは一般経営経済学の衰退とも機を一にしている。この他，意思決定論やシステム論および多様に発展した専門分野がこれに関係しているかもしれない。

以上はムグラーの論文のごく一部であり，その内容を抜粋して概略を示したものである。

Ⅲ　シュナイダーの批判

1　経営経済学でなく国民経済学の萌芽としての商業

まず最初の「商業の現象」と学問の歴史についてのシュナイダーの見解は次のようになる。科学の発展というものは大学という組織の設置とかその研究領域の名称ではなくて，学問内容の問題設定や解決法が大切である。したがって，今日経営経済学の認識として認められることが，一体いつ，どのような社会的情勢のもとに生じたかということが学問の歴史にとって問題となる。したがって，会計制度に関わる古代の遺跡を別にすれば，経営経済学的な認識の萌芽は古代の家政学（Ökonomik），そして，非ヨーロッパ文化圏の物質的富裕を説明する文書にその答があるとされる。古代のギリシャにおいて例えばクセノフォーンはその家政学において荘園主の，すなわち，階層においての管理学にとっての最初の基礎知識を述べている[9]。生産計画や組織の実際的助言に関

してローマ時代の農業著述家のヴァロ（Varro）は固定費用と変動費用の区別をしているし，コルメラ（Columella）は最適統制範囲と最初の投資計算についての言明を残している。非ヨーロッパ文化圏の代表としてはサンスクリットから翻訳されたカウティリヤ（Kautilya）の「物質的富裕に関する教育」が挙げられるが[10]，ここでは4つの知識領域（形而上学，正義と不正義の知識，支配の学問，富裕の学問）を区別して家屋の建築，価格規制，間諜活動，そして，衣服や国の会計制度の統制などの実際的問題に利用しようとしている。これらはシュナイダーが考える経営経済学の認識の萌芽を示すごく一部にすぎない。

「商業の現象」が経営経済学の認識の発端とならないということは，商業が古代の家政学になかったからではなく，アリストテレスと彼の見解に従う17世紀に至るまでのスコラ神学は商業は不名誉な所得稼得であると説明したからである。アリストテレスは自然の稼得技術を家政学（Ökonomik）とし，商人の裕福化技術を金儲け術（Chrematistik）と呼んで区別している[11]。

このような経緯があるとすれば商業が学問として公的に教えられるためには，まず商業が倫理的に正当化されねばならない。この正当化は古典的な家政学を政治と結びつけ，政治経済学（economie politique）の名称で導入した国家法の文書によって初めて可能となったとされる[12]。商業関係の文書は商人に対する道徳的助言や心構えを説くものが多かったが，1600年以降の潮流となった重商主義の経済政策において初めてこれを脱皮するものとなる。すなわち，国外の商取引も国内の商取引も公共福利を増進する有益なものであるという認識がなされる。これについては特にコルベール（Colberts）の経済政策に代表される国家政策と結びついたフランスの商業著述家が明白に示すところであるが，その代表的なものがサヴァリー（Savary）の「完全なる商人」として知られている[13]。これと同じような内容の商人の教育書は15世紀のコトルグリ（Cotrugli）をはじめ19世紀のロイクス（Leuchs）またはゾンライトナー（Sonnleithner）にいたるまで多数あるため，この時代において経営経済学の端緒を見ようとする研究があるわけであるが，これらの研究は当時の重商主義の中で自由な商業活動を要請した著作を無視していることになる。市場において

の活発な商業取引が発展するためには当時の商人の教育書にある道徳的心構えや結婚相手の選び方などよりも，価格や販路に対する規制を排除する工夫の方が何倍も重要であった筈である。

　市場における商取引はすなわち，個別経済の計画が主に市場を通して調整されることであるが，自由放任主義のレッセフェールの言葉とともに一般化してくる。アダム・スミスの師になるチュルゴー（Turgot）によると，この言葉はレジャンドル（Legendre）という商人が1680年にコルベールの厳しい営業規制策に反対して用いたことに由来するとされる[14]。「自然にまかせよ」という表現は，同じくコルベールの経済政策に反対する批判家によって初めて経済書に記される。すなわち，裁判官で後にルーアンの知事になったブアギユベール（Boisguillebert, 1646-1714頃）の著作にこの表現が用いられて説明されている[15]。ブアギユベールの思想の源泉には，スペインの道徳哲学者バルタザール・グラシアン[16]（Balthasar Gracian, 1601-1658）の「手相占い」やフランスの哲学者モンテーニュ[17]（Mischel Eyquem Montaigne, 1533-1592）の著作が考えられるが，彼らの思考はさらに，人間によってつくられた規則よりも自然の治癒力を信じるセクストゥス・エンピリクス[18]（Sextus Empirikus）のような古代後期のギリシャの医師にまで遡るとされる。

　すなわち，国の制約から広く解放された商取引と，それによる経済競争が公共福利を促進する効果への信仰という経済政策の理念は，合理的形成（vernünftige Gestaltung）に関する人間の能力に対して疑念を持つことから生じていることがシュナイダーによって指摘されている。自然の治癒力への信頼は古代後期の医術からモンテーニュやグラシアンの哲学へと脈々と引継がれそこからブアギユベールにより初めて経済に導入されたとされる。

　次に，商業の現象をもって経済政策のリベラリズムが始まったとする著述家がいるが，ドイツの商業学史の研究者は，この見解だけでなく，当時のイギリス東インド会社支配人のような指導的企業者として自由貿易を推挙した著述家をも横取りしているとされる。この著述家に属する者として，バーボン[19]（Barbon）やノース[20]（North）のような17世紀のイギリスの企業者，あるいは

チャイルド[21] (Child) のような東インド会社経営者，そして行政官吏のペティ (Petty) やデイヴナント (Davenant) の名が挙げられている[22]。バーボンとノースは少なくとも国の規制のない自由貿易を主張しているのである。こうした重商主義時代の自由商人の著述がカンティヨン (Cantillon), ケネー (Quesnay), アダム・スミス (Adam Smith) などによって読まれ，古典的政治経済学としての国民経済学に展開することになるのは当然である。これに対して，古い経済科学 (ältere Wirtschaftswissenschaft) としての経営経済学は最初から階層においての合理的形成の学問，すなわち，商業経営とそこにおいて遂行される商業職能の学問であって，市場における商取引のための学問とは別のものであることが説明される。

2 ウィーン学派の研究プログラム

「経営経済学のウィーン学派」という呼称が用いられるためには，「学派」という概念を明確にしなければならない。学派の概念として，一般に経営経済学に数えられる知識の一部が教えられる大学を学派と呼ぶこともできるが，そうするとウィーン経済大学の他に14世紀からあるウィーン大学でも最近経営経済学の課程ができたのであるから，ウィーンには二つの学派が存在することになる。大学という教育施設を学派と呼ぶことはしたがって不適当であり，学派という概念は方法論的な研究プログラムに対して用いられるべきことをシュナイダーは主張する。これを説明するために18世紀初頭にあったギーセン学派の例が示される。1780年には全部で約100人の学生しかいなかったが，ここにはすでに今日の研究に通じる一つの思考が存在したことがシュレットヴァイン (Schlettwein) の例によって示される[23]。彼はバーデンの辺境伯のもとで重農主義の改革を支持したが，その機嫌をそこねた後ギーセンで教えることになる。この時代に一般的な官房学と違って重農主義の研究指向を持ち，なかでも，ケネー (Quesnay) とミラボー (Mirabeau) の租税論，すなわち，地代への単一税を教えたということである。地代への単一税という税は奇妙ではあるが，この考えが近年議論された課税の意思決定中立性[24]の淵源となることが

指摘されている。すなわち，地代が基礎となる経済的利益（ökonomische Rente）が価格を決めるのではなく，経済的利益は価格によって決められるとすれば，その経済的利益への税は転嫁され得ない，したがって，合理的な行動をもって租税回避をすることはできないというわけである。こうしたモデルによって希少資源の配分に歪を生ぜしめない税率を考案する視点をシュナイダーは一つの研究プログラムと考えている。したがって，「学派」という名称を使うためには方法論として，同じ時代の他の研究に対して科学目標，あるいは研究領域，ないしは，指導理念や作業方法の利用において独立性を示す研究プログラムを持つことが重要であるとされる。

このような方法論的な意味での「学派」の典型例が1871年から少なくとも1920年代半ばまでウィーン大学に君臨したオーストリア学派ないしはウィーン限界効用学派である。その代表者のメンガー（Menger），ベェーム-バヴェルク（Böhm-Bawerk），ヴィーザー（Wieser）のうち最も若手のヴィーザーが亡くなり，また，ウィーン大学で経済学を教えていたシュパン（Spann）がその給付量学説においての価格決定要因に対する見解を限界効用から，達成された給付状態の均衡値に変更した1920年代半ばにこのウィーン学派の優勢は消えることになる。「ウィーン限界効用学派」の研究プログラムはその核心も一般に知られているとおり，古典派のように労働量ないしは労働価値ではなく，需要の限界効用推定が価格と費用を決定するという点にある。そして，「ローザンヌ限界効用学派」と違って，原子的市場ではなく個別の価格交渉（分離された交換）が重要となり，かつ，数学的な方法を忌避する傾向がある。この2点は「ウィーン限界効用学派」が激しい方法論争の対立にもかかわらず，「新歴史学派」と同調した点であるとされる[25]。

それでは「経営経済学のウィーン学派」なるものは一体どのような研究プログラムを持っていたのだろう。以下においてシュナイダーによる反駁の論旨を辿ってみる。ムグラーは「経営経済学の構想の歴史」を説明するに際し[26]，ウィーンにおいては「かつて顕著な意味を持っていたが，恐らくそのために新しい挑戦に適応すべく促されなかった」とし，「最初の開花期である1918—

1938年のうち少なくとも1930年からは……専門科目の構想のため著しい努力」があるとしている。しかし，ムグラーによって述べられた著作はせいぜいドイツあるいはスイスにおける経営経済学の潮流の受け容れにすぎないとされる。すなわち，ニックリッシュの倫理規範的考察方法に影響されてブッフィアー（Bouffier）とマイトナー（Meithner）は「給付概念（Leistungsbegriff）をその考察の中心に置く」経営経済学の考察方法をとり，その考察の中心は「さまざまの衝動の出会い」からなるとされ，この出会いには「ウィーン世界商業学の枠内における商業の職能的考察，……経済と社会の中の器官としての経営という学問の受容」，そして，「シュパンの普遍的学問構想の受容として」の全体的理解の観点（ganzheitlich verstehende Sicht）という三つが組込まれているとされる[27]。

しかし，この出会いにおいては方法論的な意味においての固有の研究プログラムをみることはできないとシュナイダーは反論する。すなわち，両大戦間の期間においての経営経済学者は誰でもすべてほとんど日常語である給付概念を用いたのである。例えばシュマーレンバッハの貸借対照表の定義においては，「収入であって未だ給付でない項目，給付であって未だ収入でない項目」が含まれ，さらに「費用と給付には関係のない支出と収入がある」場合が生ずることが示され，「利益は……ここに企業の給付として吟味される[28]」ことが要請されている。古典経営経済学ではリーガーのみが給付概念を使っていない，それは彼が最初から貨幣量としての利益，厳密には全体利益を考えているからである，とされる。

給付概念は経済学者シュパンの思考から経営経済学に導入されたわけであるが，シュナイダーはその経営経済学的な説明は成功していないという見解を次のように説明する。数多くの給付概念の文献の中からブッフィアーの用いた給付概念が取上げられてその経営内容（Betriebsinhalt）の概念が間違っていると議論している[29]。すなわち，ブッフィアーによると経営の目的は給付であり，「ここに経営課題と経営内容にとって意味のある三つの領域を特に取り上げることができる。すなわち，欲求の担い手としての人間，欲求の充足手段として

の対象，そして，主体と対象との間の関係がこれである。……給付は，欲求を持つ主体に欲求充足に適した対象の処分力が，……欲求充足が全く欲求を持つ主体の意志に依存するように移されるときに，はじめて達成される。この過程のすべての段階はこの全体給付の一部分であり，それ自身給付である。給付とはすなわち，その結果が消費接近（Konsumnäherung）をもたらすすべての営みである。」と説明されている。

これに対して，シュナイダーは，オーストラリアの鉄鉱鉱山業の経営内容には何年か後にその鉄から造られた鍋を使うヨーロッパの主婦は属していない，という例を用いて批判している。ブッフィアーの説明によるとヨーロッパの主婦がその欲求を満たす鍋を全く自分の好きなように処分出来るように入手するときに給付が成立するのであって，それまでは経営での給付は成立していないことになる。鉱山業の給付は最終消費者によって達成するものではない筈である。最終消費者を持ちこむことによって，商業職能の駆使されるすべての経営内容が定義から外されてしまうことになる。さらに，ブッフィアーの用いる消費接近（Konsumnäherung）という概念が，消費遠隔（Konsumentfernung）の概念と矛盾することにもシュナイダーは異議をとなえている。消費遠隔は商業取引の段階が増えることにより費用がかさみ消費者の利益が失われることと理解されよう。ある財が消費者に至るまでの商取引の段階で利益を生ぜしめ，この生産迂回があっても消費接近とされるなら，消費接近と消費遠隔の概念は明確に区別出来ないという批判である。

次に，戦後の開花期においてもウィーン学派の給付理論は受け継がれていくが，ブッフィアーの助手であったコルビンガー（Kolbinger）の給付概念が戦前のシュパンやケルシャーゲル（Kerschagl）の用いた概念と相反していることをシュナイダーは指摘する[30]。すなわち，コルビンガーは「経済的給付に則した経営の問題は，経営にとって適当な目的を決めることによって定まる。」というが，シュパンおよびケルシャーゲルにおいては「経済は目的のための手段であり，……目的は経済の外にある」とされる。そして，コルビンガーは因果的・数量規定的な労働科学の給付論と目的的・価値帰属的な給付論との区別

をし，どこにこれら両者の認識能力の限界があるかを調べ，より包括的な給付論によって両者の違いが取除かれると考えているが，シュナイダーはコルビンガーのいう二つの概念の区別は全体論的給付思考の明確化に寄与しない，としている。給付を因果論的に労働に帰属させることはすでに陳腐化した労働価値論の考え方であり労働科学の給付論に属するが，非常に異なった種類の製品と労働の質があるにも関わらず，数量確定的にこれらを選別分類することは無理であるとされる。

　さらに，ムグラーによるとコルビンガーは，研究対象の部分局面を隔離すること，すなわち，経験対象から認識対象を抽出することによって誤解が生ずるとされているが，シュナイダーによると，もしもその隔離される部分局面とその研究に必要な「他の事情が同一ならば（ceteris paribus）」という部分均衡仮定がおかれているとすればムグラーのその言明は全く間違いであるとされる。そして，「他の事情が同一ならば」という仮定は全体論とは異なる方法論的個人主義の経済理論に特有のものではなく，自然科学においても重視されることが強調され，ラカトス（Lakatos）の「他の事情一定条項は科学においての例外ではなくルールである」という言葉が引用されている[31]。

　経済と社会の器官としての経営という考え方はドイツ語圏におけるすべての経営経済学の創始者にとって固有のものであって，共同経済性の理論にもフリッツ・シュミットにおいてもまた反共同経済性指向のリーガーにも明確に認められるものである。第2次大戦直後にはシュマーレンバッハ，シュミット，そしてメレロヴィッツにおいて典型的である。この社会の器官としての経営に共通する普遍的，全体的理解という視点を用いることは哲学的な知識願望の霧の中に留まることになる。このような願望思考からは実践指向の経営経済学の認識にとっての実りある仮説ないしは理論構築は出て来ない，とされる。

　そして，ここにいわゆるウィーン学派の第2回目の開花期1945-69年はムグラーの調べたとおりブッフィアーにおいての方向転換が行われ，ウィーンの全体論思考は当時の経営経済学の局面思考をとる主流へと移るわけであるが，これは経済性原則をその方法論的な核とするものであり，シュマーレンバッハと

その門下だけでなくグーテンベルク，シェーファー，ヴェーエにおいても同じである。このように1950-70年に隆盛であったグーテンベルクの経営経済学がおくればせながら導入されたということは，他の大学でさらに発展した応用指向的な認識をもたらす流れに対抗するものがあったとはいえない，開花期はなかったに等しいとされる。上述のような理由でシュナイダーは，「20世紀の経営経済学」という科学の共同体において，問題のある給付概念を中心とした全体論的な考察には，その専門科目全体の関心をひく思考方向があったとは思えないとし，方法論の意味において20世紀に経営経済学のウィーン学派が存在したことを否認している。

IV 論点の吟味

以上においてムグラーの論文に対するシュナイダーの批判論文を主に検討してきたが，このシュナイダーの批判論文に対してフォドゥラツカ（Vodrazka）とムグラーが反批判の論文を掲載している。これらを詳しく検討する余地はないのでその論点をごく簡潔に述べると次のようになる。

まず，商業と取組むことが経営経済学の成立になるか，の問題に対して，フォドゥラッカは経営経済学の認識というものと，19世紀末から20世紀初頭の経営経済学専門科目の発展という事実を区別する[32]。そして，この発展は商業大学の成立と切り離すことはできず，ウィーンではこれが1898年の貿易アカデミーの創設である。商業大学の創設をもって経営経済学の誕生日とすることは正しくないとしてもそれと切り離すことは出来ないとされる。商業学や商学，私経済学，経営経済学などの概念によって特徴づけられる経営経済学の生成は経営経済学的認識が遠く古代に萌芽があるとしても変わらないとされる。歴史上のはじめての認識だけでなく，はじめての経営経済学の専門科目も関心が持たれるわけである。

ムグラーも20世紀の経営経済学の発展にとって商業は意味がないとするシュナイダーの考えに疑問を持つ[33]。厳密には商業を経営経済学から区別するこ

とは可能かもしれないが，今日のように経営経済学が広く受け入れられてその学問構想も多様になっているときにこの区別をすることは労多くして益少なしとみる。それよりも，シュナイダー自身の固持する「所得不確実性を減少させる制度」の研究という視点は，この論文の経営経済学は「市場での商取引」に関する学問ではなく，「階層においての合理的な形成」の学問であるという主張と相容れるものだろうか，と反論している。階層においての合理的形成という視点からすると，マーケティング，企業間協力，ネットワークなどは経営経済学の定義からはずされてしまうことになる。制度を管理するには，階層の中の関係だけではなく制度間の関係が大切であり，商業を考察することこそ経済的給付が製品における労働や顧客との関係だけでないという認識を深めるものである。この点においてこそ全体的理解の考察が有益であるとされる。

　2番目の批判点であるウィーン学派が存在したかの問題に関してフォドゥラッカは特に強固に反論している（ここではその一部しか紹介できない）。すなわち，シュナイダーは「学派」として方法論的に独自の理念と作業方法を持つ意味で議論して，ムグラーがウィーン経済大学の教育施設に関して「学派」の意味を用いていることを批判しているが，ブッフィアーやハインリッヒはまさに経営経済学のウィーン学派は独自のものであることを意識していたのであって，シュナイダーのいう意味での「学派」という呼称も使われたことを説明する。そして，シュナイダーは，当時「経営」が全体経済の有機的器官として理解されたことは一般的なことであってウィーン学派に特有でないとするが，ウィーンでは特に経営経済学の機能と給付の思考（Funktionen-und Leistungsdenken）が用いられたことが強調されている。なかでもブッフィアーはF. シュミットの下で学び彼のその有機的貸借対照表の概念を導入したが，シュミットの有機的貸借対照表の概念はシュナイダーが説明するように，倫理的・規範的性格を持つものである。同じように，「経営」が単に全体経済の器官であるのみでなく，社会（Gesellschaft）の器官として積極的な意味を持つと解釈され，中小企業研究所もこの意味において発足したことが説明されている。

　より重要な点はシュナイダーがウィーン学派の機能と給付の思考を全体的理

解の観点による哲学的な知識願望にすぎないとする批判である。これに対してフォドゥラツカは1918年にオーバーパーライター（Oberparleiter）が用いた「商業の機能」という概念から説明する[34]。第1次大戦中商品は多数の商業経営の手を経ることにより連鎖取引（Kettenhandel）が行われた。原価と利幅による価格規制が行われたが，原価と価格が高騰したことは商業の機能を失わしめたという批判がなされた。これに対して，オーバーパーライターによって全体経済の意味での商取引の問題が取り上げられ，この意味での機能の概念がウィーン学派に残っている，利益追求のような経営目標ではなく，全体経済においての経営活動を正当化する基準がつくられることになるとされる。この概念はさらに彼の「商品取引における機能とリスク理論」として詳しく説明され[35]，さらに，ブッフィアーによって「機能と給付の種類」として拡充されていることが述べられる[36]。このような経緯においてブッフィアーの用いた「給付」の意味が詳しく説明され，シュナイダーの批判が当を得ていないとされる。

　この他ムグラーは部分局面を分離することに関するセテリスパリブス（他の事情一定条件）と科学理論の問題に対してもシュナイダーの批判に強く反論しているが，ここでは省略せざるを得ない。

V　結

　以上において「経営経済学のウィーン学派」と題するムグラーの論文の主旨を考察し，これをを否定するシュナイダーの論文を検討した後，その論点に関する議論を吟味した。これらの議論の相克は大きく，学派があったかなかったかの決着をつけることは極めて困難である。ムグラーの論文は43ページにわたりウィーン経済大学の発展を詳述したもので，主な経営経済学者の研究活動，研究所，出版物などとともにドイツの学界との交流状況もいきいきと記され，参考になることが多い。たとえば，ウィーン経営経済学の最初の開花期においてドイツのシュミットやニックリッシュからの影響が述べられ，ほぼ同じ頃に

同じく全体論的思考をもったシュパンやハインリッヒとの親近性が指摘されている[37]。この時代には科学理論としてシュリック（Schlick）やカルナップ（Carnap）などのウィーン学団（Wiener Kreis）が隆盛を誇り，それ以外にもウィトゲンシュタイン（Witgenstein）あるいはポパー（Popper）といった著名な哲学者がいたわけである。しかし，ウィーンの経営経済学はそれらの影響も受けず，また，ウィーン限界効用学派の国民経済学の影響もみられない。こうした背景にも全体的理解の思考，あるいは有機的器官としての経営の給付概念が経営経済学の構想として強く君臨したのではないかと推測されなくもない。ムグラーやフォドゥラッカは経営経済学の生成期においてオーバーパーライターやブッフィアーの給付の理論をはじめとして全体的理解の思考概念がウィーン学派独自の学問構想として存在したことを説明するが，この概念が科学理論としてどのような意味を持つかに対してシュナイダーと見解を異にしているわけである。

　上述の1の議論においては商業を経営経済学とみる見解とそうでない見解の対立がある。2の議論は学派として同じ時代の他の研究に対して科学目標や研究領域，ないしは研究方法において独自性を持つことが要求されるが，その方法論的な観点の相違である。わが国においても最初，商業経営という名称が使われ，経営学会が創られるときに「経営学」とするか「商業学」とするか対立した意見があったことが思い出される。2の議論は経営経済学の方法に関するものであり，すでに過去のものとなったとされるウィーンないしはオーストリアにおいての経営経済学の研究思考に関する論議であるが，わが国ではまだ必ずしも十分に研究されいるとは思われない[38]。現代では取上げられない，いわゆるウィーン経営経済学派の理念はあるいは当時の社会情勢や学術行政などの状況のもとにそれなりの重要な意味を持っていたかもしれない。

　振返ってわが国の経営学の発展を顧みるなら，ムグラーの論文に匹敵するような纏まった経営学の一つの学派に関する歴史の研究はまずないといってよい。こうした状況の中で，時同じくして経営経済学誕生100周年にあたる1998年に田中照純は日本においての経営学の方法論と経営学史の展開についての研

究を集約して公刊している[39]。ここではドイツから受け容れられた経営経済学の方法と歴史とともに「学派」に対する著者の考え方が見事に整序され体系づけられている。田中の考え方によると，日本の経営学はマルクス経営学とブルジョア経営学という学派に分類され，前者はさらに個別資本論，上部構造論，企業経済学説という三つの学派にわけられるが，田中自身はさらに「個別資本の運動法則」を研究対象とすることを説明している[40]。経営学史の研究者としての田中は，「学派の歴史を辿り，その生成・発展・消滅の連続した流れを追及すること[41]」を重要な方法とみている。著書全体として，日本の経営学の方法論と歴史において個別資本学派ないしは批判経営学派の果たした功績に大きな比重がおかれているが，日本の経営学はすでに大きな変遷を遂げ，これらの学派の名称を見ることもまれな時代になっている。多くの優れた個別資本論者がドイツの経営経済学を導入し日本の経営学に大きく貢献していることは事実であるが，日本のドイツ経営学の研究者はすべてが個別資本論者ではないこと，ドイツの経営経済学においてこそシュナイダーをはじめ最近新しい思考形式ないしは多様な方法論的考察の展開が進んでいる実情に言及されていないことは残念である。上述のシュナイダーによる学派の考え方を用いてこの学派に望むとすれば，経営経済学的認識を得るべく実際性のある理論構築，ないしは仮説形成のできる研究へと発展することである。

1) Mugler, Josef : Die Wiener Schule der Betriebswirtschaftslehre, in:Journal für Betriebswirtschaft 2/98, S. 45-87. ムグラーはウィーン経済大学の中小企業担当教授であり，中小企業研究所長を兼ねている。著書にBetriebswirtschaftslehre der Klein- und Mittelbetriebe, Wien/New York 1993がある。ドイツではドイツ経営経済学誕生100周年を記念して学術雑誌WiSt-Wirtschaftswissenschaftliches Studiumにおいて1997年10月号より1年間にわたり毎号経営経済学の歴史に関する論文が掲載された。その最初の論文はシュナイダーによる「経営経済学の歴史」である。これらの論文は著書としても出版されている。Lingenfelder, M. (Hrsg.), 100jahre Betriebswirtschaftslehre in Deutschland 1898-1998. München 1999.
2) Schneider, Dieter : Keine Wiener Schule der Betriebswirtschaftslehre im 20. Jahrhundert, in : JFB 2/99, S. 52-59.
3) Schneider, a. a. O., S. 52.

4) Schneider, Dieter : Allgemeine Betriebswirtschaftslehre. 3. Aufl., München-Wien 1987, S. 118-125.
5) Mugler, J., Wiener Schule. S. 45ff.
6) Mugler, a. a. O., S. 51ff.
7) Mugler, a. a. O., S. 60ff.
8) Mugler, a. a. O., S. 74ff.
9) Schneider, Dieter : Keine Wiener Schule. S. 53. Schneider, Dieter, Allgemeine. S. 81-93.
10) Schneider, Dieter : a. a. O., S. 53. 以下において [ ] は原著に引用された文献を示す。[Ramaswamy, T. N. : Essencials of Indian Statecraft. Kautilya's Arthanastra for contemporary Readers, NewYork 1962. Sen, Amartya : On Ethics and Economics, Oxford 1987, S. 5f. Parmar, A. : Technics of Statecraft : A Study of Kautilya's Arthanastra, Delhi 1987.] カウティリヤ『実利論——古代インドの帝王学（上）（下）』上村勝彦訳, 岩波書店　1984年。
11) Schneider, Dieter : Geschichte der Betriebswirtschaftslehre, in : Wirtschftswissenschaftliches Studium 26. Jahrgang, H. 10 1997, S. 491..
12) Schneider, Dieter : Keine Wiener Schule. S. 53. .
13) Schneider, Dieter : Keine Wiener Schule. S. 53. Schneider, Dieter Allgemeine. S. 89.
14) Schneider, Dieter : Keine Wiener Schule. S. 53.
15) Schneider, Dieter : Keine Wiener Schule. S. 53. [Boisguillebert, PierreLePeasant, Sieur de (1707/1843/1966) : Factum de la France. 1701, 復刻 in : Collection des Principaux Economistes financiers du 18e siecle, hrsg. von Daire. Paris, 新版 Osnabruck, 267-351.]
16) Schneider, Dieter : Keine Wiener Schule. S. 54. [Gracian,Balthsar:Oraculo Manual y Arte de Prudencia, deutsch : Hand=Orakel und Kunst der Weltklugheit. Arthur Schopenhauer's handschriftlicher Nachlass. Erster Band, Leipzig. (1653/1890)]
17) Schneider Dieter : Keine Wiener Schule. S. 54. [Montaigne, Michel Eyquem : Essai de l'experience (1588/1894)]
18) Schneider Dieter : Keine Wiener Schule. S. 54. [Empiricus, Sextus : Grundriss der pyrrhonischen Skepsis, übersetzt von M. Hossenfelder. Frankfurt (1968)]
19) Schneider, Dieter : Keine Wiener Schule. S. 54. [Barbon, Nicholas : A Disclosure of Trade, London 1960]
20) Schneider, Dieter : Keine Wiener Schule. S. 54. [North, Dudly : Disclosures upon Trade, London 1691, Baltimore 1907.]
21) Schneider Dieter: Keine Wiener Schule .S.54. [Child,Josiah:Brief Observations concerning Trade and Interest of Money. London 1668
22) Schneider, Dieter : Keine Wiener Schule.S.54. [Petty,William:Atreatise of Taxes & Contributions.London 1662. Hull, C. H. : The Economic Writings of Sir William Petty, Cambridge 1899. New York 1963. Davenant, Charles : Disclosures on the Public

Revenues, and on the Trade of England, London 1698.]
23) Schneider, Dieter : Keine Wiener Schule.S.55. [Schlettwein, Johann August : Erläuterung und Verthaidigung der natürlichen Ordnung in der Politik, Carlsruhe 1772, Vaduz 1978.]
24) この概念については本書第8章財務論の歴史的展開164頁，および，次の参考文献がある。赤石雅弘・小嶋博・濱村章編著『コーポレート・ファイナンス論の最前線』中央経済社 1995年, 36-42頁。
25) Schneider, Dieter Keine Wiener Schule. 3. 55. [Menger, Carl : Untersuchungen über die Methode der Socialwissenschaften, und der Politischen Ökonomie insbesondere, Leipzig 1883., Schmoller, Gustav : Zur Methodologie der Staats- und Socialwissenschaften. in : Jahrbuch fur Gesetzgebung, Verwaltung und Volkswirtschaft imDeutschen Reich 7, 239-358. Menger, Carl : Die Irrtümer der Historismus in der Deutschen Nationalökonomie, Wien 1884, Aalen 1966.]
26) Schneider, Dieter Keine Wiener Schule. S. 55. Mugler, Josef : Wiener Schule. S. 53.
27) SchneiderDieter Keine Wiener Schule. S. 55. Mugler, Josef : Schule. S. 59.
28) Schneider,Dieter : Keine Wiener Schule. S. 56. [Schmalenbach,E.:Theorie der Erfolgsbilanz. In : ZfhF 10 (1915/16) 379-382. Schmalenbach, E. : Grundlagen dynamischer Bilanzlehre. In: ZfhF 13 (1919) S. 3, 22.]
29) Schneider,Dieter Keine Wiener Schule. S. 56. [Bouffier, Willy : Betriebswirtschaftslehre als Funktions- und Leistungslehre. In : Funktionen- und Leistungsdenken in der Betriebswirtschaft, hrsg. von W.. Bouffier u. a. Wien. 22-39.]
30) Schneider, Dieter Keine Wiener Schule. S.56 [Kolbinger, Josef : Das menschliche Leistungs- und Entlohnungsproblem im Betriebe im Lichte herrschender Leistungslehren, In : OBW 5 (1955) S. 103-134.]
31) Schneider, Dieter Keine Wiener Schule. S. 56. [Lakatos, Imre : Falsification and the Methodology of Scientific Research Programmes. In : The Methodology of Scientific Research Programmes, ed. by J. Worrall, G. Currie. Vol. I, Cambridge u. a., 8-101.]
32) Vodrazka, Karl Die Schule, die angeblich keine war, und ihr "fragwurdige(r) Leistungsbegriff" In:Journal für Betriebswirtschaft 2/1999, S.66.
33) Mugler, Josef Schule oder nicht? Eine Replik auf Dieter Schneider? In : JFB 2/1999, S. 66.
34) Vodrazka, Karl Die Schule, die angeblich keine. S. 61. [Oberparleiter, Karl : Die Funktion des Handels, Wien 1918]
35) Vodrazka, Karl : Die Schule, die angeblich keine. S. 62. [Oberparleiter, Karl : Funktionen- und Risikenlehre des Warenhandels, Berlin, Wien. 2. Auflage 1930, unter dem Titel : Funktionen und Risiken des Warenhandels, Wien 1955]
36) Vodrazka, Karl : Die Schule, die angeblich keine.S.62 [Bouffier, Willy: Betriebswirtschaftslehre als Funktionen- und Leistungslehre, in : Bouffier, Willy: (Hrsg.) : Funktionen- und Leistungsdenken in der Betriebswirtschaft, Karl

Oberparleiter zu seinem 70. Geburtstag gewidmet, Wien 1956〕

37) Mugler, Josef : Die Wiener Schule. JFB 48, S. 56. シュパンの普遍主義思想に関しては次の文献がある。長尾聡哉「普遍主義経済学の価値・価格論―経済思想史における近代へのアンチテーゼ」『神戸大学経済学研究年報』1990年, 137-167.
38) ドイツで活躍したウィーン出身の経営経済学者としてヘラウアー（Hellauer）がその世界商業学とともに紹介され, ここにも「オーストリー学派」の呼称が用いられている。岡田昌也『経営経済学の生成』森山書店 1979年, 144, 168ページ。「オーストリー学派」がドイツの経営経済学と深く関わっていることはシェーンプルーク（Schönpflug）によってライトナー（Leitner）の紹介とともに詳述されている。古林喜楽監修, 大橋昭一・奥田幸助訳『シェーンプルーク経営経済学』有斐閣 1970年, 254ページ以下。これらの「オーストリー学派」は学者の所属する国を意味するもので, 当時の普遍主義や全体的理解の構想とは無関係である。
39) 田中照純『経営学の方法と歴史』ミネルヴァ書房 1989年。
40) 同上, 230, 232, および, 52ページ以下。
41) 同上, 234ページ。

第10章　法人税制改革の財務論的考察

I　序

　ドイツでは1990年代の後半，租税負担軽減に関する種々の法律が作成されてきたが，2000年には所謂「ブリューラー案[1]」と呼ばれる改革答申案に基づいて法人税の改革が決定し，税率も軽減された。1977年以降ドイツの法人税は統合税の一形態としての「帰属計算方式（Anrechnungsverfahren，インピューテーション方式ともよばれている）」がとられていたが，2001年の査定所得から「二分の一所得方式（Halbeinkünfteverfahren）」が導入された[2]。この方式の変更はこれまでの法人税と所得税を統合して二重課税を排除してきた理念とも矛盾する大きな改革であり，多くの学界を代表する経営経済学者[3]の反対を押し切って変革されたという点においても多大の関心が持たれる問題を含むものである。
　新しい企業税制の主な改革は法人税の「帰属計算方式」を廃止し，その代わりに「二分の一所得方式」を取り入れて税率を軽減したことにある。その背景には，ドイツ経済において近年外国との競争力が減退して失業率が急激に増加している事情が挙げられている。したがって，ドイツ企業の利益に課される税率が国際的比較においてお高過ぎるのでこれを低くし競争力を高めねばならないというものである。企業の留保利益を投資に向け，消費をも減税によって増やすことによって経済を活性化しようという目的が主なものである。

ドイツでは資本会社は法人として法人税支払いの義務を持つ。資本会社としては株式会社と有限責任会社が主であるが，その中間的形態もある。これに対して人的会社には合名会社や合資会社その他があるが，人的会社は法人とは看做されない点がわが国と異なっている（本書第3章42頁）。また，資本会社と人的会社の中間的形態として株式合資会社もあり，企業の法形態も複雑である。その理由の一つにも課税方式が関係していることを見落としてはならない。

資本会社が利益を得ると会社としては法人税が課され，株主に配当として渡されると，個人の場合は所得税，法人株主の場合は法人税の対象となる。資本会社の利益は「所得」として会社の段階においても株主の段階においても課税されるので二重の負担になる。この二重課税を排除してきたのが今までの帰属計算方式であるが，新しい二分の一所得方式は留保利益にも配当利益にも同一の25%の税率が課され，配当はその二分の一までを所得に算入できるというものである。この税制改革に関連する問題はきわめて多く複雑であるが，新しい税制の特徴はどこにあるか，どのような問題点があるかを分析することは重要である。以下のⅡにおいてまず，経営経済学の視点によると法人税の根拠はどのように考えられるかを検討し，Ⅲにおいてはこれまでの帰属計算法，Ⅳにおいては二分の一所得方式を，それぞれ簡単な数例によって検討して対比する。Ⅴにおいては，この改革の理念をコーポレートガバナンスの観点から批判するワーグナーの批判的見解を考察することにより問題点を考える。Ⅵは若干の考察を加えてまとめとする。

Ⅱ 法人税の経営経済学的考察

法人に課税する根拠はどこにあるか，という問題はまだ明解な解答があるとはいえない難問である。わが国では法人実在説と法人擬制説があるとされ，ドイツでは法人実在説が主要であるかのような説明が行われているが，法人実在説とか擬制説という表現はまず見当たらない。ドイツの経営経済学においては特に会計を中心とした所得に関する研究の伝統が強く，企業に関係する租税の

影響は経営税務論（経営経済的租税論）として独特の研究の蓄積がみられる。したがって，租税に関する学界での研究者のグループを分けるとすれば，税法学，財政学，そして，経営税務論の三つに分けることが出来る。同じ法人税についてもこれらの研究分野によってその視点が異なり，見解の不一致が生じるのは当然ともいえよう。それでは経営経済学ではどのように租税を考えるのか，これはきわめて大きな問題であるが，今回の改革案反対論を機にその要点を簡単に考察する。

まず，企業に関する税負担の構成要因として，課税される租税の種類と相互の依存関係，課税標準（課税ベース）に関わる利益算定，税率，企業課税の技術的システム，そして，欠損と譲渡益の扱い方に分けることができるがこれらは相互に依存関係を持つ場合が多い[4]。

最初の「企業（Unternehmen）」の概念に関してはまだ明確とはいえない。狭義においては一定の法形態を持つ営業主体として理解される。問題となるのは，法人格を持つ企業が，租税支払能力という意味においての租税上固有の給付能力を持つかどうかである。税法学者は一般にこれを是認しているようであるが，経営経済学者は是認していない。企業の法形態がどうであろうと最終的に行動するのは個人であり，現在の経済秩序においては所有者が企業の担い手として税負担を担わなければならないからである。この点は政治的にも機会主義的であって，1977年の改正の時には企業に課税する最終税（Definitivsteuer）は当時の状況では政府の政策にとって不利と考えられていたが，今回は最終税を是としている（最終税とは，帰属計算方式のように暫定的に課税して払い戻すことのない最終の課税という意味である）。経営経済学では所有権者としての個人の所得のみが租税の給付能力と考えられ，企業のレベルでの課税はその前取りであるという解釈になる。

上述のようなドイツの法人税が帰属計算方式から二分の一所得方式に改定される場合，これに反対した多くの研究者はほとんどが経営税務論の代表的研究者であって，そこには経営経済学としての「所得」なり「企業」に対する考え方が共通していると思われる。以下において，租税制度を経営経済学の観点か

ら研究してその批判を続けているシュナイダーの見解を検討しておこう[5]。

まず,「所得」については,経済的所得は経済理論の概念として得られるものであって,経済的税負担は租税法が規定する概念であるので当然両者の間に離齬が出てくるが,ここではこれについての説明をする余裕はない。シュナイダーは「所得」の概念を経営経済学の観点から説明し,税法で規定される租税の影響を経営経済学的に分析し,税法の批判をする研究方法を用いている。

最初に,自然人の他に「機関 (Institution)」に,独自に利益税を課することが出来るかどうか,については,自分の目指す経済秩序に関する価値判断によって解答すべき問題であるとされる。

ここに「機関」としては組織(一定の目的のための人間や財の集合であり,これには協会,資本会社,協同組合,また,貯蓄銀行や州立銀行のような公法上の法人による営利経営がある)または,特定の目的のための財産集合(例えば,財団法人)があり,租税義務を持つ法人の範囲は国によって大きく異なるものである。

市場経済秩序は競争を重んじることから,法人税は自然人の所得税課税の前段階としてのみ構成されることが以下において説明される。競争の中において機関の役員には意思決定の権限が必要となるので,このような経済秩序において自然人の所得税課税の他に法人税の課税が望まれるのであるが,自然人の所得税課税と機関の収益への課税は自然人において二重の税負担となるわけである。シュナイダー自身は基本的に統合税を最善とし,帰属計算方式を次善の策とみているが,法人税課税の根拠に対して次のように説明している[6]。

(1) 法人税の所得税への帰属計算を認めず,独自の法人税を主張する議論の大多数は,税金は国の給付に対する反対給付ないしは手数料であるという考えの上になっている。このような「応益原則」によって租税を根拠付ける者は,課税がどのように個々の国民に影響するかには関心を持たないであろう。法人税を給付反給付原則によって国の給付の「価格計算」として根拠付けようとすれば,第一に法人税課税を正当化する国の給付を明示せねばならない。第二に法人税の課税標準は国の給付の価格

を計算するための経済的に必要な計算基礎であることを証明せねばならない。この両方とも現実においてはきわめて困難な仕事である。したがって，応益原則による法人税の正当化は不明確な思考の残滓である，とされる。

（2）犠牲説によって法人税を説明する者は個人の税負担に与える租税影響を重視せねばならない。法人税の課税は，法人が法人に自己資本を供給する自然人とは独立に独自の租税給付能力を持つことの証明によって根拠付けられるかもしれない。法人の独自の租税給付能力は次のように議論されシュナイダーはそれぞれ反論している。

(a) 資本会社は平均以上の収益力を持っている。

これは明らかに間違いであって，管理組織の良好な大企業と管理組織の良くない小企業が比較されている。さらに，資本会社でない法人の課税を理由付けできない。

(b) 資本会社は「より僅かな社会的効用」からの収益を稼得する。

これは資本投資からの収入が労働収入よりも道徳的に低いとする見方である。この見方が正当化されるとすれば，現在のいろいろな収入源を包括する所得税を，資本収入，労働収入などへの収益税によって取替えねばならない。さらに，非資本会社の課税も説明されない。

(c) 法的に独立した機関は資産を持ち，所得を達成できる。自然人とは別に機関は法人として出現し，資産を持ち所得を稼得できるので租税給付能力がある。

これは法律家が用いる思考であるがこの法律的思考に対しては概念上の異議が唱えられる。経済学者にとっては「所得」は自然人ないしは家計に関わるものである。機関は自己の「所得」を持つことはできず，せいぜい経済的な「収益」ないしは「利益」を持つのみである。したがって，自然人の所得税の課税の他にどのような理由で機関の独自の収益課税が生じるのか，どのように倫理的価値付け，また，課税の公平性が実現出来るのかを調べねばならない。なぜなら，機関はつねにそれを支配

する自然人のために行動するものであるから，最終的に税負担は自然人のみが感受する，と説明される。

(3) それではどの自然人が機関の利益依存の税支払による負担をうけるのか。この問題は機関を三つのグループに分けることによって考察される。

(a) 利益に対して権利を持つ自然人のいない機関，たとえば官庁関係の営利事業。

ここでは自然人の課税負担の問題は生じない。州や市町村の資本会社の利益への負担は競争中立性（私的所有と公的所有の競合企業の間で同等の税負担となること），そして国や地方の財政均衡の問題である。

(b) 持分権者とともに単一経済単位をもつ資本会社はたとえば，一人有限責任会社，家族株式会社，そして，過半数持分の所持者から見たすべての資本会社である。

これらの場合，利益が会社法によってこれらの持分権者に所属する限り，資本会社の利益は管理指導をする持分権者の所得となることは明らかである。資本会社の収益に依存する税支払は，この社員の所得の持分に応じた税負担となる。

(c) 持分権者とともに経済的同一性をつくらない組織として，たとえば，大衆所有株式会社，協同組合，あるいはまた，業務執行をしない少数社員のいる有限会社がある。

このグループの人間にとってのみ，会社が支払うべき法人税が持分権者の個人的税負担になるかどうかの問題が生ずる。この問題は配当される利益と留保される利益に分けて答えねばならない。

法人が利益配当をするために払う利益への租税は個々の持分権者の可処分所得を減少させるので持分権者の税負担となる。利益が配当される限り少数社員にとって，資本会社を支配する個人と同じことが言える。

(4) 法人の配当されない利益が持分権者の所得に数えられてよいかどうかは未解決である。大衆株式会社（協同組合や保険相互社も含めて）は疑いなく独自の意思決定単位であり，その管理組織は数多くの少数所有者

の利害とは概して関係なく行動する。この事実はしかし，自然人の所得課税と独立に法人の独自の収益課税を正当化するものではない。過半数の所有者で，法人を支配している個人にとっては留保された利益は経済的に彼の「所得」に数えられることは明らかである。しかし，少数持分権者にとっては利益を留保すべきか配当すべきかの決定権は持っていないので多数派の決定にしたがわねばならない。

ここにおいてシュナイダーは，少数持分権者が支配権を持つ持分権者の食い物にされてはならないこと，大株主が小株主の犠牲において裕福になってはいけないことを強く主張している。独自の法人税を持たない税制，あるいは，留保利益を個別の持分権者の所得に数えない税法はこのような不当利得を助長するものであるとされる。資本提供者が経済的成果に対して請求権を持つ限り，配当利益も留保利益も同じく租税上所得として持分権者に帰属させるべきであることが主張されている。

この見解に対しては法律上反対の議論があり，留保利益を持分権者に帰属させるのは資本会社による「個人責任の強制（Durchgriff）」であってめったにしか許されないものとされている。この法律上の議論はしかし，経済的にみると多数派の利害関係を代表するものであることが示される。すなわち，資本会社による個人責任の強制の禁止は，単に有限保証の責任を確保しようとするものである。したがって，債権者に対して有限保証責任を保護する法律構成は，多数派が利益分配の決定において少数派が租税上の不利を蒙ることを，なんら正当化するものであってはならない。利益留保を含めた持分権者の収益を租税上帰属計算することは利益分配の決定それ自身を変えるものではない。しかし，留保利益を租税上持分権者に帰属計算することは，法人税負担よりも低い所得税負担を持つ持分権者にとってはより少ない税支払で済むことである。したがって，すべての機関の成果は配当されようとされまいとに関係なく租税上持分請求権者のものと理解すべきである，とされている。

（5）課税の公平という観点からも法人税は独自の収益税としては正当化さ

れず，自然人の課税の公平を確保するために，所得税の前払いとみるべきである，とされる。経済的には法人税は源泉税としてのみ根拠づけられる。この理由としては，源泉での徴収は証明が可能で，脱税が防がれること。内国人と内国の所得税を課されない個人との間の公平を助長すること。資本会社，個人会社，協同組合，そして公法上の法人の営利的経営その他においても競争上の公平性が保たれること，が挙げられる。

このように法人税を所得税の前払いとみるなら，法人税と所得税を同じ課税標準に統合する考え方ができる。このような統合方式（Integrationsverfahren）を詳細に検討したのがカナダの租税改革委員会であった。この方式は多くの利点を持ちながら欠点もあったために採用には至らなかったが，その概念は多くの国でも参考にされ，ドイツでは株主税（Teilhabersteuer）として紹介されている。1977年の改正は配当の二重課税を撤去することが最大の目的であり，長年月の議論を重ねた結果としてようやく統合税の概念を基本とした帰属計算方式が導入されたわけである。したがって，2000年の減税法により帰属計算方式から二分の一所得方式に移行し，部分的であるにしろ再び二重課税の制度を導入することに対して経営税務学会を代表する殆どの著名学者の反論があったことは十分理解できよう。2000年の法人税改革が法案として議決されるまでには，改革案の基礎となる「ブリューラー答申案」に基づいての試案が検討され，度重ねて修正が行われた結果ようやく法案が成立するに至ったものである。ここではこれらの詳細な議論を除き，帰属計算方式と二分の一所得方式の最も基本となる骨格を取り上げてその相違点を考察する。

Ⅲ 帰属計算方式の仕組

配当を受取る持分権者の二重の負担を回避するためにドイツでは1977年から法人税の帰属計算方式が導入されていた。この方式は資本会社において法人税を課せられた配当利益が持分権者において所得税として再び課税されることを

回避するものである。これは資本会社においての法人税の支払が所得税の前払とみなし，この法人税を持分権者の所得税計算において差引くことによって確定される。配当に課税された法人税は持分権者に帰属すると考えられているのである。この際，配当への法人税が持分権者の資本収入に算入されることが前提となる。帰属計算方式においては配当収益は持分権者の所得税率による税負担のみを課せられることになる。ドイツでは法人税とともにさらに資本収益税と連帯付加税が課されるがこれらは以下の例において考慮しないことにする[7]。

次に簡単な数例によって帰属計算方式を考察しておこう。このシステムは二つの段階に分けられる：

段階1：配当への負担（課税）計算

ドイツの資本会社が利益を達成してこれを配当として株主に支払うとすれば，資本会社のレベルにおいて，この配当される利益にたいしての税負担が生ずる。この配当される利益に対しては1994年から30％，すなわち，30％の法人税が課されている。もしも，法人税支払い前の利益が100とすれば，法人税支払い後は70となる。30％の法人税を残りの70の配当利益との比に直すと3/7となる。

段階2：株主レベルでの法人税の帰属計算

株主のレベルにおいては，配当利益に課された法人税30は株主の所得税（法人の場合には法人税）に帰属計算される。すなわち，株主の所得税（または法人税）から控除される。この帰属計算の請求権30は配当利益への負担であった3/7に等しい。同時にこの帰属計算の請求権30は株主の租税義務のある収入を増やすことになる。

法人税法上の帰属計算方式の効果を例1によって検討する。ケースAとケースBの二つの場合を並列して比較する。ケースAでは取得した配当にたいして個人株主の所得税率は45％であるが，ケースBの場合は0％である。所得税率が0％というのは資本所得の課税最低限度にまだ達していない場合である。理解を明確にするため，ドイツ特有の資本収益税と連帯追加税を考慮外に置くことにする。

例1　帰属計算方式の計算例	ケースA	ケースB
1. 資本会社のレベル		
資本会社の利益（営業税差引後）	100	100
法人税（30%配当課税）	−30	−30
利益配当	70	70
2. 株主のレベル		
配当	70	70
帰属計算請求権	30	30
所得税の課税標準	100	100
帰属計算前の所得税	−45	0
帰属計算請求権	30	0
帰属計算算入後の所得税	−15	30
純受取額	55	100
会社利益への全負担税額	45	0

この例から次の二つのことが明らかとなる：
1) 会社のレベルで支払った法人税は株主の所得税と合算されるので，帰属計算方式によって資本会社の配当利益が二重に課税されることは防がれている。
2) 資本会社の利益が配当されると，この利益の実効負担税率は株主の持つ租税上の状況によって左右される。株主が自然人である場合には実効税率は彼の個人所得税率に依存する。ケースBのように全く税負担のない場合もあり得る。基本的には資本会社の配当利益は，株主が直接に達成したかのように課税される。配当利益への法人税は事前に支払われた所得税と同じ結果をもたらしている。

配当課税の計算と財源割当

　上の例で分かるように帰属計算法式によると，配当課税は法人税課税前の利益に対して30%であり，利益に対する比率は3/7である。配当利益への税率は留保利益への税率より低く，留保利益に対する法人税率は1977年の改正以降，次第に軽減されて2000年には40%となっているものである。配当への課税はし

たがってさらに10%減少させねばならない。すなわち，配当への課税負担を計算するためには，配当される利益がどれだけの法人税が課されたものかを明示せねばならない。このために資本会社は毎年の決算時に利益配当に用いられる利用可能自己資本（verwendbare Eigenkapital）を計算せねばならない。名目資本金を越える部分がこれに相当し，どの税率が適用されるかによって分けられている。査定期間1998年の利益は45%なのでEK45と示され，査定期間1999年の利益は40%なのでEK40で示され，30%のものはEK30と示される。非課税の場合がEK0で示されこれも種類によって区分分けされている。このように構成された使用可能の財源はその順序で使用されねばならない。したがって，資本会社のレベルにおいて，どれだけの利益を配当するかによって，配当に関わる法人税が増加することも減少することもあり得る。配当を支払う会社にとってその財源となる利用可能自己資本がどのように構成されているかは重要な問題である。

帰属計算方式は配当利益に対する二重の課税負担を確実に排除する方法であったにも拘わらず，立法者は学会の代表者の反対意見を押し切ってこの制度を改廃するに至った。その主な理由は次の点にある[8]：
— 帰属計算方式はドイツ国籍の資本会社にのみ適用されるのでヨーロッパ共通の適格性がない
— 帰属計算方式は利用可能自己資本の計算や納税証明などが複雑すぎる
— こうした納税証明の方法があるにも拘わらず濫用されやすい

Ⅲ 二分の一所得方式の仕組

二分の一所得方式の場合には帰属計算方式とは異なり，法人の利益は配当されるか留保されるかに関係なく，25%の法人税率（と連邦追加税）が課される。この法人税は最終的であって，帰属計算されたり，還付されたりしないものである。二分の一所得方式では，会社で課税された利益が株主レベルでも課税さ

れるので，二重に課税される。この課税の二重負担は持分権者において，配当の半分のみが所得税の対象となり，あとの半分が非課税となることによって緩和されるものである。

上記と同じく簡単な数例によって示しておこう。まず，資本会社のレベルにおいて課税義務のある利益には25％（これに連帯追加税が加えられるが，以下において考慮外に置こう）の法人税が課せられる。この税率は利益が留保されたときも，配当された時も同一の税率である。配当への課税の負担を特に計算することは行われない。

次に，持分権者のレベルは個人株主と資本会社の場合に分けられる。自然人の株主の場合には配当の50％のみが非課税である。すなわち，受取った配当の半分に所得税が課せられる（実際には資本収益税があるがこれも考慮外に置こう）。ここに「二分の一所得」という名称が由来する。会社レベルで支払われた法人税を所得税に帰属計算することは行われない。持分権者が資本会社である場合には，配当は非課税である。多段階のコンツェルンではこの方法で二重課税が排除される。この場合においても帰属計算が行われないのは同じである。

二分の一所得方式の計算例を示すと，次のようになる。例1と同じくケースAでは税率45％の株主，ケースBでは0％を想定している。

例2によって以下のことが明らかとなる：

1) 二分の一所得方式は帰属計算方式に反して資本会社の利益配当を二重課税に導くものである。この二重負担は税率（25％）が会社においても持分権者においても以前より縮小していることによって緩和されている。それに加えて持株権者においては配当の半分のみが課税される。
2) 会社レベルにおいての法人税の負担が軽いため，同じ配当政策を前提とすれば，所得税課税前の受取配当はそれだけ大きくなる。
3) 個人の所得税を差引いた後の負担は，今までのシステムと比べると持分権者の持つ税率に依存する（税率45％の場合41.9，税率0％の場合25）。

資本資産からの収入が少ないか，または皆無のものは，今までよりもより大

例2　二分の一所得方式の計算例	ケースA	ケースB
1. 資本会社のレベル		
資本会社の利益（営業税支払後）	100	100
法人税（25%）	−25	−25
利益配当	75	75
2. 株主のレベル		
配当	75	75
課税標準（配当の半分）	37.5	37.5
所得税（45%と0%）	−16.9	0
純受取額（配当＋−所得税）	58.1	75
会社利益に対する税負担総額	41.9	25
（比較のため）帰属計算方式の場合の税負担総額	45	0

きな税負担を持つことになる。これは会社レベルで払った法人税の帰属計算がなくなったためである。その代わりに資本会社で課せられた法人税は最終税（Definitivsteuer）であって，留保か配当かに関係なく課せられる。最終税とは，暫定的な税として再度帰属計算されない最終的な税のことである。この最終税があるために，持分権者は受取配当に課税されない持分権者であっても，配当は最低限の負担を課されることになる。この最終税負担はここでは考慮外に置いたが，連邦追加税によってさらに大きくなるといえよう。

資本資産からの収入が高い個人所得税率である場合（例では45%の場合）には，これまでよりもより低い税負担となる。資本会社の配当利益への税負担が新法と旧法において同一となるのは40%のときであることも示される。

以上は例によって明らかとなる説明であるが，それ以外に二分の一所得方式の導入に関してつぎの注意が必要である：

— 会社の法人税が持分権者の所得税（ないしは法人税）に帰属計算することが排除されたことによって，資本会社の利用可能自己資本金を区分分けする必要がなくなった。しかしながら，帰属計算方式から二分

の一所得方式への移行のためには包括的な移行措置が必要となる。

— 帰属計算方式では基本的に，配当課税は軽減されていたので，会社の利益は配当することが有利であった。これは株主の個人所得税率が会社レベルでの税率（2000現在では40％）よりも低い場合にはすべからくそうであった。しかし，二分の一所得方式では，利益を配当すると追加的に株主権者のレベルで課税されるので，利益を配当することは租税上不利となる。

すなわち，帰属計算方式から二分の一所得方式へ移行することは，資本会社の配当政策にとって租税上の枠組み条件が基本的に変化することを意味している。法人所得と個人所得を統合する意味での統合方式から分離方式に移ることになる。

V 法人税制改革の企業概念

今回の企業税制の改革の主な目的は投資活動の諸条件を改善して雇用環境に良好な結果をもたらすことである。そのために法人税率を留保利益については40％から25％に引き下げ，投資条件を向上させることが目的とされた。政府の見解によると，「企業」の税負担の軽減が目的とされたが，「企業者」の税負担軽減は目的とされていない。そうすると，誰が投資の意思決定者なのか，そして，投資家のどの経済的目的が前提とされているのかが問題となる。改革案が基本とする「企業」の概念は非常に不明確で，コーポレートガバナンスの観点からすると，ドイツの企業がかつては固執したがすでに脱皮して棄て去った概念を再び用いているという批判がワーグナーによってなされている[9]。この見解は法案の可決される前に出された反対意見であるが，経営学的にも興味のある問題なので以下において検討してみる。

1 企業目的と租税負担

まず，企業の目標設定は二つに区別される：

① 意思決定の目標基準はトップの管理層から企業全体へと設定される
② 目標基準は企業に対して外部の持分権者から与えられる

すなわち，企業組織という機関を志向した目標設定と資本市場を志向した目標設定である。そして，これらの目標と関連する租税も二つに区別される：

① 投資決定においては「企業税」のみが考慮される
② 資本提供者のレベルまで介入してその個人的租税をも考慮に入れる

これらの異なった目標とそれに関する租税は，異なった企業形態，組織構造，資本市場の形態などによって異なった基準の結合を用い，異なった課税影響をもたらすことにもなる。企業税改革の影響を考えるには，その企業における意思決定がどのようになされ，投資がなされる基準がどのようなものかについての一定の理解が必要となる。企業税改革の基本として，その企業を特徴づけるコーポレートガバナンス構造が求められる。ここにコーポレートガバナンスとは「（大）企業においてどのように意思決定が行われるかを特徴づける事実と規則の総体」と考えられる。要するに，企業の担い手を決め，その担い手の所得目標を減少させる租税はどれかを決めねばならない。どのような利害関係者がどのような計算基準で投資を判断し意思決定に関わるかによって見解が異なるわけである。これは資本所有者と処分権（経営権）の分離がみられる大衆所有企業において特に重要で，租税改革によってどの利害関係者がどのように有利に，あるいは不利になるかを説明せねばならない。たとえば，大企業の経営者の持つ企業目標とそれに関する税負担は，株主が投資者として持つ理解と異なる場合が考えられる。

2 「企業共通利益」と「企業税」

ここにおいて，資本所有と経営ないしは処分権が分離しているかどうかによって，コーポレートガバナンスのモデルを二つに分けて考えることが出来る。一つは「企業共通利益（Unternehmensinteresse）」のために経営者が管理する企業であり，他の一つは資本所有者の利益を考える企業である。ドイツにおいては資本提供者である株主のために企業を経営するという概念は自明のことと

は云えない。大衆所有会社の成立と結びついている所有と処分権の分離という概念は，両大戦の間に経営経済学と法律学において「企業それ自体(Unternehmen an sich)」という概念とともに生成したもので，これは企業の行動規範は資本提供者からは切り離され，いわゆる「企業共通利益」のために決められるべきであるというものである。必要のときには，資本所有者の利害に反してでも「企業それ自体」を維持すべきであるという目的はナチズムの時代に特に優勢となり，資本提供者のために出来るだけ高い収益性を達成する目的は有力な経営経済学者によっても否定された。企業の目的は「共同経済的」貢献をすることであって，特に企業の「維持」が要請された。当時の会計理論はしたがっていろいろな企業維持の基準によって配当を制限する議論が多く，収益性の観点を明白に否定している。このような配当制限理論の流れが，企業は共同経済的機関として特別な保護を稼いでいるという考えである。この考えが現在の税制改革にも尾を引いているとされる。

　当時の著名な法律家は株主から，企業自身の固有の利益のために議決権を剥奪しようとしていたし，この考えは法律にも制定されている。すなわち，1937年の株式法第70条第1項によって取締役は「経営とその従業員の繁栄，そして，国民と帝国の共通の効用が要請するように」会社を管理することを依頼されている[10]。企業が資本提供者の利益から離脱した，維持されるべき機関であるという概念は戦後においても継続し，1965年の株式法58条はなお株主のための配当を規制し，企業の市場における地位を維持するために，利益の一部を留保することを規定している。資本所有者が，その資本の収益性が十分達成されていないときに企業を制裁する可能性はごく限定されていた。ドイツにおいても「ドイツ株式会社」と呼ばれるよう，仲のよい大企業同士の結合関係のシステムが出来ていて，外部の株主からの干渉を避け結合関係に協調する経営者を増進する風潮がこれに加担している。そのため「企業自体の利益」という擬制は，経営者に対して資本市場のコントロールに煩わされずに意思決定をする余地を与えるというコーポレートガバナンスの枠組みをもたらした。資本市場の影響を受けない状態は「企業共通利益」の構造を示すことによって正当化さ

れたわけである。このように企業利益の概念に従えば，企業に関する租税も企業のレベルのものとなって，所得税は企業の計算においてコストには入らないことになる。資本所有者の目的は「企業共通利益」には意味を持たないので，この理論によると所得税は企業の意思決定において考慮されなかった。「企業共通利益」の概念に従えばいわゆる「経営税（Betriebsteuer）」のみがこれに分類され，資本所有者の課税は考慮外に置かれるということは一応筋が通っている。しかし，経営者がこのような「企業共通利益」という不明確な概念に従って無責任な経営をするとすれば，資本市場が黙ってこれを甘受するかは疑問である。企業における投資は企業だけでなく資本提供者の収益をも考慮するなら，企業に関する税負担だけでなく資本所有者の税負担も考慮することが必要になる。

3 資本所有者の利益と租税

ドイツにおいても近年組織化された資本市場の整備が進み，企業政策が資本所有者の収益目的に適応し易くなるにつれ，企業と資本家との乖離が過剰評価されていたことが理解されてくる。敵対的買収やストックオプションは経営者と資本所有者と両方の利益を調和させる政策と考えられる。このような企業政策は株主価値を指向し，企業が実際に継続維持されるためには，株主が達成するかもしれない代替的収益性を機会コストと考えこれを尺度とするものである。企業は株式の配当と株価を上げる努力をして株主価値を高めるのであるから，企業自身が目標を設定するのではなく，企業の外部から目標が与えられると考えられよう。資本市場志向的な観点からすると，企業は自分の目標ないしは経営者の目標に従うものではなく，収益性の比較によって存立権を証明せねばならない資本所有者の単なる所得源泉の役割を持つものとされる。資本所有者の収益目的に反した，企業自身の利益というものは資本市場から是認されないことになる[11]。企業を単なる所得の源泉とみるこの観点は資本所有者に限られたものではなく，企業用具論の理論に通ずるものであり，労働者や信用供与者の契約関係においても同じである。

企業目標が経営者の自己決定から資本市場へ，すなわち内から外へと移されると関連する税負担も異なってくる。「企業それ自体」の目標設定には企業税ないしは経営税のみをコストの性格を持つものとして関連づけられたが，資本所有者のレベルに目標を移すことによって関連する租税も広くなる。株主は配当と株式売却益によって消費できる資金流を増やすことができるのであるから，配当と売却益への税負担が企業政策，特に配当政策を決めるものとなる。課税が配当政策を決め，配当政策が投資計画に影響するということは，企業の投資は配当への個人の課税が影響していることを示している。この意味において，資本所有者への個人的課税がコーポレートガバナンス構造の中の処分権に間接的に影響している。従来の経営経済学にあった資本所有者の利益を無視する配当制限論と資本市場志向的観点との矛盾は明白である。
　企業税制の改革は利害関係のないところでは行われない。一定の経済的状況効力のある法律条件のもとで行われる。企業の加担者とこれに関連する税負担が正確に限定されてはじめて改革が期待される。このような理由でワーグナーは企業税改革の背後にはどのようなコーポレートガバナンス構造の概念があるかを検討している。
　以上のようにワーグナーの主張を考察すると，帰属計算方式は資本所有者の税負担を取り上げて考慮し二重負担を排除したのに対し，「二分の一所得方式」はまさしく企業という機関のレベルでの最終税の課税である。所得を稼得する者の個人的状況ではなくて，所得源泉である企業が税負担を決めている。これはかつて喧伝された，客体税としての「経営税」の性格を持っている，とされている。そして，立法者は減税によって雇用を創出することを目的としているが，減税の効果は経営者がその資源を投資して雇用の増加に用いるかどうかによって決まる。減税がすぐに雇用の増加と経済成長に繋がると見る考えは，より上位の経済政策を重んずる公共性に偏った考えで「企業それ自体」の概念に近いというものである。

VI 結

　2001年より導入されたドイツの法人税改革の特徴はそれまでの1977年以降の法人税との比較によってはじめて明確となる。以上において主にシュナイダーとワーグナーの見解を取り上げ、経営経済学の視点に立っての企業と税負担の考え方を検討し、これまでの帰属計算方式と新しい二分の一所得方式の基本構造を比較することにより、二分の一所得方式に対する批判的見解を明らかにした。これまでの帰属計算方式は統合方式の一形態として株主の所得となる配当の二重課税を排除することが主要な目的であったが、二分の一所得方式では企業においても株主の配当においても同一の最終税率25％が課税され、配当の半分であれ株主は二重の負担を課せられることになる。それよりも留保利益に暫定的でなく、独立の最終的な課税がなされることは一経済主体としての「企業」に課税されることを意味している。現代の経営経済学では企業は出資者が所得を達成するための手段と解釈するので、この企業課税は経営経済学の解釈に反する重大な課税システムの転換を意味するものとなる。

　この他、所得はどのような法形態の企業で稼得されても同じく扱うべきであるのに、資本会社のみ25％の課税をすること。内部留保への課税が低くて得をするのは、大企業やコンツェルンの支配者であること。内部留保が低率になるため、利益配当よりも留保が優遇されるがこれが必ずしも成長と雇用の増加につながるものではないこと。所得税の税率と資本会社の法人税率との格差が大きいこと。資本会社からの配当は所得税率が40％以上の高額所得者にとっては有利であるが、それ以下の所得層には不利となること、などの指摘が改革反対のアピールにもうたわれている[12]。

　以上において改革賛成派の意見を検討することはできなかったが、帰属計算方式は自国納税者にとってのみ二重課税が排除され、ヨーロッパ共通性に欠けていたこと。計算の手続きが複雑であること。濫用される恐れが多いこと、などが挙げられる。結局、連邦議会における政治的な圧力の影響もあり、折衷案

として二分の一所得方式が誕生したものと推察される。

　ワーグナーによる「企業それ自体」の持つ不透明な目的観の説明は現代のコーポレートガバナンスの議論とともに検討すべき重要な課題であるといえよう。現代の経営経済学では、大企業の経営者は株主のエージェントとしての経営者の観点に立ち、株主の所得を考慮に入れて企業行動ないしは投資行動を実行することが基本的な考え方である。近年のファイナンス理論においても「株主価値」との関係において企業の財務行動を分析することが基本的概念になっている。投資計算においても資本コストが用いられ、資本提供者が持つ収益の機会としての資本コストにも租税を考慮に入れる方法が考えられている。

　こうした背景において、二分の一所得方式によって資本会社の経営者により大きな権力が加わり、資本市場において評価されるべき株主価値の観点が軽視され、市場の評価が企業の投資に反映されなくなるとすれば、資源の効率的配分が損なわれることになる。新しい企業税制が持つ多くの問題点を解決する工夫が一層必要となるとともに、課税がどのように企業行動に影響するかという経営経済的視点に立っての分析が今まで以上に重要になってきたといえよう。

1）1998年12月当時の財務大臣ラフォンテーンにより諮問された企業税制改革委員会は1999年4月にボンの近郊都市ブリュールで答申案をまとめたのでこの名称がついている。Bundesministerium der Finanzen : Brühler Empfehlungen zur Reform der Unternehmensbesteuerung, Berlin 1999.
2）Bareis, Peter, Die Steuerreform 2000— ein Jahrtausendwerk? Wirtschaftliches Studium 2000, S.602. Rödder,Thomas, Die Neukonzeption der Unternehmensbesteuerung aus der Sicht der Beratungspraxis. Die Wirtschaftsprüfung, 2000, S. 57–70.
3）政府の改革案は2000年7月に連邦参議院において議決されたが、その直前には経営税務論を専門とするTh. Siegel, P. Bareis, N. Herzig, D.Schneider, F. W. Wagner, E. Wengerという6名の学者が発起人となり、72人の著名な経営経済学者の賛同を得て「軽率な改革から帰属計算方式を擁護しよう」というアピールを行っている。Verteidigt das Anrechnungsverfahren gegen unbedachte Reformen, Betriebs—Berater H. 25, 2000. S. 1269–1270. この他、租税に関する代表的な学術雑誌 Steuer und Wirtshaft の2000年2月号は企業税制改革の特集号として、法人税改革案を詳細に検討した批判論文が掲載されている。
4）Sigloch, J., "Unternehmenssteuerreform 2001— Darstellung und ökonomische

Analyse" Steuer und Wirtschaft (StuW) 2/2000, S. 160.
5) シュナイダーは一貫して経営経済学の視点から税制の問題点の批判をし続けているボーフム大学の教授である。Schneider, Dieter : Steuerlast und Steuerwirkung, München/Wien 2002, S. 54f.
6) Schneider, a. a. O., S. 55ff.
7) Scheipers, Thomas/Schulz, Andreas : Unternehmenssteuerreform 2001, München 2000, S. 22ff.
8) Scheipers/Schulz : a. a. O., S. 30f.
9) Wagner, Franz, W., Unternehmenssteuerreform und Corporate Governance. Steuer und Wirtschaft 2000, S. 109-120.
10) Wagner, a. a. O., S. 111. ワーグナーはドイツにおける株主価値批判論の経緯を説明している。田渕進「株主価値批判論の背景」浜本泰編『現代経営学の基本問題』ミネルヴァ書房2000年，168-179頁。
11) Wagner, a. a. O., S. 112.
12) Siegel, Bareis, Herzig, Schneider, Wagner, Wenger, 2000.（注3）

第11章　不確実性の削減と「リスク資本」

I　序

　「リスク資本」とはリスクを持つ投資のための資本であるという理解がドイツの文献においても一般的に行われている[1]。これに対してD. シュナイダーは，リスク資本とは他の支払請求権をリスクから守る損失バッファー（緩衝器）としての役目を持つ資本であると解釈している[2]。シュナイダーは経営学全体を所得に関する学問として把握し[3]，所得の獲得と使用に関する不確実性を削減ないしは減少させるという視点を強調しているが，この観点からしても資本提供者が支払請求権のリスクを削減するための資本という解釈は十分理解出来，むしろ現実的に重要な意味を持つように思われる。この意味でのリスク資本はしたがって，一般的に用いられている「リスク資本」ではなくて特殊の意味となる。シュナイダーはドイツの学界においても通説と異なるユニークな発想の多い研究者として知られているが，ここにおいてのリスク資本は企業財務の中で基本的に重要な自己資本と深く関わる概念でもあり，十分検討するに値する内容と思われる。

　シュナイダーはすでに経営経済学全体の分野にわたって多くの著書[4]を著しているが，基本として全ての個人が異なった資質，知識，願望を持ちながら不確実性の世界の中で所得を獲得し，かつ，利用していく企業者としての職能を持つという視点に立ち，その理論を企業者職能論と呼んでいる。個人は所得

を得るために労働，企業経営，資本提供など行うが未来の事象に関する情報は現時点では全て与えられているとは限らず，不確実性の中で計画せねばならない。現時点で予期しなかった事象が生ずることがむしろ経営の常であるとすれば，企業財務の分野ではどのような注意が必要となるだろう。資本を提供した支払請求権者はどのようなリスクがあり，あるいは，それを回避できるだろうという問題領域である。シュナイダーの独自の発想による特殊な表現が多数が使われるが，これらの概念を綿密に検討することが重要となる。以下においてⅡは法律上の自己資本が経営経済的な意味とは異なること，Ⅲではいわゆる自己資本の機能と呼ばれる内容が不明確であること，Ⅳではリスク資本と自己資本装備との違い，Ⅴではリスク資本の内容の順位づけ，Ⅵでは内部資本調達によるリスク資本について述べ，Ⅶでは要点をまとめ若干の考察を加えて結びとする。

Ⅱ 法律概念としての自己資本と経営経済事象としての自己資本装備

経営財務の課題として企業経営に必要な投資と資本調達の資金流列を長期的に計画することが重要であるが，われわれは未来の事象を現在において全て詳細に計画できないこと，不確実性の世界に生存していることが問題となる。全ての考え得る未来の状況に対して支払の超過に対処出来ないとすれば，倒産の危険に瀕することもありうる。倒産とはここに満期になった支払請求をその金額と時点において完済出来ないこととされる。未来の状況は全て事前に分かるものではないとすれば，倒産のリスクは全ての人間が直面するといえよう。

このような倒産の危険を避けるために二つの対処の仕方がある[5]：

a) 流動性クッション（Liquiditätspolster）の維持 未来状況が不利になった場合には出来るだけ敏速に資産の一部を現金に換えて支払義務を果たさねばならない。現金有高，銀行預金，郵便小切手，定期預金，有価証券などが典型的であるが信用付与もこれに加えられよう。

b) 損失バッファー（Verlustpuffer）の維持 これは遅滞のない支払能力とは

別に，計画期間全体を通じて投資の解消ないしは資産売却によって支払準備を確保する潜在的可能性を意味している。損失バッファーによって計画には入れていなかった損失を受け止めねばならないし，これによって追加的な支払請求をもたらされるのであってはならない。

損失バッファーの経営経済的機能は倒産リスクを制限ないしは削減することにある。ここに倒産リスクの詳細について述べる余裕はないが，倒産リスクの危機的な状況に達すると，法律概念は企業の残余資産の処分権に関わってくる。このような法律効果に端緒を発する倒産リスクを測定する（Messung）ことは，支払不能または債務超過が倒産の実態として発生したかどうかを確定することにあるとされる。

倒産の定義はここにシュナイダーの引用した文をさらに用いると「債務者は満期になった支払義務を果たすことが出来ない状態が継続するときには支払不能である」とされる。ここで重要なのは「継続して」という意味であって，支払不能性が短期的な支払延滞を越えて計画期間全体に至るとき，損失バッファーが支払能力の前提条件になる。

支払能力の他に債務超過も，破産手続または和議手続をとって企業の残余財産の処分権へ介入する根拠となる。債務超過という法律根拠は資本会社と，自然人が自分の全財産で保証しなくてもよい企業の法形態に限られる。

この法律上の債務超過を防止することは損失バッファーの経営経済的な役割ではない。債務超過はむしろ「危機的な」倒産リスクの事実に対する測定であって，この倒産リスクは特定の企業の法形態にとって債権者のためにこれまでの処分権保持者の権利を剥奪するものである。組織を詳しく見ると処分権は共同債務者から債権者の代理人である破産管理人または和議管理人に移ることになる。

要するにシュナイダーは，企業の計画期間全体としての支払能力を問題とすると損失バッファーが支払能力の前提条件になることを説明し，損失バッファーの経営経済的機能は倒産リスクを削減することにあることを強調している。

損失バッファーとしての役割を持つのが一般に「自己資本」であるとされているが，ここに日常語として使われる「自己資本」と「他人資本」という表現は法律用語に由来するものであって，経営経済の説明にとって適切であるとはいえない。したがって，シュナイダーは経営経済的な説明目的を持った三つの概念，**自己資本装備**（Eigenkapitalausstattung），**他人資本装備**（Fremdkapital-ausstattung）（=負債Verschuldung），そして，企業の資金提供者にとって損失バッファーとなる**リスク資本**（Risikokapital）を導入する[6]。

ここに自己資本の法律概念は現実世界の説明対象となる事実を意味するものではなく，自己資本の法律概念はまさに法律概念によっては説明されない事実の数量的模造（測定目標Messziel）[7]を示すものである。すなわち，法律概念によっては自己資本装備とリスク資本の経営経済的事実が示されていないことが指摘される。

シュナイダーの常に用いる批判的見解はここにも明らかで，従来の財務論や会計学の文献は実用志向で実務に役立てる実学を目指す熱意のあまり，不明確な法律概念で汚染された日常語を大量に取り入れているとされる。「自己資本」ばかりでなく「資産」とか「損失」もそうであって，同じ言葉が，全く異なる目的設定と内容の測定目標のためだけではなく，さらには経営経済的関係を説明すべき事実のためにも用いられている。ドイツで大きな議論となったリスクの大きい投資と自己資本比率減少との関係もこの観点から批判されているものである[8]。

したがって，経営経済的関係を説明するための目的を持った経済的事実のための概念は，説明されるべき事実がドイツ，オーストリア，スイス，そしてその他の国の法律定義とは関係なく生起しているのであるから法律定義から測定目標によって切り離されねばならない。ここに二つの概念が区別されよう[9]：

 i）理論において経験的事実のために用いられる概念 例えば，物理学において体の「温度」はこのような「理論的概念」である。地質学においては岩石の硬度がこれにあたる。われわれの場合の理論的概念は自己資本装備ないしは負債である。

ⅱ）説明目的に用いられるその理論的概念の測定にとっての概念すなわち，体温の模造としての水銀柱の長短の測定目標がこれであり，岩石の硬度にとっての模造としてはモースの目盛りがこれである。われわれの場合には年度決算または破産貸借対照表のような特別貸借対照表において，自己資本装備と負債の経験的事実のために計算される自己資本と他人資本の数値による模造がこれである。

　説明目的のために用いられる経営経済的―理論的概念を測定目的のための概念から区別するために次のような用語法が導かれる：

　「自己資本」は測定目標にとっての名称として用いられ，「自己資本装備」はこれに対して観察される現実世界の事実にとっての理論的概念を示すものである。測定目標の「自己資本」は，説明目的のためにつくられた「自己資本装備」概念を数値において出来るだけ同型の模造を目的としている。経営経済的測定目標としての「自己資本」は決して今日の自己資本の法律定義，すなわち，保証責任資金または自己資金と同じではないとされる。

　同じように，「他人資本装備（負債）」の額を説明すべき経営経済的事実として測定しようとする者は，測定目標として「他人資本（債務）」の決定を行うことになる。

　以上の概念の説明を表によって区別しておくと次の表のようになるであろう。

経験的事実	温度	自己資本装備，他人資本装備，リスク資本
説明のための数量的模造（測定目標）	水銀柱の長短	貸借対照表の自己資本，他人資本

　さて，このような細かい概念の区別をして，それでは経営経済的説明として自己資本装備と負債はどのように異なるかを問うとすれば，シュナイダーは現在の財務論においては明確な解答はないと答える。自己資本は持分権者が提供

する資本で，他人資本は債権者が提供する資本であるとしても，両方とも権利の所有者であるので循環論になるとされる。学者によっては自己資本装備と負債を区別するために自己資本機能として「事業開始機能」「リスク引受機能」などが説明される場合もあるが，シュナイダーはこれに否定的である。法律学者は財務活動としての自己資本機能の規則性を期待しているがシュナイダーの見解は異なったものである。

Ⅲ　自己資本装備と負債を区別するメルクマール

　企業に新しい持分権者が投下する資本はドイツ語で参加資本（Beteiligungskapital）とも呼ばれるが要するに一般的な意味での自己資本である。ここでは，参加資本と自己資本装備とを同一視して参加資本の典型的な特徴を挙げてみよう。以下に述べる自己資本装備のメルクマールは企業に出資することにより未来の支払請求権を獲得する投資者の権利と義務を意味している。a) b) c) d) はそれぞれ一般的に典型的な自己資本装備の特徴とされているものであるが，シュナイダーはそれぞれの内容を疑問視している[10]。

　a) 残余請求権としての自己資本装備と固定額請求権としての負債

　自己資本装備は収益従属的な支払請求権を付与し，負債は金額と時点が確定した支払請求権に関係するという内容が，ドイツ語の固定額（Festbetrag）と残余額（Restbetrag）という韻を踏んだ単語を用いて短縮形として表現されることが多いが，すべての短縮形がそうであるように，ここでも十分な表現となっていない。すなわち，破産または和議の場合には債務証券の所有者はその持分比率に応じてのみ残余額を受取るものである。したがって，正しい表現としては，自己資本装備と負債は未来の支払請求権を具現するが，負債の場合には「契約による」か，ないしは計画によって多くとも名目的なすなわち確定した金額の返済であるが，自己資本装備の場合には市場価格または企業全体の清算収益に依存する，と言わねばならない。

　ここに「契約による」というのは単なる法律事務以上のことを意味してい

る。「契約による」というのは経済的実態の略語であって，市場を通して二者以上の経済主体の計画が調整されることである。このような複数の個別経済計画の調整としての契約は，特定の未来の行動を取り，その結果として未来において財とサービスの不確実な支配となることに合意することよりなっている。したがって，契約締結時においての事前の合意が事後の契約違反となり調整の失敗となることは改めて議論される問題である。

固定額支払請求と残余額支払請求を対立させることは，契約上の返済に関してだけではなく契約上の報酬に関しても簡略化をしている。自己資本装備は成果に参加し，負債は成果無関連の報酬を供するというメルクマールはより厳密には次のように表現されよう：自己資本装備は契約によるもっぱらの (ausschliesslich) 成果依存的支払請求権を示し，負債は契約によるもっぱらの成果非依存的支払請求権を示すものである。

したがって，モデルとして純粋な自己資本装備は契約としてもっぱらの成果依存性を，そして，モデルとして純粋な負債は契約としてもっぱらの成果非依存性を前提としている。純粋な自己資本装備と純粋な負債は二つの限界概念であって，両者の間にいろいろな段階があり，実際の財務契約はそれらに関連づけられることになる。

b) 自己資本装備は無期限で他人資本装備は期限付

期限というメルクマールは曖昧である。「無期限」または「継続的」というメルクマールは「企業の計画視界まで」という意味においてはじめて経営経済的意味を持つものである。さらに言えば，一つの計画期間の中ですべての資本装備は期限がつけられるのであるから，期限付というメルクマールは内容として間違っている。すなわち，個人社員，特に有限責任社員は出資金を解約出来るし，引受け済み株式は最低名目資本までは返済できるものである。

したがって，「無期限—期限付」という組合わせは他のモデルと置き換えねばならない。すなわち，純粋な自己資本装備は計画により，または契約により，計画視界の終わりまで償還時点は合意されていない。純粋な負債は計画により，または契約により，償還時点が確定している。これら二つの限界の間に

も段階付けができ，あれこれの事情によって契約により合意された即時の解約がなされる。

c) 自己資本装備は保証責任があり，負債は保証責任がない

ここにも明確に説明されていない経済的実態にとって適切ではない法律概念である「保証責任」が使われている。保証責任とは法律上，債務を果たすための責任を負うことである。債務履行の強要性はしかし，自己資本の「保証責任機能」においてはせいぜい絵画的比較の関心しかもたれない。重要な意味は，自己資本装備が企業の資産を食いつぶす損失のバッファーの役をすることであり，損失バッファーがある限り確定している支払請求権は満期になってもその金額と期限において充当されるということである。

厳密にみると，保証責任の役割―よりよい表現は損失バッファーの役割であるが―は自己資本装備と負債の間の独自の経済的な境界メルクマールとはなっていない。なぜなら，損失バッファーをつくるという自己資本装備の法律上の特徴は，モデルによる純粋な自己資本装備は契約によるもっぱらの成果依存的支払請求権を具現し，純粋な負債は契約によるもっぱらの成果非依存的支払請求権を具現しているという経済的なメルクマールから導かれるからである。したがって，損失はまず自己資本装備の負担となり，その消失の後はじめて債権者の支払請求権を損なうものとなる。

d) 自己資本装備は経営管理権を持ち，他人資本装備は持たない

ここにおいても「所有権は処分権をもたらす」という法律的帰属が経済的実態に使われている。法律上，無限責任の法形態においては無限保証責任を持つ自己資本提供者が，自己資本出資のない人員に自由に与えることの出来る管理資格を持っている。有限責任の法形態においては持分権者が議決権を持ってそれを行使する限りにおいて，労働者の共同決定権の制約を受けるが，管理組織を選ぶものである。

しかし，管理資格を自己資本装備に結びつけることは必然的ではない。すなわち，すべての会社関連的企業（出資者と経営者が分離している企業）において，所有と処分権は資本市場を通して分離している。したがって，所有と処分

権を統一する要請は株式市場と他の持分権に関する資本市場の効率性を否定するものである。経営者の人的労働投下が彼の自己資本投下によって強化されるという主張でさえ自己資本装備と負債の区別にとってなんら利用可能なメルクマールをもたらさない。管理機能は企業目標を実現化し，特に損失を回避するものである。これに対して自己資本装備は損失が生じた後に，他人資本装備を損失から守るものである。管理に関する労働の質は損失バッファーの準備によるリスクの受入れとは経済的に別の事態である。

e）結論：純粋自己資本装備と純粋負債のモデル概念

以上において「典型的な」自己資本装備と負債の区別をするメルクマールの説明がなされたが，ここで分かることは，思考上の明確性は財務論においても他の学問領域と同じくモデルによる簡略化によってのみ到達出来るということである。ここでは，第一番目に投資者の支払請求権という観点であり，二番目の簡略化として純粋な自己資本装備と純粋な負債というモデル概念が選ばれた。これらのモデル概念は複数の未来状況が考慮されるが，事後の意外性はないものとし，計画に入れた未来状況のみが生起することを前提にしている。そして，契約もすべて守られることが前提である。

<u>純粋な自己資本装備</u>とは現金，財，サービス，または支払請求権がもっぱら成果依存的である払出しの放棄などを根拠とする企業に対する契約によって合意された支払請求権である[11]。成果依存的支払請求権は企業の活動期間においてこの支払請求権の所有者，ないしは持分権者に利益配当と出資金償還をもって充当することも出来るし，企業終結時に清算持分によって充当することも出来る。純粋な自己資本装備はしたがってこれら支払請求権の所持者にとって財務的リスクを負う資本投資である。

ここに個人商人または人的会社の無限責任社員の出資金は払出しが利益とは無関係に可能であるので純粋の自己資本装備には数えられない。完全無限責任社員に法律上与えられた所有権と処分権の一致はしたがって，モデルによる純粋な自己資本装備からは分離されるべき段階のものとなる。

<u>純粋な負債</u>とは現金，財，サービス，権利などの出資，または，支払請求権

がもっぱら成果に関係なく絶対額と時点において確定された企業の一方的義務を根拠とする契約によって合意された企業に対する支払請求権である。純粋な負債の典型例は利子と償還期限の確定した銀行貸付であるが，繰越取引で付与される交互計算信用は純粋な負債からは離れた他人資本装備の段階になる。

　<u>純粋な負債</u>は，契約が明記されて履行される限り，支払請求権の所有者すなわち債権者にとっては財務的にリスクのない資本投資である。財務的にリスクがないと言う意味は全くリスクがないことではなく，たとえば，市場利子率や購買力の不確実性は残されている。

　<u>最後に</u>，事後的意外性を除外する，特に契約は守られるという前提条件を取除こう。負債は，契約が明確に書かれてなく必ずしも守られないとすれば決してリスクのない資本的，投資とは云えない。成果非依存的な企業への支払請求権が企業によって充当されないという信憑性は倒産リスクによって測定される。倒産が生じると計画による，または契約による成果非依存的支払請求権から，必然的に事後的な成果依存的な支払請求権の部分的充当となり，債権者の損失を伴うものとなる。こうした事態を回避し，もしくは，限定するために「リスク資本」の概念がその役割として検討されることになる。

Ⅳ　リスク資本と自己資本装備との区別

　一般の日常用語として「リスク資本」は二つの意味で用いられている：
　ⅰ）リスクのある投資のために用いられる資金
　ⅱ）他の支払請求権をリスクから守るための緩衝器の役割を持つ資本
　二つの概念は大きく異なっている。前者の意味を取るなら何がリスクのある投資かについての見解を統一してそれに関するすべての資金を考察せねばならない。自己資本装備と負債との区別をするためには前者の概念は無用となる。通俗的には前者の意味で用いられることが多いが，シュナイダーは後者の概念を主張するわけである。

後者の損失バッファーとしてのリスク資本は，資金，財，サービス，そして権利を企業に投資する者の権利と義務に視点を向けるものである[12]。財務的契約の内容は未来の支払請求権に関する規制であって，投資によって増えるか減るかの不確かな額の収入を誰が，いつ，どれだけ受取るかということになる。固定的（成果非依存的）支払請求権と残余的（成果依存的）な支払請求権の配分の観点からするとリスク資本に損失の緩衝器のメルクマールをつけるのは当然とされる。リスク資本はここに，リスクのある投資のための資金ではなく，企業においてリスク資本提供者が持つよりも，より少ないリスクしか望まない資金提供者にとって損失バッファーの役割を持つものである。

　もしもリスク資本にとって損失バッファーの役割が与えられるとするなら，リスク資本は自己資本装備と同じ意味と思われる。しかし，これはつぎの三つの理由で違っている：

　(a) これまではモデルとしてのみの純粋な自己資本装備と純粋な負債を内容として特定し，純粋な負債は定義により企業に対する支払請求権所有者にとって契約上リスクのない資本投資を示すものであった。純粋な自己資本装備と純粋な負債のモデルにおいては，倒産リスクはなくまた損失バッファーも必要ではないので，概念としてリスク資本の必要はない。

　(b) 他の支払請求権のための損失バッファーとしてのリスク資本は契約としてもっぱら成果非依存的な支払請求権より成立出来る。そうすると倒産においては，たとえば，納入業者信用は，それにより納入された商品が所有権留保とならずまだ在庫である限り，優先権のある従業員の給料請求権にとっての損失バッファーとなる。

　(c) 契約を遵守出来ない場合または遵守したくない場合，損失バッファーをつくるという法律上の自己資本装備の役割にも拘わらず，経済的に損失の危険は自己資本装備の場合においてよりも他人資本装備の場合においてより大きいといえる。

　このような理由で企業の経営管理からみた損失バッファーとしての自己資本装備と，個別の資金提供者が担保保証と成果依存性の支払請求権の観点からみ

た損失バッファーとしてのリスク資本は異なるものである。

　企業に対する支払請求権を持つ投資家にとってのリスク資本はここに企業財産によって補償された支払請求権であって，破産法と契約上の合意によって倒産時の請求権を充当する場合に投資家と同等または劣後に位置づけられるものである。

　リスク資本はすなわち，全体としての企業のためではなく，それぞれの資金提供者にとってのものである。これが第一番目の自己資本装備とリスク資本との違いである[13]。

　リスク資本は資金提供者がその請求権が実現不能になる前に彼に与えられる損失バッファーである。したがって，リスク資本はたとえば，社員貸付のように，法律では債務になるような項目を含むことも出来る。これが第二番目の違いである。

　第三番目の自己資本装備とリスク資本の主要な違いとなることは，自己資本装備は売上収入による内部資本調達のうち留保利益を含むのみ（自己金融）であること。リスク資本はさらに加えて，売上収入から，たとえば，減価償却や緊急損失引当金という費用を計算してつくられる。この内部資本調達は利益がどのように算定されるかについての意思決定に従うものである。このような利益算定によって設定されるリスク資本は貸借対照表において自己資本としては認識され得ない。

　「リスク資本」という概念を導入することによって一般に資金提供者が考えるような，企業にとって動かすことのできない支払請求権者のグループとしての「特定の」自己資本装備ないしは「特定の」負債があるという想定は排除される。これに代わって，モデル概念としての純粋な自己資本装備と純粋な負債（これは支払請求権者にとってリスクがない）の他に結合概念である「リスク資本」がつくられ，その現象形態は企業の破産財団から充当される優先劣後の順位によって形成されるものとなる。

V　リスク資本の現象形態

四つの現象形態が区別される[14]：

1）**第一順位のリスク資本**は利益算定に基づく内部資金調達によって形成されるが，この際の内部資金調達によって追加的な負債が用いられないことが前提とされる。第一順位のリスク資本には，商法上最大限の利益を導く，費用の算入または収益の不算入からの内部資金調達が数えられる。「秘密積立金」の形態での隠された利益は利益の運用であるとされ第二順位のリスク資本に位置づけられるが，例外がある。すなわち，「過小評価」ないしは非課税の準備金設定によって税支払が延期される場合，そこから生ずるリスク資本は第一順位の利益算定からのリスク資本に数えられる。たとえば，ドイツの所得税法6条b項による法定準備金，ないしは，そこから生ずる固定資産の過小評価，これは利益期間に設定されて税支払を節約するもので第一順位のリスク資本に数えられる。なぜなら，準備金を取崩すことは緊急の債務超過の際に損失バッファーとなり，租税上有利に評価された固定資産の売却によって支払障害が回避されるからである。

他方，利益のある年に年金引当金が設定されると内部資本調達の資金が出来るが，年金承諾によって従業員の法的請求が根拠づけられると，企業はその不確定な債務により負債を負うものである。過大でない年金引当金による内部資本調達は追加的なリスク資本をもたらすものではない。

第一順位のリスク資本は企業財産によって補償された支払請求権のことであって，このためには最大限可能な商法上の利益算定にとっての法規によって保証財産が留保されている。第一順位のリスク資本はすなわち，収益と同時に支払とならない費用とを相殺し，未来の成果に依存しない未来の支払請求権が求められない限り，売上収入から成立するものである。第一順位のリスク資本はゴーイングコンサーンとしての企業においてその年度決算書に自己資本として表示された残余額請求権を損失バッファーとして守るものである。

2) **第二順位のリスク資本**は会計規則上の自己資本であって，利益処分による利益（ないしは損失）繰越の修正をした後の払込済株式（自己株は除く）と資本剰余金および利益剰余金のことである。ここに会計規則上のあらゆる節税可能性を利用して最大限許容される商法上の利益が前提とされる。

第二順位のリスク資本は企業財産によって補償された，契約によりもっぱら成果依存的な支払請求権である。ここに，たとえば利益剰余金のように定款の変更なく引出すことの出来る額と資本剰余金や払込済資本のように定款の変更を必要とするものが区別される。

3) **第三順位のリスク資本**，契約条件が契約上もっぱら成果依存的な支払請求権（＝第二順位のリスク資本）に属するか，または，契約上もっぱら成果に非依存的な支払請求権（＝第四順位のリスク資本）に属するか詳しくは分からない限り，共益証券，オプションおよび転換社債，利益依存的貸付などなどを総括するものである。ドイツのいわゆる銀行法（信用制度法）による保証責任供与や匿名社員の保証出資金にはこれに属するものがある。

4) **第四順位のリスク資本**は企業財産によって補償され成果にもっぱら依存しないところの，企業に対する支払請求権のことである。第四順位のリスク資本は法律概念では債務に数えられるものである。これはしかし倒産の場合には，他の資金提供者の支払請求権の劣後になるかまたは同等に位置づけられるので，この資金提供者にとって損失バッファーとなる。

倒産の場合に優先的に充当されるべき賃金俸給請求権にとっては，たとえば担保保証のない納入業者信用はまだ資産がある限りリスク資本となる。確定利子付の社員貸付は，ドイツの有限責任会社法と株式会社法のそれぞれの条項の自己資本を代替する社員貸付の前提条件が充たされると第四順位のリスク資本になるとされる。

このように，損失バッファーとしてのリスク資本の内容はそれぞれの段階によって異なったものである。しかし，企業のすべての外部資本提供者のグループにとって共通している問題は，企業にとって内部資本からどれだけリスク資本が提供されるかということである。

第11章　不確実性の削減と「リスク資本」　231

Ⅵ　内部資本調達によるリスク資本の測定

1　利益処分によるリスク資本：自己金融

　企業の資力を誇示しようとする経営者も企業への資金提供者も年度決算書から，内部資金調達から形成される第一順位のリスク資本を計算せねばならないが，ここに二つの観点が区別される[15]：

ⅰ）会計計算する者自身（すなわち，企業内部のすべての情報を持つ者）は内部資金調達によって会計的に留保される金額のどれだけを，経営経済的な観点からリスク資本とするか。

ⅱ）企業外部から決算書をみる者（多くの場合外部資本提供）は，どれだけ，たとえば資産の過小評価のような決算書で部分的に隠されたリスク資本を読みとることが出来るか。

　第一の問題は第二の観点の問題の前提にもなるもので，以下においては第一の企業内部で内部資本調達によるリスク資本をどのように測定するかという問題をとりあげるものである。

　所与の売上収入のもとに内部資本調達は利益算定（収益費用の計算）と利益処分によって行われる。したがって，それぞれの利益の内部資金調達のどの現象形態がリスク資本を導くかについての決定的なメルクマールになる。ここに留保利益は今日の会計規則により計算されて法律上自己資本であるが，経営経済的には必ずしもそうではないことがシュナイダーの説明である。たとえば，架空利益が含まれていたり，社会福祉的計画のための引当金が認められないため法律上のリスク準備が不十分と思われる場合には経営経済的にそのまま留保利益とはされていない。したがって，利益処分による内部資本調達（すなわち自己金融）は，利益算定のための会計規則が判断をする者にとってリスク資本を形成するという目的を充たす場合に限って制約なくリスク資本の装備となるとされる。

　つぎに，第一順位のリスク資本は，会計規則上のすべての節税可能性を利用

した1期間に最大限許容される商法上の利益を基礎としている。ここに，会計報告をする企業はすべての成果非依存的な支払請求権を差し障りのない限り貸方記入することを前提にしている。たとえば，ドイツの商法では年金支給承諾に対して貸方記入選択権が，こうした場合には引当金が設定されることを前提としている。

商法上の評価選択権を用いて最大限許容される利益に達していない者はリスク資本を表示していないのであって，彼の経営経済的理解によると商法上の最大限可能な利益の一部をリスク資本と認めないことになる。

利益処分からの内部資金調達されたリスク資本は1期間において，売上収入から利益が導かれたが配当がされない額である。どのような利益概念を基礎にするかによって自己金融は異なるものとなる。シュナイダーによると三つの自己金融が区別される：

（a）公示自己金融（Offene Selbstfinanzierung）は年度決算書の利益準備金，利益繰延ないしは会計利益の項目の変化において（配当に関わらない限りにおいて）測定される。額面価格を越える増資を基礎として設定される資本準備金は用いられた外部資本調達の模造である。

（b）秘密自己金融（Stille Selbstfinanzierung）は貸借対照表の秘密積立金の設定より生ずる。ある一時点での秘密積立金の額，は貸借対照表積極側の最大限許容される商法上の評価額と実際の貸借対照表評価額との差異の合計と，実際の貸借対照表評価額（特に引当金）と消極側の許容最低限の評価額との差異の合計を加えたものである。

秘密積立金は同じ額においての利益配当を断念するものと考えてはならない。秘密積立金は利益表示の追加が同じ額においての利益依存的支払を強制するときのみ，同じ額での利益の配当取止めになる。税法上許容される秘密積立金が設定されると積立金に税率を掛けた額の利益依存的支出がこの計算期間において回避される。課税された残余利益の額においての利益依存的支出は，商法により課税利益の割増し表示から同じ額での配当がなされるときにのみ節税される。このような場合はドイツの株式法ではごく希に考えられるとされてい

る。したがって，秘密自己金融は秘密積立金の額によって確定されるもとはいえない。

（c）隠蔽自己金融（Versteckte Selbstfinanzierung）は未来の収入を約束するが積極側計上可能な経済財とはならず利益算定において費用として示される支出によって生ずる。たとえば，パテントを自社で作成した場合の研究費支出，また，広告作戦や顧客層を開拓する場合のように独自の事業価値を創出するための支出がこれである。隠蔽自己金融の概念は同じ額の利益依存的支払を回避するために，意識的に積極側計上可能の支出を取らなかったケースにのみ相当する。

隠蔽自己金融は秘密自己金融とは異なった形で未来の支払能力に作用する。秘密自己金融においては，資産対象は評価選択権の理由で取上げられないか，あるいは，評価選択権の際に過小評価ないしは未来の支払義務の過大評価がなされる。秘密留保金は資産対象の売却の場合ないしは引当金根拠の抹消の場合に再び実現される。秘密自己金融の額はまさに企業の清算のときに現金化する。

隠蔽自己金融の場合には利益は貸借対照表に示されない経済財に流れ込んでいる。これらの項目は，たとえば，自社作成のパテント売却のように部分的にのみ個別に売却できるが，企業の清算のときには決して現金になるとは限らない。一般に隠蔽自己金融の実現利益は全体としての企業売却の場合にのみ，ないしは，企業が未来により多くの収入を獲得することによって生ずるものである。隠蔽自己金融を伴う実態形成は年度決算書では希にしか確認されず，また倒産時の際現金化も疑わしいので普通リスク資本には数えられない。

2　利益算定からのリスク資本

給付過程からの収入を会計的に留保することは，どのような利益算定の規則に従うかによって利益を増加させる効果を持つものであるから，このような内部資本調達によって損失バッファーとして適したリスク資本が形成されるかが調べられる。シュナイダーは第一順位のリスク資本についてつぎの四つの点を

説明している[16])：

ⅰ）過小評価と財務諸表表記方策

ⅱ）税法上の評価選択権

ⅲ）引当金

ⅳ）前受金と消極計算限定項目

これらについての説明は会計制度についてのさらに高度専門的な知識を必要としているためここでの検討は割愛する。

以上で検討したシュナイダーの文献は1992年第7改定版に依拠しているが，・第6版[17])においても同じ内容となっている。シュナイダーは一貫して経営経済学の視点に立って税制の批判を行う税制批評家としても知られているが，1987年にはこのリスク資本の概念を用いて当時の税率軽減策を批判する論文が実務界の専門雑誌[18])に報告されている。また，1997年の「経営経済学第2巻会計」[19])においても2001年の「税負担と租税影響」[20])という著書でもリスク資本の説明がなされている。このように，一般的な意味と違って独自の概念としてのリスク資本を固持する背後には，個人の所得不確実性を削減するために制度がつくられているという企業者職能論の視点があるためであって，その意味で支払請求者個人の観点においてリスクを削減する資本，すなわち，損失バッファーとしてのリスク資本という概念は十分理解されよう。

Ⅶ　結

以上はドイツにおけるシュナイダーの議論を検討したものであるが，わが国の財務論においても資本構成という表現とともに自己資本と他人資本という表現はごく一般的に用いられている。そこにはあたかも，別個のグループの資本があって完全に分離されているかのような印象が強い。これらは法律的な所有権を中心にした概念であって，経営経済的実態とは異なるという指摘は重要である。自己資本と他人資本を経営経済的に明確に区別出来る方法はまだ成立しておらず，そのために自己資本装備，負債，そしてリスク資本という概念が導

入されている。

　これらを分かり易くするにはまず，企業に資本を提供した投資家の観点を持つことである。そして，自己資本装備として，事後的意外性のないモデルの世界においての純粋な自己資本装備を考える。ここでの投資家はもっぱら成果依存的，すなわち，他の支払が済んだ後の残余から支払を得るものであるからリスクを負う投資家である。他方，純粋な他人資本装備はもっぱら成果に無関係な支払を得ることが出来るのでリスクを負わない。この世界は事後的に計画を覆す意外性がないことを前提にしている。ところが現実の世界は契約が守られるとは限らず，意外性が生じる。企業の債権者にとっても倒産の事態になれば損失が生ずる。こうした事態に備え，損失を少しでも限定して債権者の請求権を守るために損失バッファーとしてのリスク資本が考えられている。

　本文で詳しく説明されているところであるが，企業の経営をする観点からは自己資本装備が損失バッファーとなり，個々の資本提供者の観点からするとその資本がどのような資本か，すなわち，成果依存的か非依存的か，担保付か無担保かなどの状況によってリスク資本が損失バッファーとなる。このリスク資本はさらに四つの順位づけがなされ，それぞれの説明がなされているが，これらの中には債権者への債務も入ってくる。これは倒産の際に甲という債権者への債務が乙という債権者への債務より同等かまたは劣後の順位であるとき，乙への債務は甲の債務にとってリスク資本になるという意味である。この点からも自己資本と他人資本は明確に区別できるものではなく，支払請求者の立場によって異なることが説明される。そして，リスク資本にとって内部資本調達が主要な役割を持つが，これには，利益算定としての会計手法によりどのように利益が算出されるかが，大きく関わっている。財務諸表に表されない自己金融や法律上許容される最大限の評価法と実際の評価の相違から生ずるリスク資本の指摘は有意義といえよう。

　このようにシュナイダーの用いるリスク資本という概念は企業への資本提供者がどれだけその支払請求権を確保できるかという視点から分析を行い，単に貸借対照表に示された自己資本のみでなくその背後に行われた利益算定によっ

てまだ隠されている資本をも対象としている。資本提供者にとっても企業経営者にとってもこうした経営経済的に厳密なリスクの観点からの検討は実際問題として重要といえよう。一般的な通念と異なった観点から議論を巻き起すシュナイダー流の特徴がここにも示されている。

一般的な意味での「リスク資本」はリスクのある投資として，特に新規の成長企業のためのベンチャー・キャピタルやプライベートエクィティーなどの意味において議論される[21]が，この意味での「リスク資本」はここで検討されたシュナイダーの言うリスク資本と決して矛盾するものではなく，経済の中でリスク性の大きい投資を対象に考察される資本と損失を削減しようとする資金提供者の資本という観点の相違から来るものであって，むしろ，新規のベンチャー企業への資金提供者にとって一層重要な観点でもあるから相互に補完する意味合いを持つものであると考えられる。

1）たとえばAlbach, H./Hunsdiek, D. /Kokalj, L., Finanzierung mit Risikokapital, Stuttgart 1986. 第4章リスク資本と新規成長企業
2）Schneider, Dieter, Investition, Finanzierung und Besteuerung, 7. Aufl., Wiesbaden 1992, S. 51. シュナイダーはボーフム大学経営学教授として長年活躍し，現在定年退職後も執筆活動を続けている。1987年10月大阪経済大学において「ドイツ企業の自己資本不足問題」について講演している。本章はその内容にも関連するものである。また，同じく「企業者職能による経営経済学の新構築」というテーマで研究会も開かれた。（経大学会通信No. 9 企業・社会・大学　1987. 11. 10）
3）第12章シュナイダーの企業者職能論
4）たとえばSchneider, D., Betriebswirtschaftslehre Bd. 4 : Geschichte und Methoden der Wirtschaftswissenschaft. München/Wien 2001は1088頁におよぶ内容であり，翌年にはSchneider, D., Steuerlast und Steuerwirkung, Einführung in die steuerliche Betriebswirtschaftslehre. München/Wien 2002. が出版されている。
5）Schneider, Investition, Finanzierung und Besteuerung, S. 42.
6）Schneider, D., Investition, Finanzierung und Besteuerung, S. 44.
7）シュナイダーは学問の「理論」には説明理論と規範理論に加えて測定理論（Messtheorie）が必要であることを主張している（本書第8章166頁）。測定理論はここに示されるように例えば「自己資本」は事実としての自己資本装備を数量的模造として示す，すなわち，測定出来るかという理論であって，測定目的のための尺度が測定目標である。同様の考え方で「会計目的Rechnungszweck」と「会計目標Rechnungsziel」が区別され，会計目的は会計制度の情報利用者の願望を目指す概念であるが，会計目標

は会計制度に計算されるべき成果についての尺度を表すものとされる。この両者は決して等しくない。Schneider, D., Betriebswirtschaftslehre Bd. 1 : Grundlagen, München/Wien. S. 205ff.
8) D. シュナイダー「ドイツ企業の自己資本不足問題」生駒道弘・榊原茂樹編著『経営財務と証券市場』千倉書房，97－112頁。
9) Schneider, D., Investition, Finanzierung und Besteuerung, S. 45f.
10) Schneider, D., Investition, Finanzierung und Besteuerung, S. 48-50.
11) Schneider, D., Investition, Finanzierung und Besteuerung, S. 50.
12) Schneider, D. Investition, Finanzierung und Besteuerung, S. 52.
13) Schneider, D., Investition, Finanzierung und Besteuerung, S. 54.
14) Schneider, D., Investition, Finanzierung und Besteuerung, S. 55.
15) Schneider, D., Investition, Finanzierung und Besteuerung, S. 57f.
16) Schneider, D., Investition, Finanzierung und Besteuerung, S. 60.
17) Schneider, D., Investition, Finanzierung und Besteuerung, 6. Auflage. S. 51-69.
18) Schneider, D., Die Steuerreform und ihre Finanzierung in ihren Folgen für die Unternehmensfinanzierung mit Risikokapital. in : Der Betrieb 1987, S. 2529-2535.
19) Schneider, D., Betriebswirtschaftslehre, Band 2 : Rechnungswesen. 2. Auflage, München 1997, S. 378-388.
20) Schneider, D., Steuerlast und Steuerwirkung. München 2002, S. 175-180.
21) 本書第4章リスク資本と新規成長企業の育成

第12章　シュナイダーの企業者職能論

Ⅰ　序

　経営学は常に新しい技術や技法を導入して利用する学問だからアメリカ流の新しいマネジメントに限る，と思う人にとってドイツ経営学の歴史を掘り返す興味などまず沸いてこないであろう。アメリカ経営学が次第に広まってきている風潮に抗し，ドイツにおいての歴史上の文献を丹念に研究し，経営学において学史と方法論の研究が重要な意味を持つことを主張したのがD. シュナイダー[1] (Schneider, D.) である。彼の著「一般経営経済学[2]」において，経営経済学の理論の発端がかなり古い文献に書かれているにもかかわらず，見棄てられ，埋没してしまったことはこの学問にとって大きな損失であったことが指摘されている。「企業者職能論[3]」はこうした意識の下にさらに現代の理論の研究をとり入れ，経営経済学を新しい観点から見直そうとするものである。ここでは人間の生活，そして企業というものが経済秩序のなかでなされているものであるから経済の制度と切り離して考えることはできないことが強調され，企業者職能とは「所得の不確実性を減少させる」役割をもつというユニークな発想がなされている。シュナイダーは所得に関する不確実性を少なくしようとする企業者の職能に注目し，所得の不確実性を減少させる制度に関する学問として経営経済学を構築しようとしている。

　以下においてⅡでは所得の不確実性の概念を説明し，Ⅲでは制度問題を分析

する企業者職能論の基本概念を考察する。Ⅳでは市場と企業に関する考え方を述べ，Ⅴにおいて若干の考察をつけ加える。

Ⅱ　所得の不確実性

シュナイターの考察は人間の経済生活においての最も基本的な特徴から始められる。それは現代に生きるわれわれにとってあまりにも当り前のことであるので唐突な感じさえ受ける。

まず，人間は生きるために必要とするものをすべて自分で作ることはできない。人間の社会にはいつも<u>分業</u>が行われている[4]。分業が行われるということは，ある人間が欲しいものを手に入れるためには自分の仕事をして交換せねばならないということである。贈与を受けたり盗みをすることはその相手方に犠牲を払わすことになる。自分で仕事をすることによって一定期間の最初に持っていた財産より以上のものをつくり出したり，労働との交換によって獲得したものが<u>所得</u>である。一方では所得が獲得され，一方では所得は消費されていく。所得を獲得して消費していくことにおいてそれぞれ生きるためのいろいろな目的が達成されるわけであるが，ここにおいて次の2つの事実があることを知る必要がある。

① 所得を獲得し消費することにおいての不確実性は不可避である。人間の行為の結果はすべて前もって分かっているものではなく，事後において初めて分かるものである。このような不確実性をどうすれば減少させることができるか，が以下において計画の概念と共に説明される。

② 人間ひとりひとりの知識，願望，能力は実に多種多様である。ある者は自分の所得の獲得が不確実な場合には自分で責任を持ちたいために自立自営を望むであろう。ある者は大企業や官庁に勤めることによって所得の不確実性に対処しようとする。

このようにひとそれぞれ異なった知識を持っているために未来のことを計画する場合に異なった仮定条件が考えられる。したがって，多数の人が集まり一

致協力することによって所得に関する不確実性を減少させることができる。しかし，他方ひとりひとりの知識が異なるために計画の調整がむつかしくなり，ある所では穀物にカビが生えているのに，ある所ではひとが餓死することもあるわけである。

さて，ここで常識的に考えられるのは未来の不確実性に対処することこそ「計画」ではないのか，ということであろう。不確実性を減少させるためにいろいろと合理的な考察をめぐらして工夫することが計画であって，経営学においてはこのような計画の設定に関する研究が行われてきたのではないだろうかという疑問が生ずる。シュナイダーは「計画」という概念を次のような定義によって理解している。「計画とは一定の目的，手段，行動可能性，そして，未来の状況に関する知識の下に意思決定の論理を応用すること[5]」であると。計画をすることにおいて意思決定がなされるのである。すなわち，代替案の選択がなされるのである。ここに意思決定モデルとしてもっとも簡単なマトリックスを思い出しておこう。(第5章86頁参照)

代替案＼未来の状況	悪い状況	良い状況
新工場を設立しない	0	0
新工場を設立する	－300万円	700万円

仮りにある企業が利益を目的とし，そのために新しく工場を設立しようか，しまいかを考えるとする。未来の状況として経済状況の良い場合と悪い場合を区別する。それぞれの場合の収益と費用の予想計算をすることによって，悪い状況のときには損失が300万円，良い状況のときには利益は700万円となることが分かった。上の表にはこのような意思決定者に与えられた知識（＝情報）が示されている。もしも，未来の状況が1つだけであれば確実な知識の状態において2つの代替案の選択がなされるのである。未来の状況が2つ以上の場合の問題が不確実性下の意思決定の理論と呼ばれている。この場合，さらに未来の状況の生じる確率が分かっていれば，その確率を結果の数値に掛けることによ

って期待値を計算することもできるわけである。しかし，いくら厳密にマトリックスの予測値を用いて計算しても事後的には現実の値は殆んど異なった結果となることを知らねばならない。この他，このマトリックスの意味について説明すべきことは多いが，ここに割愛せざるを得ない。シュナイダーは不確実性下の理論を徹底して研究し，その著書「Investition und Finanzierung」においては本文651ページのうち不確実性下の問題について85ページというスペースがさかれている[6]。ここにおいて強調されている要点を挙げておこう。不確実性下の意思決定は一体いつ問題になるのか。それには3つの要件がある[7]。

① 意思決定者は彼が何を欲しているか，目的を知っていること
② 意思決定者は最低限2つの互いに排反的な行動可能性の代替案を持っていること
③ 意思決定者は未来の状況が分かっていること

すなわち，意思決定の論理を応用するためには，これについては不確実だという前線を完全に知っていることがまずもって前提条件であることが認識されねばならない。そして，合理的な計画が行われるのは未来の状況に関する情報が所与の場合に限られているのである。

ここに未来のことが分からないという不確実性の概念（リスクとも呼ばれる）を2つに分けることが必要である。

a) 未来の状況に関する知識状態が確定していない場合であって，競争相手が新製品を売り出したり，競争相手同志が提携して市場が大きく変化することも考えられる。この場合が情報リスク[8]と呼ばれる。

b) 未来の状況，目的，手段，行動可能性に関して一定の情報が与えられている場合であって合理的計画が可能となる。

戦後の経営学の展開を見ると長期経営計画論や戦略的経営論においてますますオペレーションズ・リサーチの手法が導入され，また経営情報論も関心を引きつつあるが，これらはすべてb)の領域に関するものである。所与の条件の下に論理的解決が可能となるものであって，いわば数学と同じく経営学にとって補助的な学問でしかない。現実の経営問題としてはa)の場合の方が多いに

もかかわらず，これまでの経営学においてはむしろb）に関する研究に傾きすぎていた，とシュナイダーは考えるのである。たとえば，サイコロを振って1の目が出ると100円もらう約束をするとしよう。この人は1の目が出る確率を知っていてその条件において自分の行為を計画するのである。しかし，サイコロを振った途端に犬が飛び出しそれをくわえて逃げる，とか，突風でサイコロが紛失することがありうる。このたとえは少し極端な話のようであるが，言わんとすることは，現実の経営問題においてはこのような突発的な予期不能の事態の方が多く，いわゆる不確実性下の理論を厳密に適用して計画を行っていくことはまれであるということである。したがって，未来の状態をより確実に知ることを可能にする人間社会の条件として制度（Institution）の問題こそより重要であると論ずるわけである。

Ⅲ　制度問題と企業者職能論

　未来の状況に関する情報が与えられ，それに対して事前に計画が可能になるとすれば不確実性を減少させることができる。客観的な情報として未来の状況を確定できることは2つある。1つは自然法則であり，これを利用することによってわれわれの経済生活がどれだけ向上したかはここに説明の要はないであろう。もう1つは人間社会における<u>制度</u>である。人間が共同生活をしていくためにはルールが必要であり，このルールに従うという信頼によって不確実性を減少さすことができるわけである。分かり易い例として原始時代の狩猟者を考えよう。1人は兎を持っている。もう1人はキジを射止めた。両者は互いにその獲物を交換しようとする。草原の両端から真中に獲物を持って来る前に，お互いはまず武器を携えないことを約束するのである。このようなルールが守られないと強い者が常に弱い者を強奪するかもしれないからである。さらに，上述のサイコロを振ってある賞品を誰かがもらう場合を考えよう。もしも，サイコロが途中でなくなったら再度はじめからやり直しをするというルールを前もってつくっておかなければ争いとなる場合が多いであろう。

人間社会の歴史を顧みるとこのように人間同志の行動が未来に不確実とならないようにいろいろな制度をつくってきたと考えられる。ここに規則や制度ばかりでなく，広く契約，慣習，法律などを含んだ行為の連携をも考えることができよう。いずれにしろ，人間がこのような制度において規則に従うかぎり，全く確実ではないにせよ，一定の目的に従う人間の行動は客観的に把握でき，未来の事象をより具体的に計画化することが可能となるのである。所得を獲得しこれを使用することに関する不確実性を減少さすことは，どのような制度をつくるかによって可能となり実現される。このようにシュナイダーは所得の不確実性を減少させる制度という観点において経営経済学を再構築しようとするのである。

　企業者職能給（Unternehmerfunktionen）と呼ぶ彼の理論においては，企業者とは広い概念で把えられ，所得を獲得するために自分の知識，労働力，財産を投下し，その不確実性を減少させる者と解されている。すなわち，資本を投下して富を得た人としてフッガー（Fugger），クルップ（Krupp），フォード（Ford）などの名前が知られているが，こうしたいわゆる企業家ではなく，一定の職能を果たす者がだれでも企業者と呼ばれるのである。そして，企業者職能として次の3つが示されている[9]。

(1)　制度を創設する企業者職能：所得の不確実性を減少させること。
(2)　外部に対して制度を維持する企業者職能：さやとり利益を達成すること。
(3)　内部に対して制度を維持する企業者職能：経営指導においての革新の続行。

　まず第1の企業者職能は企業のみに限らず市場やその他の制度をつくることによって所得の不確実性を減少させるものであって最も基本的な職能である。これは上述のように人間の行動は制度があることによって予測が可能となり，そこにおいて計画が可能となることを考えれば明白である。ある人が他人を雇ってその仕事に対し賃金を払う場合，当人同志の合意による契約が成立したことによって，所得を得る可能性ができ，所得の不確実性は減少したのである。

このような個人同志の契約から，企業内の管理，企業間の提携，市場取引，政府の仕事に至るまで広い範囲において制度がつくられ，所得の不確実性を減少させる役割がみられるのである。

これまでの経営学は制度を与えられた所与の条件と考え，その前提の下に不確実性を少なくする論理性を追求していた。しかし，企業者職能論は所得の不確実性を減少させる制度をつくっていき，それによって計画の可能性を拡げることが強調されるのである。ここに経済生活において所得を得ることは常に不確実であるということ，個人の知識，願望，能力が不均等であることを思い出しておこう。国民経済のなかで企業者が重要な役割を持つが，企業者が不確実性の下に生きねばならないことをはじめて文献に残したのはカンティヨン[10](Cantillon, R.)であるが，その彼が自分の使用人に裏切られ，ロンドンの邸宅を焼き打ちされたのは実に劇的な運命であったわけである。

第2の企業者職能は企業の外部に対してさやとり利益（Arbitragegewinn）の達成を目的とすることである。要するに利ざやの大きいものを選ぶということで，古くからラテン語のSpekulatio（投機）という言葉と共に用いられている。今日では投機による利益は必ずしも正当でないという考え方があるが，ラテン語のスペクラチオとは「高い所から遠くを探す」という程度の意味である。経済学者のリーデル[11]（Riedel, A. F.）は19世紀前半，企業者の仕事は生産要素を結合することよりも，人間の欲求を観察し，欠乏しているものを提供し，販路を見つけていく意味においてこそより重要であることを記している。この意味での投機ないしはさやとり取引を行うのが企業者であって，彼は販売市場と調達市場の間において絶えずその機会を窺っているのである。同じものが異なった場所で異なった価格をつけられているとき，また，同じものが未来と現在で異なった価格を持つとき，そして，製造工程の段階によって価格の差がみられるとき企業者は利益を大きくするように工夫するのである。需要や供給に関しての人間の行動において不確実性は避けることのできないものであるから，ここに他人との競争においてさやとり利益を求める企業者職能の意味が生ずる。すなわち，誰しもが商品の質と価格をより詳しく調べ，より有利に購入しかつ

販売しようとするのであるからハイエク[12] (Hayek, F. A. von) のいうよう競争は「知識の利用」を生ぜしめるのである。供給者であれ需要者であれ市場参加者が相手方よりも情報をより多く得られる優位な立場にあることを今日では「情報の不均衡」と呼んでいる。同じことは約1世紀前ロッシャー (Roscher, W.) により「先手の原理」と呼ばれていたのである[13]。

とにかく，企業という制度が自分の力で競争相手と立ち合いするという企業者の役割を果たしたかどうかは，相手との競争において利益を達成（損失を回避）することによって示されるわけである。

第3の企業者職能は企業の内部に向かって制度を維持していく上で重要となるものである。誰しも所得を得ることは不確実であるために，自分の知識，労働力，財産などの企業者とならねばならず，この意味ではすべての人間が企業者の意味を持っている。しかし，ここでは特に企業の経営者としてのマネジャー (Manager) の役割に注目しよう。マネジャーは自分自身の知識，労働力，財産の企業者であるだけでなく，他人から企業者職能を果たすよう委託された者である。企業であれ，非営利団体であれ，あるいは社会主義国の行政機構であれ，制度というものを指導する者は彼が正しいと考えていることをその組織のメンバーに納得させて実行せねばならない。組織の決定機関としての委員会では同じ権利を持つ者の過半数の同意が必要であろう。階層組織のなかではマネジャーは自分の意思を部下に伝達することも必要であり，かつ，上司または取締役会に説明することも必要となる。

このように内部に向かって制度を維持する企業者職能というものは，欠点を除去しつつ変革を続行する経営者（マネジャー）の行動において表現される。ときには制度の崩壊を守るため革新を止めることも必要であろう。しかし，他の制度との競争において革新を続行することはより大切となるのである。

制度を維持する企業者職能として，経済的優位を保つために変革の続行が重要であることはシュンペーター[14] (Schumpeter, J. A.) が「動的」な企業者の役割として的確に表現している。すなわち，彼は製品品質，生産工程，経営組織，販売市場の4つの領域において新しい可能性を認識し続行することにおい

て企業者の本質があることを指摘している。これらの意味を頭で理解することは必ずしもむつかしくはないであろう。しかし，新しい革新には労働者，消費者，官庁，金融機関などいろいろな反対意見が生じ，実際には困難に直面することが多いものである。それだけにこの企業者職能は経済的指導または管理という意味において重要である。この企業者職能は自営業者とか資本家といった独立した企業者のみでなく，現代の発達した企業においては他人から仕事を委託されたマネジャーにおいてこそ一層重要な意味を持つといえよう。

　これら3つの企業者職能のうち第1の所得の不確実性を減少させる制度がもっとも基本的であることは明白である。第2のさやとり利益の企業者職能は市場という制度が前提となっている。ここに必要不可欠な制度が貨幣であり，交換の手段であるとともに計算の単位としてさやとり利益を計画するための前提条件ともなっている。市場と貨幣があってはじめて生産の計画がなされるのであるから第3の革新を遂行する企業者職能がこれに続いて重要となる。シュンペーターはこの第3の企業者職能の重要性を強調しているが，シュナイダーはさらにカンティヨンやリーデルの思考をも包括し，所得の不確実性を減少せしめる3つの企業者職能をもって現代の制度を説明しようとしている。

Ⅳ　企業者職能論における市場と企業

　経済問題に関して「市場」と「企業」という言葉が頻繁に用いられるが，多くの場合厳密な定義はされていない。ミクロ経済学においては，市場とは需要と供給が均衡する点という概念で把えられ，完全市場の仮定を用いて資源を最適に配分する均衡値が求められたりする。家計においては効用を極大化し，企業においては利益を極大化するという仮定条件の下に，種々の数式の展開がなされている。これらのモデルで示される企業ないしは市場はあくまでもモデル上の概念であって，現実の世界をどの程度説明できるかについてはそれぞれその背後にある理論の検討が必要になるものである。ミクロ経済学で企業の供給とか市場の一般均衡値を導く研究がなされる場合には，ミクロ経済学という1

つの研究方法によって企業なり市場なりが研究されるのである。このように研究者がどのような視点で研究しているかがその対象の把え方に影響することがシュナイダーの分類によって考慮されている。彼によると「制度としての市場」とは，交換を目的とした取引行為の整序された集合，すなわち，市場行為の整序された集合である。整序するとは何らかの規準またはメルクマールによって整えることであって，次の3つの観点から整理されるのである[15]。

(1) 研究方法の特徴：何が観察されるべきかという命題をきめることが，その背後にある知識と理論に依拠しているのであるから研究者の研究方法を区別せねばならない。

(2) 市場にとっての規範：これは法律などによって「…すべきである，…してはならない」といった当為を表現するものであって市場体制（Marktverfassung）と呼ばれる。たとえば，独占禁止法は市場においての取引に関する多くの規定をもっている。

(3) 実際的市場構造：売手と買手の数や規模によって市場の形態が示されたり，製品差別化によって市場の区別をすることは実際の市場の構造に関することである。交換する財の内容と種類，時間と場所に関する限定，市場参入の条件など市場構造は多面的に把えられる。

以上の3つのメルクマールのうち市場の規範と市場構造はそれ程説明しなくても理解できることである。研究方法については次の企業の説明の場合にも同じく必要とされるわけである。

企業とは多くの異なった市場で供給者ないしは需要者として市場行為を伴う行動をする制度であって，生産をする行為とそれに関しての処理的行為が市場行為につながっている。「制度としての企業」は市場と同じく取引行為を経過とみなしこれを整序した集合である。生産活動と処理的活動は市場行為を伴いつつ企業構造をなしているのである。上述の市場と同じく企業構造を3つの観点から把えることができる。

① 研究方法の特徴
② 企業においても守るべき多くの規範がある。これらの基本的な法律をま

とめて「企業体制」と呼んでいる。
③ 実際的企業構造：生産ライン，製造工程の数，それぞれの生産能力，自己資本装備などの経験事象の認識は理論的に問題を解決する前提となるものである。

さて，企業の理論に関する研究方法としてどのようなものがあるであろうか。シュナイダーは次の6つを上げている[16]。
 1）生産指向的研究方法（グーテンベルク，アルバッハ）
 2）決定論理的意思決定論（新古典派ミクロ経済学）
 3）行動科学的意思決定論（サイモン，サイアート，マーチ，ハイネン）
 4）新制度論的ミクロ経済学（コース，ウィリアムソン）
 5）プリンシパル・エージェンシー・モデル
 6）企業者職能論

これらの研究方法に対するシュナイダーの見解をごく簡単に取り上げておこう。まず，グーテンベルクの生産論はミクロ経済学の企業の理論をさらに展開させたものであもが，企業は単なる生産関数によって表現され，制度問題は意図的に捨象されている。決定論理を主題とする意思決定論は上の生産理論と共通の論理を用いる場合が多い。限界収益＝限界コストにおける限界思考，その他オペレーションズ・リサーチの種々の技法による最適値の決定方法は形式論理によるもので，制度は所与の条件とされている。次の行動科学的意思決定論においては合理性の限界が説明され，満足化基準や誘因・貢献による均衡状態が述べられているが，不確実な市場において制度としての企業がどのように経済問題を解決していけるか十分な説明がない。最近の制度論的ミクロ経済学とは処分権（Property Rights, Verfügungsrechte）や取引コスト（Transaction cost）の研究[17]にみられるものであるが，市場の均衡値を求める思考が中心になっている。個人や企業がすべて同じ知識を持ち，互いに計画が均衡することが市場均衡値の前提になっている。しかし，個人の経済的な計画においてはまさに他人の持っていない知識が利用されている。制度の問題を経済的に解決する手法として初めてその核心にふれると思われるのがプリンシパル・エージェン

ト・モデルである。ここでは知識が不均等に分布し，不確実性の事象が生ずる場合の問題を制度の理論として解決する思考方向がみられる。このモデルによってようやく「社会的連合体」としての企業の経済的意味，さらには企業体制の内容が説明されることになるのである。

　これらの研究方法を補い，これまで必ずしも議論の対象とされなかった制度の動的な側面の研究に注目するのが企業者職能論である。すなわち，市場においては需要者と供給者が異なった知識を基に絶えずさやとり利益のチャンスを狙い，新しい発見の過程として競争が行われている。さらに，企業の経営者としてのマネジャーを企業者と呼ぶなら，制度としての企業の階層組織にはプリンシパル（委託者）とエージェント（受託者）の関係があり，受託者の方が優越した知識（情報）を持っているから仕事を頼まれ，相互に所得の不確実性を減少させる行為がなされると理解される。

　企業者職能の観点から需要者と供給者が絶えずさやとり利益を求め，新しく制度をつくってゆく例として，たとえば，ある需要者と供給者が結合することによって市場から離れてゆく場合がある。工業製品の生産者が卸売を経ずに直接小売の経路をつくるとすればこれもその例となる。この他，国の規制をまぬがれることによって需要者と供給者が共通のさやとり利益を得ようとするため法律に違反しない限りでの工夫がなされている。税支払を少なくするために会社の形態を変えるとか，名前だけの会社をつくるとか，新しい金融商品の創出とか，国によってその形態は異なるであろうが企業者職能を理解することによって企業と市場の制度問題を経営経済学において整合的に研究することができる，というものである。

V 結

　シュナイダーの企業者職能給はこれまでの経営経済学が必ずしもとり上げて議論しなかった事実を認識することによって新しい観点から体系化を試みている。この事実とは人間が分業を行って経済生活をしていてそこに必要な所得を

得ること，ないしは使うことが不確実であるということ，そして，人間ひとりひとりの持つ知識，願望，能力がすべて異なっているという事実である。したがって，所得に関する不確実性を減少させようという願望がすべての者にある。これを可能にする客観的な方法は人間同志が互いの合意によって制度をつくることにある。制度をつくることによって不確実性がより少なくなり，計画をしていくことが可能になる。すなわち，企業者職能論は所得の不確実性を減少させる制度としての企業と市場についての個別経済学である。これは同時に社会においての生産と消費の諸関係を研究することをも意味しているわけである。

　シュナイダーの著書にも代表されている通り，その研究領域は実に広く深い洞察を行っている。初期の財務論の領域ではその論理構成が実に厳密であり，あまりにも形式論理にとらわれた議論ではないかとの印象があった。しかし，その後学史と方法論の研究に没頭した成果もあり，経営経済学全般に関しての体系的な構想を形成するに至っている[18]。これを示すのが第Ⅳ節の研究方法の6つの分類の仕方である。この分類は必ずしもすべての学者が賛成するものとは勿論言えない。それ程客観的な経営経済学の分類はまだ存在するとは言えないであろう。ここに，最初の3つ，生産指向的研究方法，決定論的意思決定論，行動科学的意思決定論の分類は大多数の者が認めるであろう。しかし，あとの3つ，制度論的ミクロ経済学，プリンシパル・エージェント・モデル，そして企業者職能論はシュナイダーが最近の経営経済学の展開を特にとり上げて研究した結果，有意義な研究方法として分類されるに至ったものであり，これ以外にとり上げるべき研究成果はないかどうかはまだ疑問とされる。古典的文献に見られる企業者職能の概念だけでなく，近年の取引コスト論やプロパティー・ライツ論を徹底して考究した成果がシュナイダー独特の解釈による所得不確実性を減少させる制度の学問としての企業者職能論を生みだしている。競争均衡値を利用するモデルの解法においては企業者職能は考慮外に置かれるが，制度としての企業は不均衡において競争することに意義があるとされ，ここに企業者職能が求められている。

1) ディーター・シュナイダーは1935年生まれ，フランクフルト大学でカール・ハックス (Hax, K.) に師事し博士・教授資格を得た。ミュンスター，フランクフルト大学を経て1973年よりボーフム大学の教授である。主な著書としてBetriebswirtschaftseehre, Bd. 1 : Grundlagen 1995, Bd. 2 : Rechmungswesen 1997, Bd. 3 : Theorie der Unternehmung, 1997, Bd. 4 : Geschichte und Methoden der Wirtschaftswissenschaft, 2001. Investition, Finanzierung und Besteuerung, Wiesbaden 1990. そして，注2）の文献がある。なお，シュナイダーの学説の部分的紹介として『西ドイツ経営税務論』森山書店，1986年，特に第1章と第9章を参照されたい。
2) *Allgemeine Betriebswirtschaftslehre* 3. Auflage, München/Wien 1987.
3) Schneider, D., a. a. O., S. 1-30. Schneider, D., Neubegründung der Betriebswirtschaftslehre aus Unternehmerfunktionen, The Annals of the School of Business Administration, Kobe University, No. 29, 1988.
4) Schneider, D., *Allgemeine*. S. 1.
5) Schneider, D., *Nenbegründung*. S. 33.
6) Schneider, D., *Investition*. S. 61-144.
7) Schneider, D., a. a. O., S. 66.
8) Schneider, D., *Allgemeine*. S. 2.
9) Schneider, D., a. a. O., S. 6 f.
10) Schneider, D., a. a. O., S.7. カンティヨン（1697—1734　英語読みではカンティロン）はアイルランド出身でパリで銀行業を営み，商業に関する著書を残している。〔*Essai sur la nature du commerce en général*（1725頃）London 1755.〕戸田正雄訳『商業論』日本評論社，1943年。
11) Schneider, D., *Allgemeine*, S. 9.〔A. F. Riedel, *Nationalökonomie*, Zweiter Band, Berlin 1939, S. 11〕
12) Schneider, D., a. a. O., S. 9. ハイエクは1899年ウィーンに生まれ，ロンドン経済大学，シカゴ大学，フライブルク大学で教え，1974年ノーベル経済学賞を授与されている。F. A. von Hayek, The Use of knowledge in Society, The American Economic Review, Vol. 35（1945）, S. 524 f.
13) Schneider, D., a. a. O., S. 10.〔Wilhelm Roscher, Die Grundlagen der Nationalökonomie. Stuttgart-Tübingen 1854 S. 362.〕
14) Schneider, D., a. a. O., S. 11. Joseph A. Schumpeter, Unternehmer. Handwörterbuch der Staatswissenschaften, 4. Aufl. Jena 1928, S. 481-483.
15) Schneider, D., Nenbegründung, S. 41.
16) Schneider, D., a. a. O., S. 42.
17) 田渕進「企業組織の制度論的考察—取引コストとプロパティー・ライツ—」『大阪経大論集』第195号（1990年5月）1—17頁。
18) シュナイダーの「理論」に関する基本概念については第8章第Ⅴ節（165頁以下）を参照されたい。

参 考 文 献

欧文文献目録

Albach, H., Betriebswirtschaftslehre als Wissenschaft, in: Brockhof, K. (hrsg.) Geschichte der Betriebswirtschaftslehre, Wiesbaden 2000.

Albach, H. /Hunsdiek, D. /Kokalj, L., Finanzierung mit Risikokapital, Stuttgart 1986.

Bamberg, G. /Coenenberg, A. G., Betriebswirtschafttliche Entscheidungslehre, 3. Aufl., München 1981.

Bareis, P., Die Steuerreform 2000 – ein Jahrtausendwerk? Wirtschaftswissenschaftliches Studium 2000.

Bea, F. X. /Dichtl, E. /Schweitzer, M., Allgemeine Betriebswirtschaftslehre, Bd. 1 Grundfragen, 7. Aufl., Stuttgart 2000.

Behringer, S., Unternehmensbewertung der Mittel- und Keinbetriebe, Berlin 1999.

Bell, M. G., Venture Capitalist oder Angel, in: Die Bank 1999.

Betsch, O. /Groh, A. P. /Schmidt, K., Gründungs- und Wachstumsfinanzierung innovativer Unternehmen, München 2000.

Bouffier, W., Funktionen- und Leistungsdenken in der Betriebswirtschaftslehre, Wien 1956.

Bundesministerium der Finanzen, Brühler Empfehlungen zur Reform der Unternehmensbesteuerung, Berlin 1999.

Bundesministerium für Wirtschaft, Unternehmensgrössenstatistik 1992/1993 – Daten und Fakten-, Studienreihe Nr. 80, Bonn1993.

Busse von Colbe, W., Betriebsgrösse und Unternehnungsgrösse, in: Handwörterbuch der Betriebswirtschaftslehre, Stuttgart 1976.

Busse von Colbe, W., Der Zukunftserfolg, Wiesbaden 1957.

Busse von Colbe, W., Die Planung der Betriebsgrösse, Wiesbaden 1964.

Durand, D., Cost of Debt and Equity Funds for Business. in: The Theory of Finance ed. by Archer, S. H. and D'Ambrosio, C. A., New York 1967.

Egger, A. Stellungnahme zum Fachgutachten Unternehmensbewertung. in: Journal für Betriebswirtschaft 1990.

Empfehlung der UEC: Vorgehensweise von Wirtschaftsprüfern bei der Bewertung ganzer Unternehmen. in: Wirtschaftsprüfung 1977.

Engelmann, A. /Juncker, K. /Natusch, I. /Tebroke, H-J., Moderne Unternehmensfinanzierung, Frankfurt a. M. 2000.

Engels, W., Betriebswirtschaftliche Bewertungslehre im Lichte der Entscheidungstheorie, Köln/Opladen 1962.

Fischer, L., Problemfelder und Perspektiven der Finanzierung durch Venture Capital in der Bundesrepublik Deutschland. in: Der Betriebswirt 1947.

Frommann, H., Venture Capital und Private Equity in Deutschland. Historie Gegenwart-Zukunft. in: E-Venture Management (Hrsg. v.) Kollmann, T., Wiesbaden 2003.

Gutenberg, E., Grundlagen der Betriebswirtschaftslehre, Bd. III: Die Finanzen, Berlin/Heidelberg/New York 1969. 溝口一雄・森昭夫・小野二郎訳『経営経済学原理，第3巻財務論』千倉書房　1997。

Hax, K., Kapitalbeteiligungsgesellschaften zur Finanzierung kleiner und mittlerer Unternehmungen. Köln/Opladen 1969.

Heinen, E., Das Zielsystem der Unternehmung, Grundlagen betriebswirtschaftlicher Entscheidungen, Wiesbaden 1966.

Hayek, F. A. von, The Use of Knowledge in Society, in: The American Econonic Rewiew, Vol. 35 (1945).

Heinen, E., Einführung in die Betriebswirtschaftslehre, 7. Aufl., Wiesbaden 1980.

Helbling, C., Unternehmensbewertung und Steuern, Düsseldorf 1998.

Hicks, J. R., A Suggestion for Simplifying the Theory of Money. in: Economica, NS, Vol. 2 (1953).

Höffner, J., Wirtschaftsethik und Monopole, Jena 1941.

http//www. mittelstandsbank. de

IDW Standard: Grundsätze zur Durchführung von Unternehmensbewertungen (IDW S1). in: Wirtschaftsprüfung 2000.

Institut der Wirtschaftsprüfer, Stellungnahme HFA 2/1983: Grundsätze zur Durchführung von Unternehmensbewertungen. in: Wirtschaftsprüfung 1983.

Institut der Wirtschaftsprüfer: Stellungnahme HFA 6/1997: Besonderheiten der Bewertung kleiner und mittlerer Unternehmen. in: Wirtschaftsprüfung 1998.

Jaensch, G., Wert und Preis der ganzen Unternehmung, Köln/Opladen 1966.

Kupsch, P., Unternehmungsziele, Stuttgart/New York 1979.

Lehmann, M. R., Liquidität und Liquiditätsbilanz. in: Annalen der Betriebswirtschaft, Bd. 1. 1927.

Leopold, G., Gewinnung von externen Eigenkapital für nicht börsennotierte

Unternehmen. in: Handbuch des Finanzmanagements, Gebhardt/Gerke/ Steiner (Hrsg.), München 1993.

Leopold, G. /Frommann, H. /Kühr, T. Private Equity-Venture Capital, München 2003.

Liefmann, R., Beteiligungs- und Finanzierungsgesellschaften, Jena 1909. リーフマン『企業形態論』増地庸次郎・槇原覚共訳, 同文舘 1922。

Mandel, G. /Rabel, K., Unternehmensbewertung, Wien/Frankfurt 1997.

Markowitz, H., Portfolio Selection. in: The Journal of Finance, Vol. 7 (1953).

Matschke, M. J., Der Entscheidungswert der Unternehmung, Wiesbaden 1975.

Modigliani, F. /Miller, M. H., The Cost of Capital, Corporation Finance and the Theory of Investment. in: The American Economic Review, Vol. 48 (1958).

Moxter, A., Grundsätze ordnungsmässiger Unternehmensbewertung. Wiesbaden 1983.

Mugler, J., Betriebswirtschaftslehre der Klein- und Mittelbetriebe, Wien/New York 1993.

Mugler, J., Die Wiener Schule der Betriebswirtschaftslehre, in: Journal für Betriebswirtschaftslehre 2/1998.

Mugler, J., Schule oder nicht? Eine Replik auf Dieter Schneider, in: Journal für Betriebswirt 2/1999.

Münstermann, H., Wert und Bewertung der Unternehmung, Wiesbaden 1966. ミュンスターマン, H. 著・浅羽二郎監訳『企業評価論』同文舘 1976。

Nathusius, K., Grundlagen der Gründungsfinanzierung, Wiesbaden 2001.

Peemöller, V. H. /Bomelburg, P. /Denkmann, A., Unternehmensbewertung in Deutschland-Eine empirische Erhebung. in: Wirtschaftsprüfung 1994.

Peemöller, V. H. /Meyer-Pries, L., Unternehmensbewertung in Deutschland-Ergebnisse einer Umfrage bei dem steuerberatenden Berufsstand. in: Deutsches Steuerrecht 1995.

Perridon, L. /Steiner, M., Finanzwirtschaft der Unternehmung, 9. Aufl. München 1997.

Pfohl, H-Ch. /Kellerwessel, P., Abgrenzung der Klein- und Mittelbetriebe von Grossbetrieben, in: Betriebswirtschaftslehre der Mittel- und Kleinbetriebe, 2. Aufl. Berlin 1990.

Polak, N. J., Grundzüge der Finanzierung mit Rücksicht auf die Kreditdauer. Berlin/Wien 1926.

Rödder, T., Die Neukonzeption der Unternehmensbesteuerung aus der Sicht der

Beratungspraxis. in: Die Wirtschaftsprüfung 2000.

Schedbauer/Heeger, Materialien zur Mittelstandspolitik, Bundesministerium der Finanzen 2003.

Schefczyk, M., Finanzierung mit Venture Capital, Stuttgart 2000.

Scheipers, T. /Schulz, A., Unternehmenssteuerreform 2001, München 2000.

Schildbach, T., Der Verkäufer und das Unternehmen "wie es steht und liegt". in: Zeitschrift für Betriebswirtschaftliche Forschung 1995.

Schneider, D., Allgemeine Betriebswirtschaftslehre, 3. Aufl., München/Wien 1987.

Schneider, D., Betriebswirtschaftslehre, Bd. 1, Grundlagen, 2. Aufl., München 1995.

Schneider, D., Betriebswirtschaftslehre, Bd. 2, Rechnungswesen, 2. Aufl., München 1997.

Schneider, D., Betriebswirtschaftslehre, Bd. 3, Theorie der Unternehmung, München 1997.

Schneider, D., Betriebswirtschaftslehre, Bd. 4, Geschichte und Methoden der Wirtschaftswissenschaften, München 2001.

Schneider, D., Die Steuerreform und ihre Finanzierung in ihren Folgen für die Unternehmensfinanzierung mit Risikokapital. in: Der Betrieb 1987.

Schneider, D., Die wirtschaftliche Nutzungsdauer von Anlagegütern als Bestimmungsgrund von Abschreibungen, Köln/Opladen 1961.

Schneider, D., Geschichte der Betriebswirtschaftslehre, in: Wirtschaftswissenschaftliches Studium, 1997.

Schneider, D., Informations- und Entscheidungstheorie, München 1995.

Schneider, D., Investition, Finanzierung und Besteuerung, Wiesbaden 1992.

Schneider, D., Keine Wiener Schule der Betriebswirtschaftslehre im 20. Jahrhundert, in: Journal für Betriebswirtschaftslehre 2/1999.

Schneider, D., Neubegründung der Betriebswirtschaftslehre aus Unternehmerfunktionen, in: Annals of the School of Business Administration, Kobe University, No. 29, 1988.

Schneider, D., Steuerlast und Steuerwirkung, München/Wien 2002.

Schneider, D., "Unsichtbare Hand" – Erklärungen für die Institution Unternehmung. in: Streim, H. (Hrsg.) Ansprachen anlässlich der Verleihung der Würde eines Doktors der Staatswissenschaften honoris causa an Prof. Dr. Dr. h. c. Dr. h. c. Dieter Schneider.

Schumpeter, Joseph A., Unternehmer. in: Handwörterbuch der Staatswissenschaften, 4. Aufl. Jena 1928.

Schweitzer, M., Einführung in die Industriebetriebslehre, Berlin/New York 1973.
Sieben, G., Der Substanzwert der Unternehmung, Wiesbaden 1963.
Siegel, Th. /Bareis, N. /Herzig, D. /Schneider, D. /Wagner, F. W. /Wenger, E., Verteidigt das Anrechnungsverfahren gegen unbedachte Reformen. in: Betriebs-Berater 25/2000.
Sigloch, J., Unternehmenssteuerreform 2001-Darstellung und ökonomische Analyse. in: Steuer und Wirtschaft 2/2000.
Solomon, E., The Theory of Financial Management, New York/London 1963. 古川栄一監修別府祐弘訳『ソロモン財務管理論』同文館　1971。
Vodrazka, K., Die Schule, die angeblich keine war, und ihr "fragwürdige(r) Leistungsbegriff", in: Journal für Betriebswirtschaft 2/1999.
Wagner, F. W., Unternehmenssteuerreform und Corporate Governance, in: Steuer und Wirtschaft 2000.
Wöhe, G., Einführung in die Allgemeine Betriebswirtschaftslehre, 20. Aufl., München 2000.
Zangenmeister, C., Nutzwertanalyse in der Systemtechnik, München 1976.
Zeitel, G., Volkswirtschaftliche Bedeutung von Klein- und Mittelbetrieben, in: Betriebswirtschaftslehre der Mittel- und Kleinbetriebe, (hrsg. v.) Pfohl, H-Ch. Berlin 1990.

邦文文献目録

赤石雅弘・小嶋博・濱村章『コーポレート・ファイナンス論の最前線』中央経済社　1995。
生駒道弘『現代財務管理論』千倉書房　1973。
生駒道弘「(書評) 田渕進著：西ドイツ経営税務論」『商経学叢』(近畿大学) 第38巻2号　1991。
岡田昌也『経営経済学の生成』森山書店　1979。
小野二郎『企業評価論』千倉書房　1973。
加藤恭彦『ドイツ監査論』千倉書房　1976。
加藤恭彦『現代ドイツ監査論』千倉書房　1993。
後藤幸男「ヨーロッパ諸国のベンチャーキャピタル瞥見」『インベストメント』第37巻第5号（1984）。
近藤義晴「ハントヴェルク規制に関する一考察」『神戸外大論叢』第43巻（1992年11月）
近藤義晴「ドイツにおけるハントヴェルク秩序法改正と職業教育」『中小企業季報』

（大阪経済大学中小企業・経営研究所）2004　No. 2。

近藤義晴「ドイツにおけるハントヴェルクの転換期」『商学論究』（関西学院大学）47巻第1号（1999年7月）。

シェーンプルーク『経営経済学』古林喜楽監修，大橋昭一・奥田幸助訳，有斐閣　1970。

シュナイダー，D（田渕進訳）「ドイツ企業の自己資本不足問題」生駒道弘・榊原茂樹編著『経営財務と証券市場』千倉書房　1988。

鈴木義夫『ドイツ会計制度改革論』森山書店　2000。

田中照純『経営学の方法と歴史』ミネルヴァ書房　1989。

田渕進「株主価値批判論の背景」濱本泰編『現代経営学の基本問題』ミネルヴァ書房　2000。

田渕進「企業組織の制度論的考察—取引コストとプロパティー・ライツ」『大阪経大論集』第195号（1990年5月）。

田渕進『西ドイツ経営税務論』森山書店　1986。

長尾聡哉「普遍主義経済学の価値・価格論—経済思想史における近代へのアンチテーゼ」『神戸大学経済学研究年報』1990。

Bebenroth, R./田渕進「中小企業の金融環境—ドイツと日本の比較」『大阪経大論集』第55巻第1号（2004年5月）。

ベア，F. X.（田渕進訳）「ドイツ企業の法形態」大橋昭一・小田章・G. シャンツ『日本的経営とドイツ的経営』千倉書房　1995。

ベア，F. X./ディヒテル，E./シュヴァイツァー，M/小林哲夫/森昭夫『一般経営経済学，第1巻基本問題』森山書店　2000。

村上淳一／マルチュケ，H. P.『ドイツ法入門』有斐閣　1997。

森本隆男『レスレ手工業経営経済学』森山書店　1997。

吉田修『ドイツ企業体制論』森山書店　1994。

レオポルド，G./フロマン，H.，（中島要訳）『ベンチャーと自己資本—EUベンチャーキャピタルの貢献』神戸ベンチャー研究会　2002。

人名および事項索引

あ行

アリストテレス …………………179
アルバッハ ………………………249

ERP特別資産 ……………………31
イェンシュ ………………………102
意思決定中立の条件 ……………164
意思決定モデル ………………86, 88
意思決定問題 ……………………84
意思決定理論 …………………83, 86

ヴァロ ……………………………179
ヴィーザー ………………………182
ウィーン経済大学 …………173, 175
ウィリアムソン …………………249
ウェーバー ………………………176
ヴェーエ ……………………104, 186

エインハウゼン ………132, 133, 135
M/M ………………………156, 157
エンゲルス ………………………102

黄金の銀行規制 …………………154
オーバーパーライター ……176, 177, 178, 188

か行

外部資金調達 ………………150, 151
外部資本調達 ……………………61
カウティリヤ ……………………179

株式公開 ……………………75, 76
株式市場 …………………………77
株主価値 …………………99, 111, 214
カンティヨン ………………181, 245

期間利益 …………………………154
企業規模統計 …………………9, 15
企業共通利益 ………………209, 210
企業者職能 …………………169, 244
企業者職能論 ……………………239
企業それ自体 ………………210, 212
企業投資会社 ……45, 49, 51, 52, 53, 72
企業評価 …………………………99
企業評価法 ………………………117
企業評価論 ………………………100
帰属計算方式 ……195, 196, 197, 202, 212
機能的企業評価論 ……100, 102, 103, 108
基盤の意思決定 …………………63
客観的企業評価 …………………101
客観的企業評価論 ………………100
キャッシュフロー …………111, 127
給付概念 ……………………176, 183
享益権 ……………………………65
競争制限法 ………………………28

グーテンベルク ………155, 177, 186, 249
クレレ ………………………133, 135

経営経済学のウィーン学派 …173, 175, 181
経営コンサルタント ………………49, 113

経営税務論 ……………………………197
経済監査士 ………………49, 115, 119
経済監査士協会 ……………116, 117
経済論的利益 …………………………164
形成理論 …………………………160, 166
KfWミッテルシュタントバンク …31, 32, 68
決定価値 …………………………105, 106
ケネー ……………………………………181
ケルシャーゲル ………………177, 184
限界利益率 ……………………………162

効用価値分析 …………83, 87, 91, 94, 97
ゴーイングパブリック ………………50
コース ……………………………………249
コーポレートガバナンス …209, 210, 212
コトルグリ ………………………………179
個別評価法 ……………………………108
コルビンガー …………………184, 185
コルベーユ ………………………………179
コルメラ …………………………………179

さ 行

サイアート ……………………………249
最終税 ……………………………197, 207
サイモン ………………………………249
サヴァリー ………………………175, 179
参加資本 ………………………43, 69, 222

CAPM ……………………………………158
ジーベン …………………………………102
シェーファー …………………………186
シエフレ …………………………………155
自己金融 …………………………160, 231
自己資本 ……………42, 43, 151, 219, 221
自己資本助成計画 ………………………32
自己資本装備 ……………220, 221, 222

指導理念 ………………………………167
資本価値法 ……………………90, 135, 142
資本参加 …………………………………64
資本参加会社 ………………33, 45, 46
資本参加保証連盟 ……………………34
シャープ …………………………………158
社会的市場経済 ………………………19
収益価値 …………………………163, 164
収益価値法 ……………………109, 113
収入余剰 ………………………………154
主観的企業評価論 ……………100, 101
シュットットガルト法 ……………114
シュナイダー ……130, 132, 133, 134, 135, 136, 139, 141, 142, 143, 149, 150, 156, 158, 161, 164, 169, 173, 180, 182, 198, 217, 218, 239
シュパン ……………………177, 182, 183, 184
シュマーレンバッハ …155, 176, 183, 185
シュミット ……………………………185
シュモラー ……………………………176
シュレットヴァイン …………………181
純額キャッシュフロー ………………110
純収益税 ………………………………153
シュンペーター ………………………246
所得 ……………………165, 198, 199, 240
所得税 ……………………………153, 196
所得の不確実性 ………………136, 245
ジョン・ロー …………………………152
自立性 ……………………………………10
ステフィン ………………………130, 133
スミス ……………………143, 152, 180, 181

数量的模造 ……………………………220

制度 ………………………………………243
税理士 ………………………………49, 114

セクストゥス・エンピリクス ………180
説明理論 ……………………145, 160, 166
セント・ペテルスブルグの逆説 ……139

創業支援……………………………31
総合評価法………………………108, 109
測定化理論………………………………166
租税政策……………………………30
損失バッファー ………218, 219, 226, 233
ゾンドルファー …………………………175
ゾンバルト ………………………………176
ゾンライトナー …………………175, 179

た行

ターボー …………………………………135
チャイルド ………………………………181
チャンドラー ……………………………143
中小企業政策………………………11, 12, 29
中小企業評価の特殊性 …………………116
チュルゴー ………………………………180
ツァイテル ……………………………24, 28
DCF法 ……………………99, 109, 111, 113
ディヴナント ……………………………181
ドイツ調整銀行…………………………68
ドイツ負担調整銀行（DtA）…………31
統合方式 …………………………………202
投資会社 …………………………………113
投資奨励金 ………………………………35
ドェルフェル ……………………………177
匿名組合 …………………………42, 50, 65, 70
独立営業者 ………………………16, 17, 18, 24
独立性 ……………………………………10

な行

内部資金調達（＝内部資本調達）……61, 150, 151, 152, 233
二重課税 …………………………………196
ニックリッシュ ……………………176, 183
二分の一所得方式 ……195, 196, 197, 202, 205, 212
ノイアー・マルクト ………65, 77, 78, 79
ノース ……………………………………180

は行

ハーシュレイファー ……………………161
バーボン …………………………………180
ハイエク …………………………………246
ハイネン ……………………………85, 249
ハインリッヒ ……………………………187
ハックス ……………………………………46
パチョーリ（＝パチオリ）………136, 175
バルタザール・グラシアン …………180
ハントヴェルク ………………17, 27, 37
ハントヴェルク秩序法 ……………18, 36
比較法 ……………………………………109
ビジネス・エンジェル………67, 70, 75
ヒュブナー ………………………………155
ブアギユベール …………………………180
フィッシャー ……………135, 158, 161
フォドゥラツカ ……………………186, 188
不確実性……………………………88, 127
不確実性下の意思決定……………………90
不確実性の理論……………………87, 160
復興金融公庫……………12, 31, 47, 68, 74
ブッセフォンコルベ ……………………102

ブッフィアー …… 177, 178, 183, 184, 187, 188
プライベート・エクィティ ………… 60
ブリューラー答申案 ………… 195, 202
プリンシパル・エージェンシー・モデル
　………………………… 249
ブレンターノ ………………… 176
分離定理 ……………………… 158

ベータ（β）………………… 159
ベーム-バヴェルク ………… 165, 182
ベメラー ……………………… 114
ペティ ………………………… 181
ヘラウアー …………………… 175
ペリクレス …………………… 168
ベルヌーイ ………… 89, 138, 140, 141
ベルヌーイ規則 ……………… 89
ベンチャー・キャピタル … 41, 43, 45, 61, 66, 67, 71
ベンチャー・キャピタル会社 …… 42, 48, 54, 64, 75
ベンチャー・キャピタル連盟 ……… 71

法形態 ……… 15, 42, 43, 83, 91, 92, 94, 197
法人税 ………………… 196, 198
ポラーク ……………………… 155
ボルトキエヴィッツ ………… 131, 132

ま行

マーコビッツ ………………… 158
マーチ ………………………… 249
マーペルガー ………………… 175
マイスター …………………… 27, 28
マイスター資格 ……………… 37
マイスター補習教育法 ……… 35
マイトナー …………………… 183
マチュケ ……………………… 102

見えざる手 …………… 143, 145
ミッテルシュタント ……… 4, 12
ミッテルシュタント投資会社 …… 74
ミュンスターマン ………… 102
ミラボー …………………… 181

ムグラー ……… 173, 177, 178, 182, 185

メザニン資本 ………… 60, 61, 65
メレロヴィッチ …………… 177
メレロヴィッツ …………… 185
メンガー …………………… 182
モジリアーニ・ミラー …… 156
持株会社 …………………… 44
モックスター ……………… 102
モッシン …………………… 158
モンテーニュ ……………… 180

や行

ヨーロッパ投資銀行 ……… 68
ヨーロッパ復興計画特別財産 …… 68
ヨーロッパ復興参加計画 …… 47

ら行

ライプニッツ …… 129, 130, 131, 132, 133, 136, 137, 141, 142
ラカトス …………………… 185
リーガー …………………… 183
リーデル …………………… 245
リーフマン ………………… 155
リカード …………………… 165
利子 ………………… 128, 132, 151
利子禁止令 …………… 128, 152
リスク ……… 88, 127, 138, 156, 159, 217
リスク効用 ………… 138, 140, 141

リスク資本 …44, 59, 60, 68, 217, 220, 226, 229, 230, 233
リントナー …………………………158

ルカ・パチオリ …………………175
ルドヴィチ ………………………175
レオポルド…………………………79
レジャンドル ……………………180

ロイクス ……………………175, 179
ロッシャー ………………………246

わ行

ワーグナー, A. ……………………155
ワーグナー, F. W. ……………208, 212

初出箇所目録

第1章:「ドイツ企業の規模と経営」『大阪経大論集』第46巻第1号，1995年5月。

第2章:「ドイツ中小企業と財務的支援策」『経営経済』(大阪経済大学中小企業経営・経営研究所) 第31号1996年2月。

第3章:「ドイツのベンチャーキャピタル」『中小企業季報』(大阪経済大学中小企業・経営研究所) 1996年7月。

第4章:「ドイツにおけるリスク資本と新規成長企業の育成」『経営経済』(大阪経済大学中小企業・経営研究所) 第39号，2003年10月。

第5章:「効用価値分析による意思決定について」『経営経済』(大阪経済大学中小企業・経営研究所) 第27号，1991年3月。

第6章:「ドイツ企業評価論と中小企業の特殊性」『大阪経大論集』第52巻第1号，2001年5月。

第7章:「投資決定論の淵源」『大阪経大論集』第50巻第1号，1999年7月。

第8章:「現代財務論の展開」吉田和夫・海道ノブチカ編著『現代経営学と経営財務』税務経理協会，1993年。

第9章:「「経営経済学のウィーン学派」をめぐって」『大阪経大論集』第50巻第6号，2000年3月。

第10章:「ドイツ法人税制改革の経営経済学的考察」濱村章編著『コーポレート・ガバナンスと資本市場』税務経理協会，2002年。「ドイツ企業税制改革に関する批判的見解」『大阪経大論集』第53巻第3号，2002年9月。

第11章:「不確実性の削減とリスク資本」『大阪経大論集』第54巻第4号，2003年11月。

第12章:「シュナイダーの企業者職能論」大橋昭一『現代のドイツ経営学』税務経理協会，1991年。

著者略歴

1936年　神戸市に生れる
1962年　セント・ノーベルト大学（米）経営学部卒業
1970年　ミュンスター大学（独）経済学部修了
1977年　神戸大学大学院経営学研究科博士課程単位修得
1974年より広島修道大学商学部講師，助教授，教授を経て
1987年より大阪経済大学経営学部教授，97年より経営情報学部教授

主要著書：
『西ドイツ経営税務論』森山書店　1986年
『新経営財務論講義』(共編著)中央経済社　1994年

ドイツ中小企業（ちゅうしょうきぎょう）と経営財務（けいえいざいむ）

2005年3月10日　初版第1刷発行　　大阪経済大学研究叢書第50冊

著書 © 田渕（たぶち）進（すすむ）
発行者　菅田直文
発行所　有限会社 森山書店　東京都千代田区神田錦町1-10林ビル（〒101-0054）
TEL 03-3293-7061　FAX 03-3293-7063　振替口座 00180-9-32919

落丁・乱丁本はお取りかえします　　印刷／製本・シナノ

本書の内容の一部あるいは全部を無断で複写複製することは、著作権および出版社の権利の侵害となりますので、その場合は予め小社あて許諾を求めてください。

ISBN 4-8394-2006-8